问题——概念·解析·实证之探索丛书

旅游体验要素研究

从瞬间愉悦到永恒美好

The Research on Elements
of Tourist Experience
—
From Delight to Memory

丛书主编 / 林璧属

孙小龙 / 著

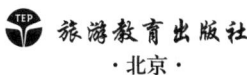
·北京·

内容简介

本书通过对旅游体验要素的全面分析与解构，厘清了旅游体验现象的本质内涵，并着重探讨从"瞬间愉悦到永恒美好"的个体心理历程，尤其是探索其相互影响，全面拓展了旅游体验研究的理论边界。

本书从哲学、心理学和经济学视角进行"体验"概念溯源和学理分析，并借鉴社会建构主义理论、情感控制理论、情境理论及情感认知评价理论等情感表现方法，结合旅游体验的情感性和过程性视角对旅游体验要素进行解析，识别了在场体验阶段中的情感体验建构、控制要素和后体验阶段中的存续要素，并对各结构要素间的作用关系进行验证，最后得出"情感是建构旅游体验得以实现的元要素""游客情感体验呈现出累积的阶段性特征"等六大结论。

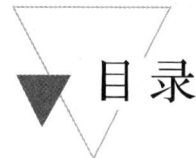

目录

旅游学研究的对象与路径（代总序）……………… 01
前　言……………………………………………… 15

第一篇　问题

第一章　问题的提出 …………………………… 002
第一节　研究问题与研究意义 ……………… 002
第二节　研究背景 …………………………… 006
第三节　拟研究内容与期待的创新 ………… 010
第四节　拟采用的研究视角、思路、方法与
　　　　技术路线 ………………………… 014

第二篇　概念

第二章　体验 …………………………………… 020
第一节　哲学体验的源起 …………………… 020
第二节　心理学与经济学视角下的体验 …… 025

第三节 体验结构解析……028
第四节 本章小结……037

第三章 旅游体验……038
第一节 旅游体验研究进程与回顾……038
第二节 旅游体验要素的研究进程与回顾……072
第三节 研究述评与启示……079
第四节 本章小结……086

第三篇 解析

第四章 情感的表现方法……090
第一节 社会建构主义理论……090
第二节 情感控制论……102
第三节 相关理论基础……112
第四节 本章小结……122

第五章 旅游体验要素释义……123
第一节 旅游体验要素的概念内涵……123
第二节 旅游体验要素的过程性认识……133
第三节 旅游体验要素的情感性内涵分析……144
第四节 本章小结……155

第六章 旅游体验要素识别……156
第一节 在场阶段中的情感体验建构要素识别……156
第二节 在场阶段中的情感体验控制要素识别……167

第三节　后阶段中的情感体验存续要素识别……… 175
第四节　从瞬间愉悦到永恒美好的要素转换……… 182

第四篇　实证

第七章　在场阶段中的情感体验建构要素验证……… 188
第一节　研究假设与理论模型……………… 188
第二节　研究设计…………………………… 195
第三节　数据分析…………………………… 210
第四节　瞬间愉悦从何而来………………… 226
第五节　本章小结…………………………… 231

第八章　在场阶段中的情感体验控制要素验证……… 233
第一节　研究假设与理论模型……………… 233
第二节　研究设计…………………………… 240
第三节　数据分析…………………………… 253
第四节　瞬间愉悦的再次提炼……………… 277
第五节　本章小结…………………………… 283

第九章　后阶段中的情感体验存续要素验证……………… 285
第一节　研究假设与理论模型……………… 285
第二节　研究设计…………………………… 292
第三节　数据分析…………………………… 311
第四节　从瞬间愉悦到永恒美好的升华…… 332
第五节　本章小结…………………………… 337

第十章 说明了的与未解决的问题……………………………… 339

  第一节 说明了的问题与结论……………………………… 339

  第二节 优化旅游体验的实现路径………………………… 344

  第三节 未解决的问题与展望……………………………… 350

参考文献………………………………………………………… 354

后　记…………………………………………………………… 403

旅游学研究的对象与路径

| 代总序 |

在人类认识世界、改造世界的历史长河中,知识积累与创新起到了最为关键的作用。在知识领域,理论研究主要展现为"概念导向"和"实践导向"两种模式,人们常说的"问题导向"本质上属于后者。"概念导向"在西方思想界中有着悠久的历史,柏拉图通过"理念王国"的建构开创了理论研究遵循"概念导向"的先河。柏拉图的"理念王国"主要是通过概念或者概念之间的演绎、归纳、推理建构起来的。柏拉图在《理想国》里曾说过:"在一个有许多不同的多种多样性事物的情况里,我们都假设了一个单一的'相'或'型',同时给了它们同一的名称。"(柏拉图. 理想国 [M]. 谢善元,译. 上海:译文出版社,2016.)在柏拉图看来,世上万事万物尽管形态各异,但只不过是对理念的模仿和分有,只有理念才是本质。只有认识了理念才能把握流变的现象世界,理念王国的知识对于现象世界的人具有决定性意义。因而,只有关于理念的知识才是真正的知识,是永恒的、完美的"理智活物",才最值得追求。在这里,理念的意义完全来自逻辑的规定性,即不同概念之间的相互关系,而与任何感性对象无关。虽然柏拉图的"理念"并不完全等同于"概念",

但二者都被视为是对事物的一般性本质特征的把握，是从感性事物的共同特点中抽象、概括出来的。在某种意义上，理念在柏拉图那里实际是通过概括现实事物的共性而得出的概念。柏拉图的概念化的王国，打造了形而上学的原型，并形成为绵延两千多年的哲学传统。

"概念导向"与"实践导向"有着显著的差别。首先，"概念导向"关注的是形而上学的对象性，"实践导向"关注的是现实活动的、交互主体性的对象性。也就是说，"概念导向"关注的是抽象的客体，而"实践导向"则是以在一定境遇中生成的具有交互主体性的"事物、现实、感性"为研究对象，遵循的是"一切将成"的生活世界观，所以其基本主张就是突破主、客体二元对立。"事物、现实、感性"即对象，是人和对象活动在一定的境遇中生成的，具有能动性，事物、现实和感性不应是单纯静观认识的、被表象的、受动的、形式的客体存在，而是人和对象共同参与的存在。在共同参与之中，人与对象在本质力量上相互设定、相互创造。其次，"概念导向"习惯于抽象化思考，"实践导向"习惯于现象化思考，即"概念导向"习惯于在认识活动中运用判断、推理等形式，对客观现实进行间接的、概括的反映。或者抛开偶然的、具体的、繁杂的、零散的事物的表象，或人们感觉到或想象到的事物，在感觉所看不到的地方去抽取事物的本质和共性。或者运用逻辑演算与公理系统等"去情境化""去过程化"地抽取事物的本质和共性为思考方式，研究出充满形式化的结果。"实践导向"以"事物总是历史具体的"为理念，特别强调思想、观念应回到现实的人和现实世界的真实生成之中，回到实践本身，认为思想、观念应"从现实的前提出发，它一刻也不离开这种前提"。强调思想、观念应回到实践本身，"就其自身显示自身"、存在的"澄明""被遮蔽状态的敞开"。再次，"概念导向"偏重于静态化理解对象,"实践导向"偏重于动态化地理解对象。由于偏重静态论的理解,所以"概念导向"容易机械地、标签式框定研究对象,僵化地评判对象,将本来运动变化着的客体对象静止化,将丰富多彩的对象客体简单化,从而得出悲观性的结论。"实践导向"在研究中偏重于"存在者的本质规定不能靠列举关乎实事的'是什么'来进行"的理解方式,把对象置于历史性的生成过程之中动态化地去认识,认为问题是一种可能性的筹划,是向未来的展开,它的本质总是体现为动态性质的"有待去是",而不是现成的存在者。

我非常强调实践导向的研究,主张研究的一切问题要来自于实践,要由实践出真知,而且知道"概念导向"存在着诸多不足。但是,在旅游学研究中,我一直在苦苦探索着几个核心问题,这些问题的解决却有赖于概念的突破。

旅游学研究中,我苦恼的问题如下所述:

第一个问题:旅游学能否成为一门独立的学科?

从哲学高度看,特别是以科学哲学的评判标准看,旅游学具备成为一门独立学科的条件。其标准有三:其一,旅游学要有自己独立的研究对象;其二,旅游学与心理学、经济学、社会学、管理学、人类学和地理学等紧密相关的学科边界要清晰,不能简单地采用拿来主义,而是要有明确的联系与区别;其三,旅游学要有自己独立的方法论。

在旅游学要有自己独立的研究对象这一根本问题上,我还是有着自己独到的见解。经过对已有各种观点的回顾、提炼与研讨,目前我的旅游学观点确定为:旅游学是关于现实的旅游者出于某种需求所进行的短暂的旅行、游憩或休闲度假等不同形式所表征的各种旅游活动"相"及由此所产生的与旅游相关的各种社会经济相互关系及其运动发展的科学。这里的旅游学研究的出发点是"现实的旅游者",是活生生的现实的旅游者,不是抽象化的旅游者;这里的旅游学研究包括三个层次的要素研究:①旅游活动要素;②与旅游相关的各种社会、经济关系(结构)要素;③由旅游活动所产生的各种相关社会、经济关系所形成的旅游发展的(问题)要素。旅游学研究的核心是旅游活动要素与旅游相关的社会、经济关系要素,研究的最终目的是发展。之所以把旅游学研究对象界定为"现实的旅游者",是因为强调"现实的旅游者"不是他们自己或别人想象中的那种虚拟的、抽象的旅游者,不是实验中的旅游者,不是网络调查中的旅游者,而是活生生的有生命个体的现实的旅游者。这一理念来源于恩格斯。恩格斯说:历史学是关于现实的人及其历史发展的科学。恩格斯的这一著名论断同样适合于旅游学研究对象的确定。旅游学研究中,这些个人的现实的旅游者的行为主体是处于旅游过程中的,是在一定的前提和条件下可以能动地表现自己的现实的旅游者。倘若在实验研究中,为研究对象设定一个模拟旅游过程中的场景,问他们如果进行旅游,会选择何种价位的酒店?哪种交通工具?出游几天等?虚拟的旅游者或许容易根据自己的偏好直接选择,但没有考虑到时间、金钱和环境条件的约束,因此,选择这类型的被试作为研究对象,其有效性远不如选择现实的正在旅游过程中的旅游者来得科学且真实有效。

在旅游学与心理学、经济学、社会学、管理学、人类学和地理学等紧密相关的学科边界问题上,学界普遍倾向于强调综合研究或交叉研究,大多是拿来主义,只有心理学、经济学、社会学、管理学、人类学和地理学等学科对旅游学研究有贡献,旅游学还没有反哺能力,这也是为什么旅游学不被人们认可为独立学科的主要原因。这方面需要做的工作还很多。

在旅游学要有自己独立的研究方法论这一问题上,旅游学目前基本没有，大多采用哲学和一般社会科学的研究方法论，不过这里需要多啰唆一句，我这里所说的方法论是指研究方法的方法，而不是由于语境差异在英文中的 Methodology 所表达的方法、方法论之区分不清晰。

第二个问题：旅游学的学科属性？

这是讨论最多、疑问最多，也是最难以确定的一个核心问题。在这里，我权且把它确定为自然科学、社会科学和人文科学的交叉学科。

之所以说权且，是由于我目前给不了准确的说法。这里权且采用国际顶尖的旅游学期刊《旅游研究纪事》的前任主编贾法尔·贾法里和约翰·特赖布的观点。影响比较大的理论观点有贾法里的"旅游学科之轮"模型和特赖布的"旅游知识体系"模型。其中，"旅游知识体系"模型提出于2015年，模型比较新且较为全面，因此我对有关旅游学学科属性的理解基于该模型。在"旅游知识体系"模型中，整个旅游知识的核心分为四大类，即社会科学、商业研究、人文艺术和自然科学。其中，社会科学包括经济学、地理学、社会学、人类学、心理学、政治科学、法学等；商业研究包括市场营销、财务管理、人力资源管理、服务管理、目的地规划等；人文与艺术包括哲学、历史学、语言学、文学、传播学、设计以及音乐、舞蹈、绘画、建筑等艺术门类；自然科学包括医学、生物学、工程学、物理学、化学等。在我看来，按照国内常用的学科三分法的方法可以将上述四大类归纳为三类，即社会科学、人文科学和自然科学，其中社会科学包含上面的社会科学与商业研究（商业研究其实就是国内的管理学），人文科学包含人文与艺术。旅游学学科属性界定之难就难在于其复杂，具有交叉学科的性质，但处于核心地位的是社会科学，自然科学和人文科学领域的旅游研究也方兴未艾。

第三个问题：旅游学的研究路径？

国内外学界普遍倾向于定性研究与定量研究，我觉得旅游学还有一个很大的问题没有解决，那就是概念研究，这也是我为什么一直强调要进行概念导向的研究。有人把概念导向的研究并入定性研究，在旅游学领域，我认为必须要有单独的概念研究。因为旅游学迄今为止还缺乏专门指向旅游现象的专有名词，现有的旅游概念大多是指向某种实物或特定现象的指向性的对象物名词，例如，旅游现象、旅游需要、旅游地、旅游体验、旅游愉悦、旅游期望、旅游流、旅游效应、旅游容量……，无须一一列举，目前的所有名词中，只要删掉"旅游"两字，就没有人知道这个名词与旅游学有何相关，不如经济学中的"垄断""竞争"等名词。因此，我一直强调需要有概念导向的研究，以期获得旅游学研究"专有名词"的新突破。

在研究路径上，毫无疑问，旅游学的研究路径必定不是单一的而是多元的，这其中主要的三条路径为定性研究、定量研究，以及通过概念导向的研究以期获得新概念的概念研究。

旅游学中的定性研究是指对旅游现象的质的分析和研究，通过对旅游现象发展过程及其特征的深入分析，对旅游现象进行历史的、详细的考察，解释旅游现象的本质和变化发展的规律。旅游学中的定量研究是指在数学方法的基础上，研究旅游现象的数量特征、数量关系和数量变化，预测旅游现象的发展趋势。

概念研究是一条虽然非常传统、但在旅游学确是新研究的路径，旅游学中的概念研究是指一种对旅游现象的某些特征的抽象化的研究，它是对概念本身进行研究，研究内容包含两个部分，即重新解释现有概念和形成新的概念。这里要注意区分概念和概念研究，任何研究路径都是有概念的，概念是任何研究的起始阶段，但概念研究的不同之处就在于它的研究对象是概念本身，且对概念的分析主要是基于研究者的抽象化研究。概念的分析、研究与创新是哲学研究的主要手段，社会科学领域相对较少。旅游学要想形成自己独立的研究体系，拥有属于旅游学自身的独特概念必不可少，旅游学中的概念研究应当得到学界的重视。概念研究路径可以依赖于诠释学的理论范式，也可以如马克斯·韦伯的"理想类型"方法。

第四个问题：旅游学研究的理论范式？

旅游学的交叉学科属性以及研究路径的多样性使得研究者们会有这样的困惑——到底哪种方法论或范式才是旅游学研究应该遵循的？旅游学研究有统一的方法吗？要想回答这些问题，有必要从科学哲学和理论范式这两个角度进行探讨。

研究的两种基本出发点——自然主义与反自然主义。

任何研究都是建立在某种基本观念之上的，这种基本观念表达了研究者对研究及研究对象的某种信念。在对知识与研究的总体性的看法上，存在两种相互对立的哲学——自然主义与反自然主义。

对于自然主义，可以从本体论、认识论和方法论这三个方面进行说明。在本体论上，自然主义认为凡是存在的都是自然的，不存在超自然的实体，实在的事物都是由自然的存在所组成的，事物或人的性质是由自然存在体的性质所决定的；在认识论上自然主义坚持经验主义取向，人们只能通过经验来认识所要认识的对象，无论这一对象是自然的还是社会的，经验是人们获取知识的唯一渠道；在方法论上自然主义主张世界可以用自然科学的方法加以解释，社会科学方法与自然科学方法具有连续性，两者没有本质差别。

自然主义的合理性在于：第一，自然主义没有抛弃形而上学使其超越了实在论与反实在论之争，在本体论层面满足了各门学科特别是人文社会科学对本体论的要求;第二,自然主义肯定了研究的基本诉求是追求科学性和客观性;第三,自然主义为知识的基本诉求提供了方法论支持。自然主义的局限性在于:对于人文社会科学,自然主义忽视了作为研究对象的人的行为以及社会的复杂性,要求人文社会科学像自然科学那样发展也使人文社会科学失去了独立性。人文社会科学如果一味地采用自然主义观,那么人类世界的丰富性与多样性将消失殆尽,对人类世界的研究也将难以深入。

对于自然科学来说,持自然主义的世界观是天经地义的,但对于人文社会科学,自然主义就并不具有这种天生的合理性,因此反自然主义主要源于人们对人文社会科学特殊性的探讨。反自然主义作为自然主义的对立面有以下观点:其一,在本体论上,否认社会具有普遍和客观的本质,严格区分自然现象和社会现象,认为两者具有根本上的不同;其二,在认识论和方法论上一般主张以意义对抗规律、以人文理解对抗科学解释,形成反自然主义的理解的认识论和方法论。反自然主义的合理性在于它植根于人文社会科学相对于自然科学的特殊性,其关于人文社会科学的一些主张具有合理性。这些主张突破了自然主义对社会现象的简单化处理,体现了人文社会科学的独立性与独特性。具体来说就是阐释了社会科学研究对象的复杂性,突破了自然主义对社会现象的简单化处理,揭示了社会科学的一条特别路径,即社会科学的目的不是寻找规律而是追求不同个体之间的可理解性。

如果仅仅从自然主义与反自然主义的角度看,旅游学研究是应该既包含自然主义又包含反自然主义的。在如何解决旅游学研究这一复杂问题时,我坚持马克思主义的实践观,坚持实践导向研究,关于这一点在下文中阐述。

旅游研究的三大理论范式——实证主义、诠释学、批判理论。

旅游学中实证主义理论范式的观点为：其一，对象上的自然主义；其二，科学知识和方法论上的科学主义；其三，科学基础上的经验主义和价值中立。

历史主义—诠释学理论范式的主要观点为：其一，社会世界与自然世界完全不同，社会的研究对象不能脱离个人的主观意识而独立存在；其二，与实证主义理论范式的社会唯实论和方法论整体主义倾向相比，诠释学理论范式一般都倡导社会唯名论和方法论个体主义原则；其三，与实证主义理论范式强调价值中立相比较，诠释学理论范式认同价值介入的观点。

批判理论的主要观点为：其一，批判理论高举批判的旗帜，把批判视为社会理论的宗旨，认为社会理论的主要任务就是否定，而否定的主要手段就是批判；其二，反对实证主义，认为知识不只是对于"外在"于那里的世界的被动反映，而更需要一种积极的建构，强调知识的介入性；其三，常常通过采取把日常生活与更大的社会结构相联系的方法来分析社会现象与社会行为，十分注重理论与实践的统一。

实质上，以上三大理论范式源于两种哲学观，实证主义主要源于自然主义的哲学观，而诠释学和批判理论更多的是反自然主义的。两大哲学观各有其合理性和缺陷。因此，在旅游学研究中，既需要将两者结合起来，也需要三大理论范式的综合运用。

在具体的旅游学研究中，我的基本观点是以"实践导向"为主，尽可能地去梳理"概念导向"的问题，特别强调要以马克思主义实践观为指导，解决旅游学研究的复杂问题。

问题来自于实践。马克思指出，人与世界的关系首先就是实践关系，人只有在实践中才会发生对世界的具体的历史性关系。首先，人只有在实践中才能发现问题。人类实践到哪里，问题就到哪里。自然界的问题，人类社会的问题以及人的认识中的问题，无不建立在人的实践基础之上，都是人在认识世界、改造世界特别是人在处理自己与外在环境关系的实践中发生的，在实践中发现的。人们在物质资料的生产活动中，作用于自然对象，具体感受和发觉各种自然现象之间的因果关系，形成对自然界问题的系统认识，逐步形成自然科学的理论。人们在管理社会，处理人与人之间各种关系的实践中，逐步发现社会生产力的真实作用，进而以此为基础形成各种善恶价值评价和是非真理性理论，不断积累不断思考，逐步建立起关于社会发展的系统思想和观点的理论。人们在各个时代进行的各种科学研究、科学实验，使人们不断地发现问题，探索问题，认识问题，解决问题，推进人类社会科学技术的进步和知识体系的发展。其次，只有在实践中才能认识问题，只有在实践中才能解决问题。弄清问题来龙去脉，了解问题的产生发展，认识问题的变化规律，理解问题的具体特征，形成关于问题的因果联系，需要通过实践来把握。只有通过实践，才能找到问题解决的妥当办法和途径。在实践中，事物之间各种真实的联系，人与对象之间各种可能的选择及其不同结果才能真实呈现，进而对人们解决问题提供最有利、最为恰当的办法与途径。

"实践导向"不能简单地等同于"问题导向"，但却是始于"问题导向"。所谓"问题导向"，就是以已有的经验为基础，在主动求知过程中发现问题。对于旅游学研究而言，不是没有问题，而是问题一箩筐。正是问题一箩筐，旅游学研究者们从各自的学科背景出发，对旅游问题进行了纷繁复杂的解释、论证与纷争。目前的国内学界总体上停留于"公说公有理，婆说婆有理"的阶段。对于这种论争，我在研究历史认识论时，提出了可以运用马克思主义的交往实践理论来解决，这一方法论同样适用于旅游学研究。

马克思指出:"人们在生产中不仅仅同自然界发生关系。他们如果不以一定的方式结合起来共同活动和互相交换其活动,便不能进行生产。为了进行生产,人们便发生一定的联系和关系;只有在这些社会联系和社会关系的范围内,才会有他们对自然界的关系,才会有生产。"(《马克思恩格斯全集》第6卷,第486页)生产实践中除了人与自然的关系,还有人与人的关系,这人与人的关系便是指人与人之间的社会交往活动。毫无疑问,现实的旅游者的任何形式的旅游活动都脱离不了这人与人之间的关系,也就是现实的旅游者与旅游服务提供者之间的人与人之间的关系,也包括现实的旅游者之间的相互关系,正所谓去哪儿玩不重要,和谁玩最重要。在实践过程中,实践主体不是抽象的、单一的、同质的,而是"有生命的个体",存在着社会主体的异质性。主体在实践中的异质性,决定了他们在认识过程中的异质性,决定了他们在观察、理解和评价事物时所具有的不同视角和价值取向,主体带入认识过程中的主观成见便源于此。认识主体的异质性和主观成见,在存在社会分工的前提下,是不可能消弭的,主体只能背负着这种成见进入认识过程,旅游学研究主体也不可能从这一认识过程的厄运中超脱。所以,在社会交往过程中形成的异质主体的主观成见只能在交往实践中得以克服,在交往实践的基础上,主体才能超出其主观片面性进而达到客观性认识。解铃还须系铃人,异质主体的主观成见正是实现认识与对象同一过程的切入口。实现认识与对象的同一过程就是在于异质主体交往的规范性和客体指向性。人们的交往实践要遵循一定的交往规范。交往实践本身造就的交往规范系统约束着主体的交往实践。这些规范对于一定历史条件下的个人来说是既定的、不得不服从的,这种交往实践的规范性保证了认识过程的收敛性。认识的收敛性、有序性是认识超出主观片面性达到客观性的必要前提。在具体的认识过程中,诸异质主体间的交往实践同时是指向主体之外的客体的对象化活动,即使用语言、调研资料而进行的旅游学研究主体间的交往归根到底仍然是指向旅游学的认识客体,是就某一旅游学问题而展开的。在认识活动过程中,主体总是从各自未自觉的主观成见出发并以为自己认识到的旅游学问题与对方认识到的旅游学问题是相同的,从而推断对方会根据自己的行为针对同一旅游认识客体采取某种相应行为。然而,交往开始时双方行为的不协调迫使主体发现了他人(一个无论在行为上还是观念上抑或是认识结果上都不同于自己的他人),发现他人同时就是发现自我。因为此时主体才能够从他人的角度来看自己及其认识活动,即自我对象化。这样一来,通过发现他人与自我的差异而暴露出自己的先入之见的局限性。如果仅仅停留在暴露偏见还不足以克服偏见,如果交往双方不是为了指向共同的客体而继续交往下去,交往就会在双方各执己见的情境中中止,他们的对象化活动也就中止了。因此,交往实践的客体指向性是保证主体超出自身的主观片面性,从而达到客观性认识的关键。正是交往实践的客体指向性使得交往主体在继续交往中努力从对方的角度去理解客体,并把自己看问题的角度暴露给对方,以求得彼此理解。在理解过程中,个别主体不一定放弃自己的视界,而在经历了不同的视界后,在一个更大的视界中重新把握那个对象,即所谓"视界融合",从而达到共识。在此共识中,双方各自原有的成见被抛弃了,它们分别作为对客体认识的片面环节被包容在新的视界之中,此时,个别主体通过交往各自超出了原有的主观片面性而获得了客观性认识。从认识论机制看,交往实践为实现旅游学认识的客观性、真理性提供了途径。但在实际的旅游学研究中,的确有许多课题已进行过多次的大讨论,却未能取得一致的认识,人们由此会怀疑交往实践的功用。实质上,只要认识主体不自我封闭，能放下架子，能扬弃原有的看法与认识，能走出书房的象牙塔，能遵循认识规范，能就某一课题深入交往与交流，即使是针锋相对的认识，亦能在求同存异的过程中相互理解取得较一致的认识。的确无法取得较一致认识的，亦能在交往与交流的论争中获得新的认识。舍弃旧见解，在交往的过程中加深认识，最终在历经证实或证伪的过程中获得真理性认识。

在旅游学研究中，我们应当大力提倡各种论争，在实践中不断地通过证实与证伪来获得新的认识。

通过科学与哲学梳理，理论与方法论辩，概念与实践的不同研究导向分析，我们发现，旅游学作为一门学科门类才刚刚起步。目前所能确定的交叉学科属性、三大理论范式的互补性，使得要想全面研究旅游学就应该综合应用各种方法进行研究。于是，本丛书的分析框架确定为："问题——概念、解释、实证"的研究逻辑。换言之，本丛书之中的任何一本书都是从问题出发，力图通过概念、解释和实证来解决旅游学研究实践中所发现的问题。

解决问题是所有旅游科学研究的核心和主要目的，概念研究、定性研究和定量研究是解决问题的三条基本路径。其中，"概念"对应概念研究，其理论范式为诠释学和批判理论；"解释"主要对应定性研究，其理论范式为历史主义—诠释学；"实证"则对应实证研究，其理论范式为实证主义。而超越这一切的研究路径，则是马克思主义的实践观，尤其是交往实践理论，本丛书正是力图在实践研究中出真知。

林璧属

2018 年秋于厦大海韵北区

前　言

科学问题源自社会实践的需要。从社会经济形态转变的实践来看，以体验经济为节点的新经济时代及后起的互联网经济、共享经济等社会经济形态，均不能忽视对顾客体验的"观照"。体验作为一种必需的心理消费需求已经成为旅游业发展及其产品开发的"灵魂"。因此，认识游客体验发生的演变过程，识别和解析旅游体验的系统结构及其组成要素对于旅游产业升级发展具有重要的现实意义。

从科学研究的历史经验来看，探究科学问题的核心或根本在于对现象的结构进行剖析，而结构要素的解读是关键。旅游体验是旅游理论研究的重要内容，受到国内外研究的广泛关注。然而受限于对体验"本质"内涵认识的不清晰，已有研究成果多集中在表象层面上的应用研究，未能对旅游体验的"内隐"特征及其情感演变过程进行深入的分析。旅游体验的情感"完整性"依赖于游客主导意识下体验要素间的匹配与运行。对旅游体验要素的全面分析与解构，有助于认清旅游体验现象的本质内涵，全面拓展旅游体验研究的理论边界。

基于以上对旅游体验研究事实的反思，本书试图回答以下科学问题：旅游体验由哪些要素构成？旅游体验过程由哪些结构阶段组成？不同阶段下的旅游体验要素发挥着什么作用？具体而言，本研究从哲学、心理学和经济学视角对体验的概念内涵进行溯源和学理分析。基于体验要素解析，哲学体验视角下的心境意义、为我存在和内感是对心理学和经济学体验理论结构要素的概括，而内感是体验结构解析的核心。由此，本书明确从折射主体内感意义的情感层面进行旅游体验要素识别。进一步，本研究借鉴社会建构主义理论、情感控制理论、情境理论及情感认知评价理论等情感表现方法，结合旅游体验的情感性和过程性视角对旅游体验要素进行解析，识别了在场体验阶段中的情感体验建构、控制要素和后体验阶段中的存续要素，并对各结构要素间的作用关系进行验证。

本书主要得出以下六个方面的结论：

（1）情感是建构旅游体验得以实现的元要素。旅游体验要素是建构游客情感体验过程完整性的结构元素，其目的是描述不同体验阶段下游客所获得的心理感受。情感在旅游体验要素中具有"承上启下"的结构地位与"总揽全局"的身份。

（2）游客情感体验呈现出累积的阶段性特征。旅游体验中的情感是一个连续变化的过程。在旅游体验全过程的不同阶段中游客所获得的情感是不同的、有差异的。通过对游客情感体验过程的刻画，在场阶段中的游客情感体验表现为两种状态：暂时情感和获得情感。获得情感是旅游者基于价值评价基础对暂时情感比较后所确认的最终体验情感状态。

（3）旅游体验是过程视角下的情感建构、控制及存续要素的共变结果。物理过程、情感过程及其建构过程是描述旅游体验要素的三个核心层面。从物理过程来看，旅游体验要素包括在场阶段和后体验阶段两个范畴。从情感过程来看，情感投入、愉悦体验和体验记忆是刻画游客体验全过程的框架性要素。从建构过程来看，游客情感体验表现为建构、控制和存续三个阶段。因此，从旅游体验发生的情感演变过程及其要素构成来看，旅游者的情感体验是从"瞬间愉悦"到"永恒美好"的转变过程。

（4）地方感、关系承诺、真实性感知和情感投入是建构旅游情感体验的结构要素。在场阶段中的情感体验是旅游情境下社会建构的产物。情境、关系与互动是在场阶段中游客情感得以存在的"耦合剂"。物理情境与社会情境是游客体验得以建立的前置概念要素。作为对"人—地"、"人—人"情感关系的描述，地方感与关系承诺共同建构在场阶段中的旅游体验。与此同时，真实性感知能够通过影响旅游者与目的地及其社会关系的关联程度进而对旅游体验建构产生影响作用。

（5）功能价值、情感价值、情感转换成本和愉悦体验是控制旅游情感体验的结构要素。在场阶段中的情感体验是旅游者自我调控后所获得的愉悦体验。愉悦体验是在场阶段中游客基于价值标准对所获得暂时情感状态的"选择"与"确认"。其中，情感价值比功能价值更能有效地调控游客的愉悦体验感受。受到旅游期望的预设影响作用，情感转换成本也会调节旅游者最终所获得的愉悦体验感受。

（6）体验记忆是存续旅游情感体验的结构要素。旅游体验具有记忆的属性。体验记忆是以长时记忆形式对旅游者在场阶段中所获得情感体验的存续与再现，是经过自我修正后的游客最终确认情感。体验记忆是后体验阶段中情感体验存续的重要表现。与此同时，相比愉悦体验，体验记忆能更为稳定地对游客后消费行为产生影响作用。

本研究的主要创新有：第一，基于不同视角的理论剖析系统性地揭示了旅游体验及其结构要素的本质内涵。基于概念释义与内涵认识，本研究认为情感是解析旅游体验现象及其要素构成的最基本特征，是建构游客体验得以实现的元要素。第二，基于情感视角创新性地对旅游体验及其结构要素进行研究。本研究以情感为研究视角对旅游体验本质进行刻画，进而将之作为识别旅游体验结构要素的切入点。第三，从情感的阶段性特征视角探索性地解析了旅游体验的完整情感历程。本研究从情感视角对旅游体验的全过程进行建构和解析，提出旅游情感全过程概念模型。第四，结合情感与过程视角开拓性地识别了旅游体验的建构、控制及存续结构要素。本研究从体验建构、控制和存续视角识别出三大类共计九个旅游体验要素。第五，对旅游体验要素结构作用强度及关系的验证。基于理论层面上的概念推导，在识别出旅游体验结构要素后，本研究对所识别出的旅游体验要素及其理论模型进行了实证检验。

关键词：旅游体验；体验要素；情感

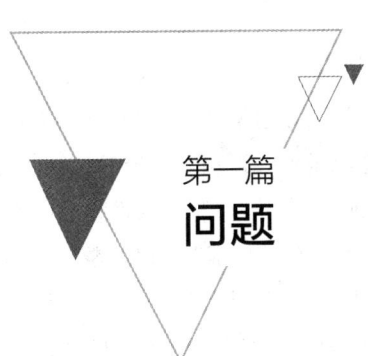

第一篇
问题

第一章
问题的提出

激起我研究"旅游体验"的极大兴趣是"体验"一词在学界和业界使用的泛化。无论是在何场景、何情景之下，只要敢用"体验"两字，总能说上一通仿若意境高远、法力无边的"体验"魔力。本研究愚钝，不知"体验"为何物？假借要做博士论文之际，斗胆探索一番"旅游体验"。然，翻看诸学科有关"体验"之说，竟无从下手。经多年思索，不得已，只能以"旅游体验要素研究"这一视角为题，着重探讨从"瞬间愉悦到永恒美好"的个体心理历程，尤其是探索其相互影响。

第一节　研究问题与研究意义

一、研究问题

科学问题源自实践，自20世纪60、70年代起，体验作为旅游研究中的重要议题受到学界广泛关注，其中以科恩（Cohen）、麦坎内尔（MacCannell）及契克森米哈（Csikszentmihalyi）等为代表的一大批学者，从人类学、心理学、社会学及营销管理学等视角对旅游体验的目的、意义、真实性及其客观现象等问题进行了深入的探讨。在此背景下，以谢彦君为代表的愉悦学派将旅游体验引入国内旅游研究范畴，并将其作为本学科的核心理论，进而从现象学、格式塔心理学等视角解析旅游现象的内核、旅游体验的愉悦诉求及旅游场等建构概念，为后续旅游体验的深入研究提供了重要的基础理论平台。

值得注意的是，在现实的旅游研究中则存在一种较为常见乃至"普及"的现象，即简单地将旅游与体验"画等号"，在旅游研究中加入体验被视为凸显研究理论价值的重要标识。这也不禁让人想起在民族村寨旅游发展的现实中，为了凸显个体文化的历史价值，商家们将"老""土"等标准词汇应用在标识推广中。同样，在旅游研究的学科体系中，也存在这一典型现象。问题的核心是什么？本研究认为出现这一问题的原因在于对体验"本质"内涵认识的不清晰，进而造成已有研究及其成果多集中在表象层面上的应用研究，核心则是未能对旅游体验的"内隐"特征及其情感演变过程进行深入的分析。

探究科学问题的核心或根本在于对现象的解构剖析。综观国内外旅游体验研究前沿，国内旅游体验理论研究成果远先于国外发展，以谢彦君为代表的学者们从时空层面分解了旅游体验的演变过程。在这之中，情感依托是游客体验的核心载体或诉求表现，然而从情感视角对旅游体验的解读仍然存在学术上的空白，这也是导致旅游体验概念应用泛化的根本原因之一。从系统建构的视角来看，要素是构成或组成系统不可或缺的结构单位，即要素是事物必须具有的实质或本质、组成部分。因此，对于旅游体验这一科学问题的研究则应当从情感视角对其进行结构剖析，以期深入认识表象层面下旅游体验的系统结构及要素关系。正是基于这一研究初衷，本研究借助博士论文，选择从旅游体验要素入手，基于情感的瞬间到永恒过程对旅游体验现象进行学理上的解构与验证分析，以期从情感这一独特视角来刻画旅游体验的本质内涵及其表现过程。

具体而言，本研究围绕旅游体验的结构要素，基于情感和过程两个视角展现系统性的理论与实证研究。具体有，对旅游体验情感过程进行重塑和解构，解析旅游体验各阶段特征。进一步识别在场旅游体验过程由哪些情感阶段构成，情感作为旅游体验各阶段中的内核与主线，不同阶段下的情感状态是如何形成并演变的。借鉴社会建构主义理论、情境理论、情感控制理论及情感认知评价理论等研究成果，从体验的主体性、情感性、动态性和过程性视角对旅游体验要素进行分析与识别，实证检验在场体验阶段中的旅游体验建构、调控行为及各结构要素的影响作用。进一步，探索作为情感的长时记忆表现的体验记忆在后体验阶段中的情感存续作用及其对游客后消费行为意图的影响强度，即与在场阶段中所获得的愉悦体验相比，体验记忆是否会更为稳定地对游客后消费行为产生影响作用。

二、研究意义

本研究将旅游体验要素作为科学研究问题，综合运用社会建构主义理论、情感控制论、情境理论、社会认知评价等理论，对游客体验的情感过程进行解构和重塑，识别旅游体验不同阶段中的要素及其结构状态，在理论和实践上均具有重要的研究意义。

（一）理论意义

在理论层面上，本研究拟以游客体验的"情感性"和"过程性"为研究主线，基于游客体验的主体性建构视角，从游客体验的"建构—控制—存续"情感过程进行旅游体验要素的识别和验证研究。首先，本研究通过对国内外已有研究回顾，进一步明确旅游体验的"本质属性"，探讨旅游体验要素研究的基本理论观点，包括旅游体验要素的概念和识别意义、旅游体验过程的阶段性特征、情感在体验过程中的演变脉络等，为后续研究提供坚实的理论支撑和依据。其次，以社会建构理论、情感控制论、情境理论、情感认知评价理论及体验记忆等为依据，解构和分析不同体验阶段下促成游客体验认知并形成愉悦体验的各结构要素。同时，探索游客体验自我调节的黑箱，探讨情感转换成本对游客愉悦体验形成的外部作用，并关注作为长时记忆的体验记忆要素在游客后体验阶段中的影响力。最后，基于以上论述分别提出不同阶段下旅游体验要素的理论模型，运用结构方程模型等多元统计方法对研究假设进行验证，进一步验证和分析各要素在游客体验过程中的作用强度和关系。因此，回归到体验研究的本质，从理论和实证的视角，对旅游体验过程中的各结构要素进行识别和实证验证，对于拓展和丰富旅游体验研究的理论边界具有重要意义。

（二）实践意义

在实践层面上，本研究重点关注游客体验过程中的结构要素及其组成。从游客感知的视角出发，探讨在旅游体验的不同阶段中是哪些要素共同作用形成游客的愉悦体验，期间旅游体验受到哪些要素的中介或调节，并最终形成稳固的体验记忆，以至于影响游客后消费行为。实证分析的结果有助于旅游行业管理机构、目的地、景区等全面认识旅游体验的动态过程，依据各要素所承载的实际意义，有针对性地进行体验质量的提升和优化，并通过采取适当的激励措施、政策建议等，确保游客愉悦体验的提升，增加游客满意度、重游率等，因此本研究对旅游业发展具有重要的现实意义。

第二节 研究背景

一、实践背景

新经济时代下的"体验"特征。社会经济形态经历了农业经济向工业经济、服务经济和体验经济演变的历程，并逐渐转向互联网经济、共享经济等"个性"阶段。作为新经济时代的起始点和标志，美国未来学家托夫勒（2006）认为"在农业、工业及服务经济之后，体验经济将成为未来社会新的经济表现形态，在体验经济形态下，制造商通过给顾客提供各种类型的体验来获取消费者，形成竞争"，并在《未来的冲击》一书中表明："体验经济就是未来经济，制造体验的人是生产者的未来目标，体验制造商将成为经济的基本支柱之一"。1999年美国学者派恩和詹姆斯出版著作《体验经济》，得出社会正进入体验经济时代，服务经济必将被体验经济所替代的结论。派恩和詹姆斯（2002）详细描述了体验经济的外在表现特征：制造商不再是简单地提供普通商品与服务，而是为顾客提供体验的舞台；在这其中，顾客开始其唯一的、自己的表演，即消费；当消费完成后，顾客获得的是难以忘怀的"愉悦记忆"体验。

随着现代信息技术的发展，全球金融危机、产能和供给过剩等加剧，以互联网经济、共享经济为代表的新兴经济形态不断涌现并引领世界发展。互联网经济是信息网络化时代产生的一种崭新的经济现象,其核心是生产者与消费者之间通过网络而建立的经济关系,基于网络空间的经济活动获得效益的经济形态,涉及电子银行、电子信箱、网络电话、电子贸易、虚拟企业、网上购物、各类网络广告和产品展示等领域(吴忱,1999)。王世波与赵金楼(2015)认为互联网经济具有直接性、快捷性、渗透性、外部经济性、持续性及全球性等显著特征,而提升顾客消费便利和虚拟"体验"程度则成为互联网经济发展的内核。此外,受2008年金融危机影响,共享经济的理念逐渐形成并被广泛接受和认可。蔡斯(2015)在《共享经济:重构未来商业新模式》一书中指出,共享经济是"产能过剩+共享平台+人人参与"等要素的组合,通过分离产权结构、让渡使用权价值以获取收益的经济形态。作为一种合作消费或协同消费的模型,共享经济是通过整合线下闲散物资或个人劳务,基于低价格对供求双方进行对象匹配,降低交易成本,达到"按需分配"及"物尽其用"的最优资源配置,实现供给方与需求方收益最大化的一种经济表现形态(董成惠,2016),注重用户行为惯性、需求个性等"体验"特征则成为共享经济模式发展的根本。

可以看出,以体验经济为节点的新经济时代及后起的互联网经济、共享经济等社会经济形态,均不能忽视对顾客"体验"的观照。体验经济时代中,张承耀(2004)认为体验经济会推动顾客消费方式和企业生产方式的转变并成为企业竞争胜负的关键点,与传统农业、工业及服务业经济不同,体验经济更为关注顾客消费的差异性、感官性、参与性、补偿性及记忆性特征。尽管互联网经济作为一种基于信息技术发展的经济模式,但其本质并未脱离实体基础,是虚拟经济与实体经济相结合的经济形态,而关注用户体验则成为互联网经济发展的本质。以"互联网+"为模式的旅游产业发展为例,各旅游目的地、景区、酒店等服务设施通过建设互动终端、智慧服务、网络营销及虚拟体验等，其目的在于为旅游者提供便捷和具有深度的体验感受。此外，共享经济作为一种基于社交的体验经济新形态，一方面是对过剩资源进行重新配置，但更为重要的是对顾客体验的全方位关注。以旅游共享经济为例，作为一种新型产业融合的经济形态，旅游共享在实现资源重新配置的同时，能够为游客提供个性化和真实性的体验诉求。在旅游共享经济中，服务提供的非标准化、跨文化等为游客体验的全方位搭建提供了基石，如爱彼迎（Airbnb）的酒店和住宿、优步（Uber）的车辆和游艇服务、Tripping 的度假公寓及 Dream Scanner 的咨询共享平台等均为顾客深度体验提供基础。

旅游消费的"体验"需求。据国家统计局数据显示：2017 年全年国内旅游人次为 50 亿人次，比上年增长 12.8%，国内旅游创收 45 661 亿元，比上年增长 15.9%。出入境旅游方面，入境游客为 13 948 万人次，同比增长 0.8%；国内居民出境人次为 14 273 万人次，同比增长 5.6%。；赴港澳台旅游人次为 8698 万人次。与此同时，伴随体验经济、互联网经济及共享经济等时代背景，国内旅游消费需求正逐渐从大众旅游时代的"到此一游"向新经济时代的"深度体验"转变，并表现出如下旅游消费的"体验"特征：

旅游消费的情感诉求。情感是主体对客观事物是否满足自己需求的一种态度体验反射。旅游者在注重旅游产品功能价值的同时，更加关注旅游行为或事件所能够带来的情感满足。与传统旅游需求中的游客情感诉求不同，新经济时代下的旅游者情感需求更为易变及多样化，偏向可以与其自身心理诉求发生共鸣或能够实现自我价值的情感。

旅游消费的个性要求。与大众旅游时代"随团出游"的产品规模化、标准化生产不同，随着游客出游经验的增加，追寻个性化、差异化的产品或服务已经成为旅游消费的重要组成内容。与之发展而来的是背包客、沙发客等极具个性旅游模式的产生，其背后所体现的是旅游者对产品"象征意义"的理解和认知，并试图使用自己能够解读的语言来描述体验的"情感"。

旅游消费的参与性需求。旅游活动在本质上是一种社会文化现象，深入认识不同社会文化特征、解读文化内涵的首要途径是参与。此外，游客为达到情感诉求目标，只有通过人类感官器官的全面参与和信息接收等才能实现心灵慰藉和精神升华的终极目标，才能获得与自然、文化相融合的审美感受和情感体验（谢春山，等，2015）。

二、理论背景

旅游体验是旅游理论研究的重要内容，受到国内外研究的广泛关注。自20世纪60年代布尔斯廷（Boorstin，1964）将旅游体验定义为一种流行的消费行为和预先设计的大众旅游经历，到麦坎内尔（MacCannell，1973）提出旅游体验是对现代生活的一种主动反应，其目的是游客对于"真实性"体验的追求，再到科恩、契克森米哈、勒费夫尔、麦坎内尔（Cohen，1973；Csikszentmihalyi，LeFevre，MacCannell，1979，1989）等学者对旅游体验现象进行不同维度的解读和分析，国内外旅游体验研究从人类学、社会学、心理学及管理学等视角给予全面观照。通过文献回顾可以发现，现有旅游体验研究问题主要集中在体验决策、体验历程和体验质量三个方面，学者们对于旅游体验的本质、类型、影响因素及意义等进行大量研究并取得一定研究成果，如，科恩（Cohen，1979）认为旅游体验可以描述为人与"中心"之间的关系;科恩(Cohen,1988)进一步将旅游体验划分为娱乐、消遣等五种类型;契克森米哈和勒费夫尔(Csikszentmihalyi,LeFevre,1989)认为旅游体验的最高状态是流畅或畅爽;瑞恩(Ryan,1991)将旅游体验影响因素区分为先在、干涉等四类。但值得注意的是,现有旅游体验研究仍然存在以下不足:一是对旅游体验的内涵认识不够全面和清晰,学者们基于各自学科背景对体验现象的解读,直接导致旅游体验定义的多元化和多样化现象,并反映为旅游体验理论体系建设的不完善;二是旅游体验研究的情感缺失,尽管大多学者均认为体验是游客获得的情感状态(Andersson,2007;Prayag,et al.,2013;谢彦君,2005,2006;谢彦君,徐英,2016),但相关研究并未从情感的视角对体验的动态过程进行全面的刻画和解读,也进一步导致对游客体验过程认知的不全面;三是研究视域不够全面,未能从游客个体层面上给予关注。因此,纵观国内外研究已取得的成果和存在的不足,旅游体验研究仍然是当下乃至未来研究的热点和重点,建构基于情感、过程和动态特征的旅游体验认识论研究是对旅游体验研究知识体系的进一步完善和有益补充。

第三节 拟研究内容与期待的创新

一、研究内容

问题:通过对国内外旅游体验研究进展进行归纳和整理来梳理旅游体验、旅游体验要素研究的现状,指出现有研究的不足和本研究可能的突破方向。主要是从理论层面、心理层面、客体层面及结构要素视角对旅游体验要素研究进展及其要素结构、分类等进行全面的回顾。

概念：体验追溯与体验概念结构要素解析。从哲学、心理学和经济学视角分析了体验的不同表述及概念特征，对体验的本质与内涵进行学理上的分析，强调体验是主体的存在意义。

解析：通过对不同研究视角下体验结构的理论解析，将内感作为旅游体验结构解析的切入点，并进一步确定从情感视角对旅游体验结构要素进行分析与识别。识别旅游体验要素的相关理论应是社会建构主义理论、情感控制理论、情境理论和情感认知评价理论，本研究分别对上述理论的渊源、核心内容、结构类型及它们在旅游研究中的应用和对体验要素识别的启示等进行探究。对旅游体验的概念特征、结构属性进行探讨。通过对已有旅游体验要素特征的不同视角解读，提出旅游体验要素识别的两个基本视角，即情感与过程。情感是刻画不同阶段中体验的元要素。对在场阶段和后体验阶段中的旅游体验要素进行分析与识别。依据社会建构主义和情境理论，分析了在场阶段中建构游客情感体验的结构要素。结合情感控制和情感认知评价理论，对在场阶段中控制游客情感体验的要素进行分析与识别。并从游客情感在后体验阶段中的记忆形态出发，对后体验阶段中游客情感体验的存续要素进行分析与识别。

实证：对在场体验阶段中的游客情感体验建构及调节要素进行实证检验。根据在场体验阶段中游客情感体验建构的概念推导模型提出理论模型，推演了地方感（地方认同和地方依附）、关系承诺、真实性感知及情感投入等五个潜变量间的因果关系。通过结构方程模型进行路径分析、变量的中介效应和调节效应分析。

对在场体验阶段中的游客情感控制过程及其评价、调节要素等进行实证检验。根据在场体验阶段中情感控制的概念推导模型进行理论模型的构建，推演了情感投入、功能价值、情感价值、情感转换成本及愉悦体验等构念间的作用关系。进一步基于结构方程模型的路径、中介和调节效应分析检验研究假设，并使用配对样本T检验对旅游体验情感的阶段性特征进行验证。

对后体验阶段中体验记忆的角色、作用关系等进行实证检验。根据第六章后体验阶段下情感体验存续要素推导模型，进行了理论模型的构建，理论推演了愉悦体验、体验记忆与游客满意度、行为意图等变量间的影响关系，使用路径分析、中介效应分析等方法验证了体验记忆的结构要素作用。

结论：通过本研究的问题梳理、概念溯源与解析，尤其是实证验证，力图能够获得明确的"旅游体验要素"的结构与解构，进一步在分析结果的基础之上进行研究总结，并指出本研究存在的不足和未来研究展望。与此同时，依据研究结论，提出优化旅游体验质量的相关政策及管理建议等。

二、期待的创新

现有旅游体验研究忽略了对游客心理层面的关注，所得研究成果对于深入理解旅游体验的"内隐"特征及其动力演变机制仍然是不足的。旅游体验的"完整性"依赖于游客主导意识下体验要素间的匹配与运行。对旅游体验要素的全面解构与分析，有助于认清旅游体验现象的本质内涵。因此，本研究以情感为主线，基于社会心理学等理论分析框架，系统性地探讨了旅游体验要素的基本特征及其情感的阶段属性表现；从旅游体验的时空关系视角入手，开拓性地分析和识别了在场体验阶段和后体验阶段中建构、调控及续存旅游情感体验的各结构要素。与已有研究相比，本研究有以下五个方面的可能创新之处：

第一，基于不同视角的理论剖析系统性地揭示了旅游体验及其结构要素的本质内涵。本研究从体验的哲学、心理学和经济学视角对体验的本质内涵进行了全面的探讨和论述。体验作为一种存在形态，是构成生命的最小单元，具体表现为内省的"为我"而存在的意义。因此，主体存在意义是深刻理解旅游体验及其结构要素内涵的本质特征。基于此，通过对旅游体验及旅游体验要素的概念释义与内涵认识，本研究认为情感是解析旅游体验现象及其要素构成的最基本特征，是建构游客体验得以实现的元要素。

第二，基于情感视角创新性地对旅游体验及其结构要素进行研究。受限于体验概念应用泛化的原因，现有旅游体验及其要素研究是基于游客物质需求导向的应用研究，研究成果多集中在表象层面，未能关照体验的愉悦、情感等本质特征属性。因此，旅游体验要素的研究需要紧紧把握体验的本质内涵，旅游体验要素的解析与建构必须体现游客的心理或情感特质。与已有旅游体验研究视角不同，本研究以情感为研究视角，认为情感是刻画旅游体验的本质核心与主线，是识别旅游体验结构要素的切入点。

第三，从情感的阶段性特征视角探索性地解析了旅游体验的完整情感历程。旅游体验中的情感是一个连续变化的过程，具有显著的阶段性特征。本研究探索性地从情感视角对旅游体验的全过程进行建构和解析，提出旅游情感全过程概念模型，着重对在场体验和后体验阶段中的主体情感演变过程进行描述、视觉刻画及解析。

第四，结合情感与过程视角开拓性地识别了旅游体验的建构、控制及存续结构要素。通过对旅游体验的溯源，对旅游体验的概念特征、结构属性的探讨，本研究认为情感是识别旅游体验要素的基本出发点。结合游客体验的过程视角，本研究从物理过程、情感过程及其建构过程对旅游体验结构要素进行分析。进一步，基于社会建构主义理论与情境理论的结合、情感控制理论与情感认知评价理论的结合，本研究开拓性地从体验建构、控制和存续视角识别出三大类共计九个旅游体验要素。旅游体验要素的识别对于深入认识游客情感体验的完整历程具有重要的理论与现实意义。

第五，对旅游体验要素结构作用强度及关系进行验证。作为一种概念推导的理论结果，以往旅游体验研究主要集中在质性分析的层面上，研究重点在理论模型的逻辑推演方面。本研究从理论层面上的概念推导出发，在识别出旅游体验结构要素后，结合问卷调查、准实验方法等对所识别出的旅游体验要素及其理论模型进行实证检验，全面验证所识别出的体验要素的作用强度及其交互关系。

第四节　拟采用的研究视角、思路、方法与技术路线

一、研究视角

通过文献回顾可以发现，当下有关旅游体验的研究涉及哲学（现象学）、社会学、心理学（个人建构、社会建构）、管理学（市场、营销）等学科。与此同时，考虑到旅游体验研究的综合性和复杂性现状，基于单一学科的研究已经满足不了旅游体验研

究的需求。龙江智（2005）认为旅游现象具有多种属性，应当从心理学角度探讨其个体行为，从地理学、社会学和经济学等视角分析其群体行为和社会现象。此外，尽管旅游研究是一个偏向应用型的学科，但其本身又脱离不了对人主观性研究的立论，从而进一步决定了旅游研究的多学科介入特点。基于以上分析，本研究拟以心理学和社会学作为研究切入点，首先对旅游体验过程进行解构，以全面识别旅游体验的结构要素及其可能存在的交互作用关系；其次通过使用心理学与管理学的研究方法，对各要素进行测量和统计分析，检验要素间存在的影响路径；最后以管理学为研究出口，基于理论分析和实证检验结果，为有效提升游客情感体验、满意度等提供政策建议。

二、研究思路

以情感为研究视角，结合社会建构、情感控制等理论，对旅游体验的全过程进行解构，从社会建构等的视角识别出构成游客在场体验的要素，以情感控制等为切入点对在场体验的控制要素进行识别，最后从记忆形态出发对游客后体验过程中的结构要素进行识别和解读；基于心理学与管理学研究的方法和途径，通过问卷调查和实证分析的方法，对各要素间的关系和影响路径进行检验；最后以管理学为研究出口，从提升游客体验质量、满意度等层面提出相应的管理政策建议。

三、研究方法

文献分析法。通过对国内外旅游体验相关研究成果的梳理与评价，从旅游体验的本质、内涵、边界及目的等视角对旅游"体验"的演变过程进行深度解读和分析,重点对与旅游体验结构要素相关的研究成果进行述评,总结和发现研究不足,进一步夯实本研究的立题依据及理论基础。同时,在研究介入视角方面,对现有旅游体验研究中现象学、心理学、社会学及管理学等背景和思路进行深入剖析,总结不同研究视域下的理论基础及现实背景,为全方位解读旅游体验过程及其结构要素的识别提供扎实和充分的研究支撑。

准实验方法。准实验设计是指在真实的社会情境中使用实验设计的某些方法来搜集数据和材料。在进行社会文化研究中,完全排除某些文化背景的影响是不可能的,且所得结论的外部效度具有一定的局限性。因此,与真正的实验设计不同,准实验设计不完全控制无关的变量。常用的准实验设计有单组前、后观测和时间系列设计等。其中,单组前后测是对同一组被试进行前后两次的测量,从而推断自变量和因变量之间的因果关系。

问卷调查。作为心理学研究中的惯用方法,问卷调查法是将要调查的内容以封闭或开放式的形式提出,通过调查对象的回答以获取资料的方法。本研究拟通过采用现有成熟量表或自行开发量表的方式,对已经识别出的各体验要素构念或变量等进行度量,为验证旅游体验在场阶段和后体验阶段等概念模型提供重要支撑。

多元统计分析。结构方程模型(或称为潜变量模型)属于高等统计学范畴中的多变量统计方法,该方法整合了因子分析与路径分析两种统计方法,同时检验模型中包含的显变量、潜变量、随机误差变量间的关系,进而获得自变量对因变量影响的直接、间接效应或总效应。作为一种验证性的方法,该方法是建立在理论模型基础之上的假设验证。该研究方法的优势在于:可以将测量与分析整合为一，即同时估计模型中的测量指标、潜变量关系；注重变量间协方差的运用；适用于大样本统计分析。为验证旅游体验概念模型及各结构要素间的逻辑关系、影响路径，本研究使用结构方程模型、多元统计等进行研究分析。具体有：使用 SPSS 19.0、AMOS 20.0 等统计分析软件，通过探索性因子分析、验证性因子分析、收敛效度、区别效度等分析对问卷收集到的数据及测量工具进行全面验证，确保研究测量的信度和效度；通过验证性因子分析、路径分析等对各变量间的影响关系进行验证。

四、技术路线

图 1-1 是本研究的篇章结构与技术路线。具体而言，首先，本研究对旅游体验要素研究的实践和理论背景做出概括和分析，通过界定研究问题与意义等明确研究切入视角、思路及适用的研究方法。同时，为了进一步明确旅游体验的本质内涵，本研究对体验的本原进行追本溯源，从哲学、心理学及经济学视角对体验的内涵进行概念释义，为后续研究提供基础支撑。其次，基于文献梳理的结果，本研究指明了旅游体验、旅游体验要素研究的现状，指出现有研究的不足和可能的突破方向，并以此为基础，提出能够解析旅游体验结构要素的相关理论基础。再次，基于对体验本质的概念释义，本研究对旅游体验要素的理论内涵进行深入分析。与此同时，基于前文的理论基础，进行旅游体验要素的分析与识别。进一步基于实证分析的程序与方法，对所识别出的体验要素进行现实层面上的验证。最后，基于旅游体验要素识别与验证的结果，进行全文总结并提出相关优化旅游体验的管理建议。

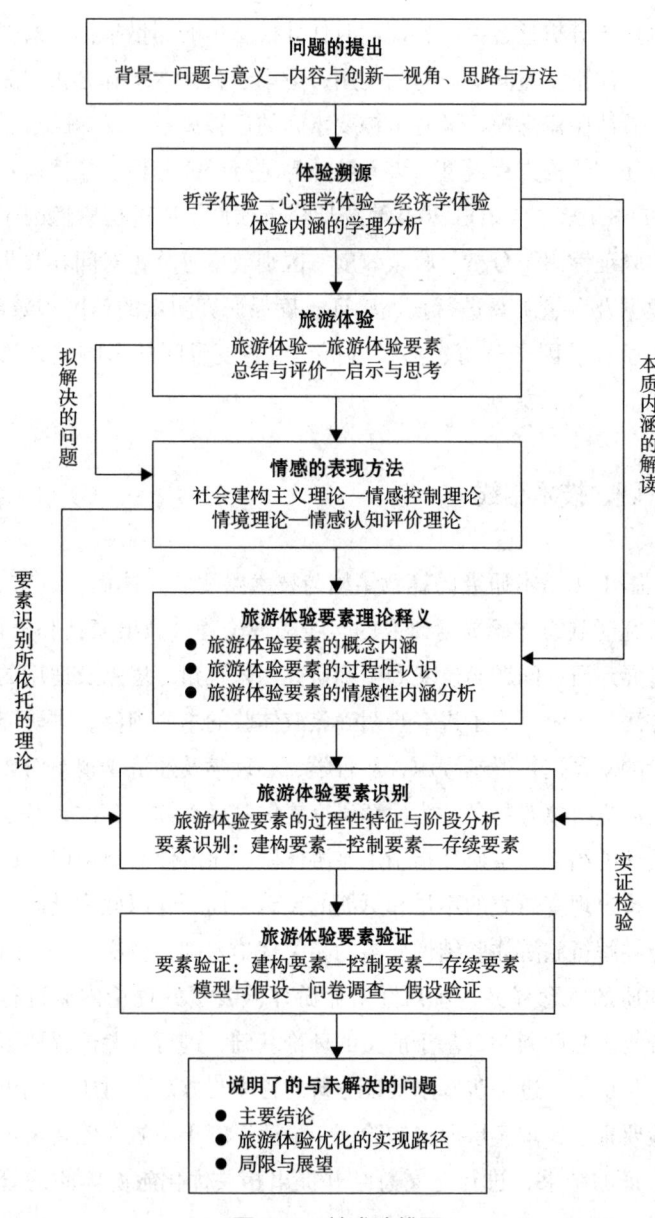

图 1-1 技术路线图

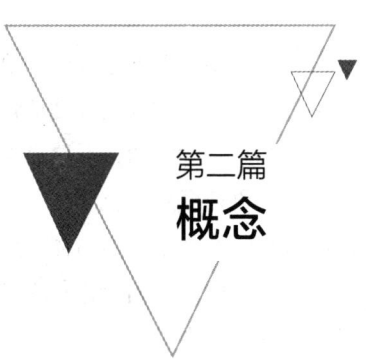

第二篇
概念

第二章 体验

体验在西方哲学史上百年的发展进程中，已经逐渐发展为认识论的基本观点（Reese，1980），并从理性的认识逐渐发展为凸显主体性精神的本体论和解释学。通过对已有文献的梳理，本章重点对狄尔泰、胡塞尔和伽达默尔的哲学体验观进行回顾，把握其核心要点，并从心理学和经济学视角对体验的概念意义进行解读。与此同时，本章对体验的本质内涵进行学理分析，认为体验是主体的存在意义。进一步，本章通过对哲学、心理学和经济学视角下的体验概念结构要素进行解析，认为内感是旅游体验结构解析的核心与关键，并进一步确定从情感视角对旅游体验结构要素进行分析与识别。

第一节 哲学体验的源起

体验（Experience）来自拉丁文 Experientia。从词性来看，体验包括名词和动词两个属性，用作名词最早出现在 1377 年，指对某个事件的观察。直到 1533 年才被用作动词，指尝试做某事。名词 Experience 涵盖两层意思，一是以获取知识为目的的经历、尝试、测试、操作，以及对这种知识的检验；二是指人们对某种情况、事件的感受，或者引起这种感受的情况、事件。与体验一词对应的是第二层含义。不同的体验对象带给人们不同的感受。体验对象可以分为两种，一是有形的事物，二是无形之物。无形之物又有两种情况，一是对有形之物的抽象的事物，如人性，或者是依附于有形事物的东西，如白色；二是纯粹的无形之物，如灵魂。在德语中名词 Erlebnis（体验）的出现比动词 Erleben（经历）晚得多。Erlebnis 在 18 世纪还不存在，19 世纪 30、40 年代偶尔被使用，直到 70 年代才突然成为常用的词。Erlebnis 的解释也较为单一，只有 Experience 的第二层含义，即体验。

体验作为哲学研究的重要概念，起源于 19 世纪中叶。体验一词最初来源于"经历"，于 19 世纪 70 年代通过概念再构造被区别出来并发展为惯常用语，主要通过传记文学的方式被广泛流传。在《哲学史料辞典》中，体验最早出现在神秘主义研究中，其基本解释为"由生命—生活获得，并且保留在生命—生活中"（安延明，1990）。作为正式的哲学研究基本概念，在《当代文学和哲学史百科辞典》中，体验"意味着亲身体验（感觉、意想、记忆、作用和要求）的一切"（安延明，1990）。

一、狄尔泰的体验观

体验是狄尔泰生命哲学的核心。狄尔泰的体验是集存在论、认识论和方法论三重性质于一身的概念综合体（付德军，2014）。由于体验概念的复杂性，狄尔泰对体验进行过多次概念规定。狄尔泰首先赋予体验以概念性的功能（李红宇，2001），使之成为价值概念名称。

基于浪漫主义背景，狄尔泰认为体验是"特殊个人发现其此在的那种方式和途径"（Dilthey，1978）。作为非理性主义的概念，狄尔泰的体验与生命之间存在着内在的一致，即体验是实现生命自身的特定情况。李红宇（2001）认为狄尔泰对于体验概念的解释与其定义的另一哲学概念"内部知觉"较为相似。内部知觉是"对一种心境或过程的内在意识，当一种心境被意识到时，这种心境是一种对我而言的存在"（Dilthey, 1978）。受狄尔泰精神科学论观点的影响，狄尔泰将体验视为一种认识论方法，来解释生命哲学中生命的存在意义。通过体验可以将内化的心理过程结合在一起，形成意义的整体。

在对狄尔泰体验概念的剖析中，安延明（1990）从体验活动、内省与思维、内感及生命三个层次分析体验的本质意义。首先，体验活动作为一种特殊的方式，并非"被给予的"，是为我存在的。狄尔泰将体验视为非一般意义的客观物，即体验与体验活动并非相互独立。其次，体验作为主体的内感，是一种心境和过程的内在意识（安延明，1990）。只有意识到该心境和过程，主体才能获得自我存在状态。最后，狄尔泰认为体验是生命整体的最小部分。生命哲学是狄尔泰的哲学观，在其后期作品中，狄尔泰打破主客体之间的对立，认为生命不等于单纯的主体性，而是意义的统一体，是部分与整体的关系。这也进一步说明，主体获得的"意义"是体验的根本。正如，在狄尔泰的体验内涵分析中，伽达默尔和格奥尔格（2004）认为其体验概念包括了两个重要元素：体验与结果。体验是那些不可忘却、不可替代的东西，这些东西对于领悟其意义规定来说是不会枯竭的（里克曼，1989）。

二、胡塞尔的体验认识论

体验是胡塞尔现象学研究的起点。现象学是胡塞尔在对自然思维和哲学思维进行思辨基础之上所形成的一种分析方法、体系哲学。胡塞尔认为自然思维不关心认识批评，直接朝向事物；哲学思维则不能对认识与认识对象关系一致问题界定清楚。因此，胡塞尔提出使用现象学作为一种认识论，对给予我们的现实社会中知识的所有东西进行分析。因此，现象学是关于现象的科学，是对观念、共相和本质的认识，是关于纯粹意识的学说。在现象学分析过程中，胡塞尔提出为了进行认识批评，我们必须停止对自然知识的利用。通过悬置的方式，排除思维中的经验自我，通过先验还原的方式来实现直观本质的认知。在这其中，体验是胡塞尔现象学中的一个重要概念。

胡塞尔用体验解释意识或意向概念，反对心理学对意识概念不正确的使用。心理学家把体验及其对象理解为"实在的事物"，不论被体验的对象是在体验者之内还是外在于体验者。现象学认为体验概念应该排斥经验概念，体验仅仅是人的体验行为以及存在于人的体验中那些被体验的东西（Husserl，2006）。在胡塞尔那里，Erlebnis 概念排除了 Experience 概念中的经验意思，Erlebnis 只是体验。

在《逻辑研究》中，体验概念最重要的本质特征是意向性（Husserl，2006）。倪梁康（2009）认为意向性被用来描述意识的一般本质，是对被体验物和体验行为内在关系的刻画。在《现象学的观念》一书中，胡塞尔（Husserl，1986）指出体验是指某种心理的、内在的东西，所有的内在生活，它基本上相当于胡塞尔所述的现象。意识是由各种类型的体验所构成，有认识体验、经验体验，例如，看、说、听、触摸、快乐、痛苦、恨、爱等各种感官体验（张斌，张澍军，2010）。体验通过对体验内容的意指构造出体验对象（王晓方，1998）。与此同时，张斌和张澍军（2010）指出现象学中的体验是在悬置所有与经验和实在此在关系后的概念把握。

由此可见，体验概念是以意向性为本质的各类意识的总称。现象学的体验概念表明现象学家认为事物的本质或抽象事物与人类理智是统一的，所谓的体验就是指本质或抽象中的存在。体验是以意向性为本质特征的各类意识的一个包罗万象的称呼（张骁鸣，2016）。

三、伽达默尔的体验解释

伽达默尔认为 Erlebnis 最初的意思是人们亲自而非以某种间接的方式把握到的事物以及这种把握的直接性（伽达默尔，2004），19 世纪的传记文学进一步强化了 Erlebnis 的双重意义。这种双重性意味着 Erlebnis 不仅是作为知识基础的经验，而且是与生命具有内在关系的体验。生命体的存在具有延续性，其中的每一片段都与整体密不可分。生命体验的直接性由于生命体的延续性也具有了同样的延续性与整体性。"每一个体验都是由活的延续性中产生，并同时与其自身生命整体相联""由于体验本身是存在于生命整体里，因此生命整体目前也存在于体验之中"（伽达默尔，2004）。伽达默尔通过分析 Erlebnis 概念批判审美意识，"捍卫那种我们通过艺术作品而获得真理的经验，以反对那种被科学的真理概念弄得很狭窄的美学理论"（伽达默尔，2004）。他认为如果艺术作品确实是对生命的象征性的再现，体验就是对这种再现的把握，那么审美经验的对象就是艺术作品本身，所谓的体验艺术就是真正的艺术。

伽达默尔和格奥尔格（2004）认为体验在狄尔泰的生命哲学和胡塞尔现象学中仍属于纯粹的认识论，其体验概念是建立在目的论意义上所采纳的，而非概念上的规定。在对体验意义整体的解释中，伽达默尔提出生命与体验结构论。生命作为本源需要在体验中进行表现，被视为体验的某物不仅是意识生命之流中短暂即逝的东西（伽达默尔，2004），该物将被视为统一的意义整体。与此同时，伽达默尔认为能够被体验的物体，均是在主体的回忆中所建立的。体验是意义内涵，是主体通过经历后所获取的永存的存在意义。此外，伽达默尔还指出，体验在一定程度上也表现为与生命的对立。体验具有摆脱其意义的一切意向的直接性。

第二节　心理学与经济学视角下的体验

一、心理学视角下的体验表述

在心理学研究中，不同切入视角下的体验概念有着不同的解释。心理学中的体验可以作为一种分析实体或心理感受，对主体的内在感受及其发生机制进行过程描述。与此同时，体验也可以是一种研究方法，通过对研究对象的定性把握（葛鲁嘉，2005），来进行对象"理解"。此外，在心理学研究领域中，体验概念的应用主要集中在情绪心理学、积极心理学、人本主义心理学、宗教心理学等研究中。

在情绪心理学研究中，情绪是个体的社会性因素与生物性因素相结合而产生的心理组织与行为表现（孟昭兰，2000）。情绪心理学是研究主体情绪要素、动机、认知方向及其过程的学科，包括内在的体验状态、外显的行为模式和生物学基础三个方面的综合心理现象（Izard，1978）。在对情绪心理学中的体验概念进行梳理时，孟昭兰（2000）认为情绪的心理实体即是体验，情绪体验就是主体的内在感受。作为情绪的中心成分，莱尔德与布雷斯勒（Laird，Bresler，1990）认为意识体验是情绪的形态展示。体验由环境影响通过表情动作的复合内导刺激所引起，体验的自我知觉使人脑内的感情性信息与认知的高级功能相联系。情绪社会化的完整机制表现为生物学基础、表情、认知及体验等的活动集合，而体验具有重要的核心地位。乔建中（2003）认为情绪的主观体验是脑的感受状态，是心理活动的一种带有独特享乐色调的知觉和意识。因此，主观体验作为一种存在状态是情绪的核心成分（柳恒超，许燕，2008）。进一步，作为情绪研究的积极心理属性，积极心理学中的体验概念既是对积极情绪的描述，也是积极情绪产生的概括（李金珍，王文忠，施建农，2003）。

在人本主义心理学研究中，人本主义重视人的尊严、创造力、价值及自我实现，主张从人的本性进行心理学研究。作为人本主义心理学的代表者，马斯洛提出需要层次理论、高峰体验等概念。在高峰体验中，马斯洛认为体验是个人生命中最快乐的时刻。在这一体验中，主体的认知能力等发生变化，并进入存在认知的新境界，能够领悟到"存在性价值"（陈彪，2007）。进一步，马斯洛提出超越体验、高原体验等概念，其差异之处在于主体认知、存在感知等的获取程度和持续时间。由此可见，人本主义心理学中的体验概念也是对主体心理感知或存在意义的不同程度刻画，其本质与哲学思维中的概念有着内在的一致性。

此外，体验概念也广泛应用在心理学研究的其他领域中。如，在宗教心理学研究中，体验作为一种途径被用来描述跨文化情境中的主体状态，如，爱德华兹与洛伊斯（Edwards，Lowis，2001）提出的宗教体验的三个演变阶段模式（超我意识、放弃自我和更新视角）。

与此同时，作为心理学研究的"方法"，葛鲁嘉（2006）认为体验是在体证基础上的具体研究方式。与实验方法的侧重点不同，体验所关心的是人的有意识心理活动。体验历程是人的心理自觉活动，表现为主体与客体、真实与客观、已成与生成、理论与方法等的统一（葛鲁嘉，2006）。

综上所述，在心理学研究中，体验是行为与结果的统一体，既指人的心理活动的过程，又指人的心理活动的结果（张相乐，2008）。体验是基于情感评价而对事物关系的价值评价及其相应的心理活动描述。心理学意义上体验的概念是个体以身体为中介，以"行或思"为手段，以知情相互作用为典型特征，作用于人的对象对人产生意义时而引发的不断生成的居身状态（张鹏程，卢家楣，2012）。

二、经济学视角下的体验概念

经济学视角下的体验概念表述及其应用最早可以追溯到托夫勒在《未来的冲击》一书中对社会经济形态的描述。托夫勒认为体验经济是继农业经济、工业经济及服务经济后能够产生更高顾客价值的经济形态。此后，派恩和吉尔摩（Pine，Gilmore，1998）在《体验经济》一书中对体验经济的消费形态做出描述，认为在体验经济中顾客消费过程即是产品，当消费结束后，记忆将长久地保存对过程的"体验"（郭馨梅，2003）。在体验经济的成因与价值分析中，汪秀英（2005）认为作为一种全新的经济形态，体验经济是对传统服务经济的延伸，能够全面体现顾客价值和企业品牌价值。

作为学术概念，在体验概念的经济学表述方面，曾建明（2003）指出体验经济是建立在心理基础与经济基础相结合之上的形态展示，并进一步将体验经济解释为以满足消费者心理获得感为内核的经济。赵放（2010）认为体验经济是以消费者感受为经济"标的物"而通过生产、服务获利的经济模式，其本质是以顾客获得"美好感觉"的经济生产方式。作为一种经济发展思想，在对体验经济概念的内涵剖析中，赵放和吴宇晖（2014）指出体验经济的本质是对顾客产品效用的描述，实质则表现为顾客的一种心理满足状态。进一步，从体验经济的规定性视角来看，经济学视角下的体验内涵重点突出了顾客的身心感受状态和生产者的体验价值回报。

综上所述，从展示形态来看，经济学视角下的体验是对已有经济生产模式的创新和突破，其实质是由完全的生产导向转变为顾客价值导向，突出个体的参与性与创造能力。从价值形态来看，经济学视角下的体验模式更为关注顾客心理层面上的满足感。传统经济模式以满足顾客使用价值为中心，体验经济模式则关注如何提升顾客综合效用价值，其本质则是对主体心理获得感的实现。

第三节　体验结构解析

一、体验内涵的学理分析：主体存在意义

基于以上分析可以得出，从哲学、心理学及经济学层面来看，本研究认为体验的本质是主体的一种存在意义。体验作为一种存在形态，是构成生命的最小单元，具体表现为内省的"为我"而存在的意义。

在狄尔泰的体验观中，体验是为我存在的。作为一种内在的

心境意义，体验是主体的一种内感。在狄尔泰的体验概念中，体验是体验行为与结果的符合表现。其中，主体发挥着重要的主导作用，即体验不是"被给予的"，而是主体所获的"意义"。同样，作为一种对现实世界本质内涵的认识途径，胡塞尔认为体验实质是主体的意向性。在现象学研究中，体验的目的是对内在心理、内在生活经验的表象反映，其目的是在悬置基础之上通过所体验物所进行的意识分析。正如张斌和张澍军（2010）的观点，意识是由许多体验组成的，其中包括经验体验、认识体验，具体表现为听、说、看、触摸、痛苦、快乐、爱、恨等各种主体感受。因此，胡塞尔认识论中的体验是对本质或抽象理智中主体"存在"的描述。不同主体所获得的存在意义是不同的。在伽达默尔的体验解释中，伽达默尔（2004）认为对于体验的意义构造可以从直接性和通过直接性的获取两个方面来理解。一方面，体验继承了经历的本意，是"发生的事情还继续生存着，为解释提供线索和素材"（伽达默尔，2004）；另一方面，体验是"直接性留存下来的结果"（伽达默尔，2004）。同时，安延明（1990）认为介于直接性的获取具有一种"中介"的意义，即揭示了体验与生命的部分与整体关系。在《真理与方法》一书中，伽达默尔认为体验可以被解释为经历过的东西，且通过经历所获得的使自身具有继续存在意义的特征。因此，伽达默尔的体验概念是主体通过经历后所获取的永存的存在意义。

此外，在对体验的动态考察中，"在场"与"现时"也是德国古典哲学对体验发生的要求，正如 Erleben 的本质词义，即"某物发生时，恰好在场"（安延明，1990）。可见，体验是主体与被体验物在场情景下的、现时的自我存在状态及过程。与经验不同，经验预设着主客体对立（李红宇，2001），体验则是生命与生活的融合（安延明，1990），是内在过程的结合。

二、体验层面下的结构要素分析

基于系统结构的分析观点来看，整体或系统是介于交互关系中的力的结构，是基于各种要素及其之间的联系和互动而建构的一种体系整体。同样，对于具有理论特征属性的"体验"概念而言，体验也是由各种独立而又存在交互关系的系统要素所构成的。因此，从系统结构层面对哲学、心理学和经济学层面下的体验概念进行系统结构解析将有助于界定清楚旅游体验要素分析的基本单元与切入点。与此同时，对于不同视角下体验要素的结构解析也将有助于指导旅游情境下体验要素的类别及其结构识别。

（一）哲学体验下的结构要素

正如本研究在对哲学视角下体验概念的溯源中所得出的观点，体验表现为一种个体主动性下的心境意识。在一定边界的心理情境中，当个体意识到某种现象或活动的意义之后，该种意义则是主体所获得的对存在的感知，并进一步内化为主体的深层感知并被长久保存。

基于前文分析，本研究认为在哲学研究层面下，体验是由心境意义、为我存在和内感三个理论要素所构成。正如，在对狄尔泰生命哲学的体验概念分析中得出的观点，体验是心境或过程的表现意义，是一种为我存在的主体内感。

1. 心境意义

在体验概念的意义解释上，狄尔泰认为个体所获得的某种欢乐或痛苦的感觉是因为其意识到其当下所处的心境，而这种"心境对我而言是存在的"（Dilthey，1978）。与此同时，在对狄尔泰体验概念内涵的解释和规定认识中，体验与狄尔泰哲学中的内部知觉概念相似。在内部知觉的概念表述中，狄尔泰认为内部知觉是对过程或心境的内在意识，当某种心境被主体意识到后，该种心境及其所凸显的意义则是为某个体所存在的。

由此可见，在哲学体验的概念结构解析中，个体所存在或意识到的某种"心境意义"是体验得以实现的基本构成单元。与此同时，基于个体行为视角，在对心境意义的解析中，本研究认为心境意义表现为物理情境和心理情境两个层面上的心境，具体而言，一方面，从体验发生的时空关系来看，体验是在一定场景下的主体意识或行为过程，即体验的发生必然要依托于可以"触摸"的空间结构；另一方面，从体验发生的意识所属来看，心境意义更多地指向一种氛围情境，是主体在一定物理场景中的心理情境。正如，狄尔泰将体验直接指为"生命体验"，是发现此在的途径和方式，而"去体验"则凸显了一种特定的观察生命的情境（安延明，1990）。

2. 为我存在

在对哲学体验的结构解析中，狄尔泰认为体验活动是一种具有特殊品格的表现方式，在这种方式下，"实在为我地存在着"（Dilthey，1978）。进一步，在体验的哲学概念解释中，狄尔泰认为体验并非是"被给予"的。与之不同，体验是主体"身心一致"的结果，即主体为了获得实在的"体验"必须通过自身的参与。在对体验的概念解析中，安延明（1990）同样认为体验是"为我之物"。与此同时，基于狄尔泰的体验概念，利德尔也指出狄尔泰将意识存在内容的那种原始的"为我之在"的态势称为体验。

由此可见，在哲学体验的概念结构解析中，一定心境下个体所存在或意识到的意义其实质是"为我存在"的，因此，本研究认为"为我存在"是构成体验的基本分析单元。与此同时，基于个体行为视角，在对"为我存在"的管理学层面解析中，本研究认为哲学体验结构中的为我存在具体表现为以下特征：主动性、参与性和存在相对性。具体而言，一方面，哲学体验层面上的"为我"凸显了个体在体验活动中的主导性，即体验活动是个体主动参与下的结果形态；另一方面，主体所获得的"存在"意义是"为我"的，具有明显的对象指向特点，不能被用来描述"他人"所获得的存在意义。

3. 内感

依据古典哲学的分析传统及路径，可以从内和外两个层面进行划分。也正如此，以感觉器官为中介所获得的感受与经过大脑认知评价所获得的感受是不同的，因此，内感与外感在哲学体验的概念解释中也被做出分别。例如，在狄尔泰的哲学体验研究中，内感的实质在于主客体之间所达成的某种一致性状态。与此同时，狄尔泰认为"内感是关于一种心境和过程的内在意识"。由此可见，内感作为突破浅表层感觉体验的意识存在状态，是哲学体验概念的核心或本原。从哲学体验概念的组成结构及其演变过程来看，内感是主体在一定心境意义下所获得的最终的为我存在状态。

基于以上分析，本研究认为内感是构成体验的基本结构单元，也是描述和刻画主体所获得体验状态的"实在之物"。与此同时，基于个体行为视角，在对内感的管理学层面解析中，本研究认为哲学体验层面中的内感即是个体的心理结构状态，具体表现为主体的一种情绪或情感状态。也正如此，本研究认为以内感为最终节点的结构单元是进行旅游情境下体验要素分析及识别的切入点，即从主体内感的具体形态"情感"进行旅游体验要素的识别更能准确刻画旅游者的主体存在意义。

（二）心理学体验下的结构要素

正如本研究在心理学视角下的体验概念溯源中所表述的观点，体验是行为与结果的统一体，既指人的心理活动的过程，又指人的心理活动的结果。心理学意义上体验的概念是个体以身体为中介，以"行或思"为手段，以知情相互作用为典型特征，作用于人的对象对人产生意义时而引发的不断生成的居身状态。综上所述，从结构要素解析的理论层面来看，本研究认为在心理学研究层面下，体验是由心理过程和心理结果两个理论要素所构成。

1. 心理过程

在对体验概念的解释中，情绪心理学认为体验表现为环境影响作用下的个体心理意识，是心理活动的一种知觉和意识。与此同时，在《体验心理学》一书中，瓦西留克将体验描述为一种旨在恢复精神平衡的过程，恢复已丧失的对存在的理解力。一方面，体验是个人的经验过程及其结果；另一方面，"体验的过程是可以在一定程度上驾驭的，努力使这一过程按我们的理想达到使个性成长与完善的目标"。进一步，在对体验的概念表述中，瓦西留克所指的体验是那些当体验主体陷入威胁性生活情境当中时所要经历的心理过程。

由此可见，在心理学体验的概念结构解析中，体验是可以被描述为主体的一种心理活动过程。在这一心理过程中，个体经历着自我知觉或内在感受的演变并获得不同阶段下的个体心理意识。

2. 心理结果

通过对体验的心理机制梳理发现，体验不仅是一种过程性的存在，同时也是一种状态性的存在。从个体心理状态来看，体验的存在有其一定的形态，既有认知层面的理解与反思，也有情感层面的感受与领悟，同时也表现为行为层面的实践活动。进一步，从心理学层面来看，体验即是"知—情—行"心理三因素的统一，也是心理过程与心理结果的统一，还是"身"与"心"的统一。与此同时，在情绪心理学分析中，孟昭兰（2000）也指出情绪体验就是主体的内在感受。由此可见，在心理学体验的概念结构中，体验最终呈现为一种分析的实体，即个体的心理感受。

基于以上分析，本研究认为心理结果是构成心理学体验的基本结构单元，是对身心变化进入意识层面所获得状态的"标识"。需要指出的是，从体验心理结果的特征属性来看，个体在不同时空阶段中所获得的内在感受或心理意识是不同的。这也进一步表明，在心理学视角下，体验作为最终的心理结果是与其发生的过程紧密相连的，即不同过程中的主体心理意识即是体验的心理结果，而心理结果又是对各阶段过程中所获得感受的汇总。

（三）经济学体验下的结构要素

通过对经济学视角下体验概念的溯源，本研究发现经济学视角下的体验表现为对传统经济模式的突破，一方面以价值导向为"标的物"，从产品价值转向顾客综合效用价值，而非对产品的"简单"关注；另一方面则表现为以满足顾客心理获得感为根本的关注。由此可见，就其结构而言，经济学视角下的体验概念可以解析为价值导向和心理获得感两个理论要素。

1. 价值导向

在体验概念的经济学分析中，体验经济作为对服务经济的根本变革，其实质是对顾客价值的全面体现。在价值的解释中，泽丝曼尔（Zeithaml，1988）指出价值是在付出与获得感知下，顾客对产品效用的总体评价。在体验经济中，企业已经从关注产品自身质量转变为关注每一个顾客的个体价值创造，即要求企业的经济运用能够使顾客获得满意的价值。进一步，从顾客价值的结构来看，体验经济概念中的价值定义进一步扩展为感观、知识、情感及超越自我等价值。基于以上分析，本研究认为价值导向是构成经济学视角下体验概念的基本单元。在经济学研究视域中，体验是为帮助顾客获得和创新全新价值为中心的经济生产模式。

2. 心理获得感

在分析体验经济的思想基础中，体验经济的概念具有效用的特征，而以价值导向为基础的顾客效应是与体验连接的经济"接口"。进一步，在对效用的概念及其所属含义解读方面，作为经济学的基本概念，效用在本质上又表现为顾客的心理满足状态。也正如此，效用是一种体验感受，是凭借感觉来描述的（赵放，吴宇晖，2014）。与此同时，曾建明（2003）在体验经济的概念解读中表明满足消费者心理需求是体验的内核。由此可见，在体验的经济学概念结构解析中，体验是以顾客价值导向为基础的一种心理获得感，而最终的衡量标准则是以个体是否获得心理满足为根本。基于以上分析，本研究认为心理获得感是构成经济学视角下体验概念的基本结构单位。

三、体验要素解析的视角

基于哲学、心理学和经济学视角下的体验溯源，本研究认为体验的本质是主体的存在意义。体验作为一种存在形态，是构成生命的最小单元，具体表现为内省的"为我"而存在的意义。与此同时，在哲学、心理学和经济学视角下的体验概念结构解析中，本研究认为哲学体验由心境意义、为我存在和内感三个理论要素所构成。心理学体验概念则表现为心理过程与心理结果的要素统一。进一步，在经济学视角下，体验概念可以被解析为价值导向和心理获得感两个理论要素。通过对不同层面下体验结构的理论解析，本研究认为哲学体验概念中的内感是进行旅游体验要素分析的基本单元与切入点。

首先，从体验概念的结构所属来看，哲学层面下的心境意义表现为物理情境和心理情境两个层面上的心境。这一理论结构要素与心理学视角下的心理过程和经济学视角下的价值导向相对应。心理过程是个体经历着自我知觉或内在感受的演变并获得不同阶段下的个体心理意识，而不同阶段下的个体心理意识必然而且也只能产生于一定的情景或场景之中，即个体意识是一定环境刺激下的主体反应。与此同时，价值导向作为企业经济生产模式的指向标，其实质是对个体心理效应的关注，即是在主体心理情境之下价值的获得与创造。其次，就哲学层面中的为我存在而言，这一理论要素直接与心理学范畴中的个体和经济学研究中的顾客相对应。作为哲学层面体验概念的终点，内感是主体在一定心境意义下所获得的最终的为我存在状态。从心理学层面来看，内感是个体的心理感受，是对各阶段过程中主体所获得感受的汇总，表现为心理结果状态。从经济学层面来看，内感是以顾客价值导向为基础的一种心理获得感或满足感。

进一步，从体验概念的结构关系来看，在哲学层面下，体验是心境或过程的表现意义，是一种为我存在的主体内感。哲学体验是主体在一定"心境意义"下，以"为我存在"为主导所最终获得的一种"内感"。可以认为，内感是主体存在意义的一种"实在之物"，具体表现为个体的情感状态，是对主体存在意义的折射，也是体验结构解析的核心与关键。因此，基于以上分析，本研究在后续旅游情境下的体验要素解析中主要从主体存在意义的内感视角进行要素的分析与识别，具体从情感层面对旅游体验结构要素进行解析。

第四节 本章小结

本章内容从体验的哲学、心理学和经济学视角对体验的本质内涵进行了全面的探讨和论述。在西方哲学史上百年的发展进程中，经过狄尔泰、胡塞尔、柏格森、海德格尔及伽达默尔等学者的深入研究，体验已逐渐发展为认识论的基本观点。在狄尔泰的生命哲学中，体验活动作为一种特殊的方式，并非"被给予的"，是为我存在的。狄尔泰的体验表现为主体的内感，是一种心境和过程的内在意识。与之相比，在胡塞尔的体验概念中，体验是本质或抽象在理智中的存在。在伽达默尔的体验概念中，体验是意义内涵，是主体通过经历后所获取的永存的存在意义。进一步，本章从心理学视角和经济学视角对体验的不同表述进行剖析。基于以上分析，本章对体验概念的内涵进行学理分析，认为体验的本质是主体存在意义。体验作为一种存在形态，是构成生命的最小单元，具体表现为内省的"为我"而存在的意义。与此同时，本章分别对哲学、心理学和经济学视角下的体验概念结构要素进行解析，认为心境意义、为我存在和内感是哲学体验概念的三个理论结构要素，心理过程和心理结果是心理学体验的两个理论要素，而经济学视角下的体验概念结构则包括价值导向和心理获得感。基于对各理论要素结构所属和关系的分析后，本研究认为内感是旅游体验结构解析的核心与关键，并进一步确定从情感视角对旅游体验结构要素进行分析与识别。

第三章
旅游体验

旅游体验要素的解析离不开对已有旅游体验成果及研究进程的回顾。本章首先对国内外旅游体验研究进展进行归纳和整理，其次从理论层面、心理层面、客体层面及结构要素视角对旅游体验要素研究进展进行回顾，最后梳理和评述旅游体验、旅游体验要素研究的现状并提出旅游体验要素研究的启示与思考。

第一节 旅游体验研究进程与回顾

一、国外旅游体验研究进程与回顾

旅游体验（Tourist Experience；Tourism Experience）是国外旅游研究的重要议题。国外旅游体验研究最初起源于 20 世纪 60 年代，并于 70 年代发展成为社会科学研究的主流议题。作为传统、现代化及后现代主义背景下的知识体系建构，旅游体验研究先后经历了文化冲突与评价背景下的真实体验追寻（Boorstin，1964）、现象学视角下的体验概念及形态的探讨（Cohen，1979）、新涂尔干视角下的游客体验意义分析（MacCannell，1973）及体验的社会建构叙述过程。以科恩、麦坎内尔及契克森米哈等为代表的一批学者，从人类学、心理学、社会学及营销管理学等视角对旅游体验的目的、意义、真实性及其客观现象等问题进行了深入的探讨。

从国外旅游体验研究的时间轴线及涉猎领域来看，20世纪60年代至90年代间，旅游体验研究主要集中在体验的本质及内涵解读与探讨方面，例如体验就是为了获得真实的感受（Wang Ning，1999）、体验是一种相对存在的精神中心模式和情感状态（Csikszentmihalyi，LeFevre，1989）。众多的学者试图从与日常生活所不同的客观形态来刻画游客体验的主观意识及其诉求，并形成了一系列的介于不同学科视角的研究成果。如，体验是真实性、情感状态、流状态等。总体来看，旅游体验是一个复杂的心理过程（Morgan，et al.，2010）。值得注意的是，已有研究对于旅游体验的本质及其内涵解释仍未能达成一致，但这并不影响以体验为"标的物"的延伸研究的相继开展。从2010年开始至今，旅游体验研究逐渐转向可量化方法的体验行为、影响因素、结构层次及类型等的研究，文本分析、结构方程模型、ASEB栅格分析及新媒体技术等应用于旅游体验的前因及后果变量研究，如对体验期望、体验共创、情感、体验质量、感知价值、满意度及行为意图等变量间的关系分析。

通过对已有研究文献的梳理，国外旅游体验研究主要聚焦在以下几个方面：

旅游体验的界定与分类；

旅游体验影响因素；

旅游体验质量评价；

真实性问题的探讨；

游客体验管理。

（一）旅游体验的界定与分类

1. 旅游体验是什么？

作为一种凸显"主体特征"的活动，旅游体验所描述的核心本质到底是什么？或者说，游客体验所追求的是一种怎样的"自由"？对于这个问题的认识和理解，国外学者们仍然存在着分歧和各自特有的解释。布尔斯廷（Boorstin，1964）认为旅游体验作为一种流行的消费行为，其本质是对人为的、虚构事件的追求。布尔斯廷抱怨寻求真正体验的传统旅游者正在消失，取而代之的是现代大众旅游者对于各种人造、虚假活动的享受。他认为体验与真实性是一对孪生兄弟，且相互依存。以麦坎内尔（MacCannell，1973）为代表的学者则认为，布尔斯廷仅仅关注到了一种长期存在的旅游态度，是一种程序化的模式。通过深入分析戈夫曼提出的"前台与后台"理论，麦坎内尔（MacCannell，1973）发现游客试图进入后台区域的原因是为获得亲密的关系和真实的体验。旅游体验作为现代的宗教朝圣，其本质是游客对真实性的诉求，进而成为推动旅游者出游的主要动机之一。获取真实性的感受是游客体验的本质与内涵。

在总结布尔斯廷和麦坎内尔两位学者观点的基础之上，科恩（Cohen，1979）认为现实社会中并不存在具有唯一或通用类型的旅游者，即人们普遍期望获得不同心理状态的旅游体验。与此同时，将社会学概念"中心"应用在旅游体验研究中，科恩（Cohen，1979）发现游客的精神中心与其所处社会价值是相一致的，并将旅游体验解释为个体与各类型精神中心的关系，包括五个演变阶段：消遣、转换、经验、实验和存在。各类精神中心来自于游客的自我建构，能够体现稳定的动机模式。基于心理学视角，契克森米哈和勒费夫尔（Csikszentmihalyi，LeFevre1989）认为旅游体验是一种积极的心理状态，"流状态"（Flow State）是游客体验的最终诉求。契克森米哈（Csikszentmihalyi，1990）的研究认为，体验是一种沉浸其中、忘记时间及意识不到自己存在的状态，并强调旅游体验的过程性，即参与者必须具备挑战技巧，能自主掌控活动及实时操作等阶段特征。旅游体验是内在的享受状态，由清晰的目标、必备的知识、控制和投入度等序列状态所组成（Jackson，Marsh，1996）。

作为契克森米哈（Csikszentmihalyi）流畅体验的坚定支持者，杰克逊、马什（Jackson，1995；Jackson，et al.，1996；Jackson，Marsh，1996）等对流体验理论开展了大量的延伸研究并开发了测量最优体验的量表。此外，维特索等（Vittersø，et al.，2000）认为旅游体验是游客基于信息认知过程的情感体验，并构建了Flow-simplex模型测量在场体验的情感状态。拉森（Larsen，2007）认为旅游体验是一种以往与旅行相关的事件，以长记忆的形态存在。从市场营销视角来看，旅游体验被视为顾客消费体验。根据卡尔森（Carlson，1997）的定义，体验是思想和感觉的流状态，存在于意识中。拉格等（Rageh，et al.，2013）认为体验是顾客与公司直接或间接接触过程中的内在、主观反应。也正如此，全帅与王宁（Quan Shuai，Wang Ning，2004）从社会学科和营销管理视角，将旅游体验划分为高峰体验和支撑体验两个部分。在随后的研究中，学者们又从体验的心理过程（Larsen，2007）、行为过程（Volo，2009）等视角并借助认知理论、亲密理论、价值共创（Binkhorst，Den Dekker，2009；Mossberg，2007）等对游客体验的内涵进行深入解读。

总体来看，国外对于旅游体验本质及其内涵的研究分为两个演变路径，一是以社会科学为主的旅游体验研究，从社会学、心理学及人类学视角对体验"本身"进行研究；二是以市场营销和管理学为路径的消费体验研究,将旅游体验视为在旅游消费过程中游客所获得的综合价值。

2. 旅游体验的结构与类型

受限于学科背景的差异,对于旅游体验结构层级及其类型的划分,国外研究成果也较为多样和丰富。从社会心理学层面,科恩(Cohen,1979)将旅游体验划分为由外感向内感递进的五个阶段,即消遣、转移、实验、经验及存在。随后,伦吉克(Lengkeek,2001)从游憩体验的视角对科恩的体验结构模型进行扩展,使用隐喻性的表达重新归纳了旅游体验的模式,即消遣、改变、兴趣、投入和精通。基于产品导向视角,霍尔布鲁克与赫希曼(Holbrook,Hirschman,1982)认为旅游体验表现为功能体验和享受体验二元组成结构,在这其中,功能体验来源于对产品功能的消费,享受体验则是消费者购买产品时所获得的感觉。与此同时,作为体验经济的先驱,派恩和吉尔摩(Pine,Gilmore,1998)根据顾客的参与程度,将体验识别为娱乐体验、教育体验、逃逸体验和审美体验四个类别,认为旅游企业应当从提供服务转变为创造值得顾客回忆的体验。

从体验营销视角来看,施密特(Schmitt,1999)将旅游体验区分为以下五个类别,即感官体验、情感体验、理性体验、操作体验和关系体验。从旅游体验的核心内容视角分析,阿霍(Aho,2001)认为旅游体验可以分为情感体验、知识体验、实践体验和身心转移体验四个主要类型:情感体验属于心理层面的主体精神印象,是具有普适特征的旅游元素;知识体验则以学习和接收新的知识为目的;实践体验主要体现为各种技能的应用;身心转移体验则表现为健康旅游的形式。

作为旅游体验结构研究的重要文献,全帅与王宁(Quan Shuai,Wang Ning,2004)认为已有研究对于旅游体验的结构分析存在明显的学科"界线",即社会科学视角关注的是与日常生活体验的形态比较,而市场营销和管理视角的体验则从顾客消费行为入手,将游客体验视为一种消费体验。因此,基于不同学科融合的视角,全帅与王宁(Quan Shuai, Wang Ning, 2004)提出旅游体验的结构模型,将旅游体验概念化为高峰体验和支撑体验两个重要结构维度。高峰体验是基于旅游吸引物的体验,反映为出游动机。支撑体验是游客对于旅行中基本消费需求的满意程度,如吃、住、交通等。高峰体验与支撑体验在一定程度上可以相互转化,一起推动游客体验的完成。根据瓦罗(Volo, 2009)的研究结论,旅游体验可以被分解为四个维度:可达性、情感转换、便利性和价值。以Sharm el Sheikh 酒店为研究对象,使用网络民族志研究方法,拉格、曼勒沃及伍德赛德(Rageh, Melewar, Woodside, 2013)对顾客体验的结构和意义进行分析,研究发现旅行体验由舒适、教育、享乐、新奇、认知、关系、安全和美好八个类型构成。

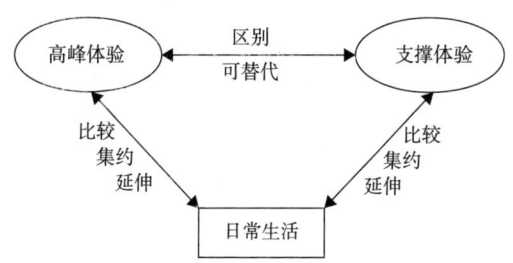

图 3-1 旅游体验结构模型

资料来源:Quan Shuai, Wang Ning Towards a structural model of the tourist experience: An illustration from food experiences in tourism [J]. Tourism Management, 2004, 25(3):297-305.

此外,根据研究对象的特征,国外研究将旅游体验与目的地、吸引物等有机地结合在一起,将旅游体验的类型进一步扩展为：地方和传统食品体验（Goolaup, Mossberg, 2017; Quan Shuai, Wang Ning, 2004; Sims, 2009; Son Aram, Xu Honggang, 2013）、红酒与乡村旅游体验（Carmichael, 2005; Quadri-Felitti, Fiore, 2012）、休假体验（Wirtz, et al., 2003）、宗教体验（Ryan, McKenzie, 2003; Song, et al., 2015）、户外徒步体验（Chhetria, et al., 2004）、性别差异与游客体验（Brown, Osman, 2017）、野生动物园体验（Curtin, 2010）、遗产地体验（Beeho, Prentice, 1997; Ung Alberto, Vong Tze Ngai, 2010）、湿地公园体验（Wang, et al., 2012）等。

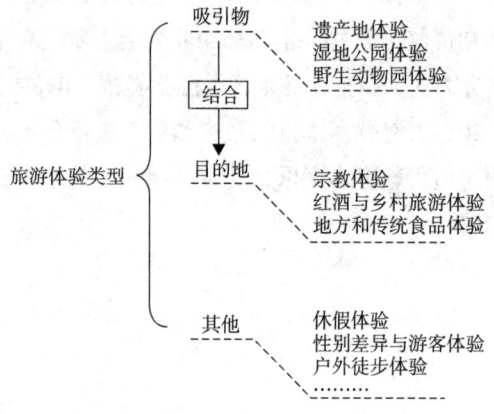

图 3-2 旅游体验类型

资料来源：本文整理所得。

（二）旅游体验影响因素

基于体验抽样研究方法（Experience Sampling Method），契克森米哈和勒费夫尔（Csikszentmihalyi, LeFevre, 1989）分析了不同环境（工作和游憩环境）对游客体验质量的影响程度，并进一步比较了"流过程"对游客体验的作用程度。该研究表明，体验活动所呈现的挑战难度和游客自身所具备技能及两者之间的契合程度会显著地影响游客的体验感知程度。瑞恩（Ryan，1991）在其著作 Recreational tourism: A social science perspective《休闲旅游：社会科学视角》中，根据游客体验过程将影响旅游体验的因素划分为先在因素、干涉变量、行为过程和结果4个层次，涉及个性、家庭生命周期、便利程度、活动内容、偏差、辨别能力及人际关系等的影响。使用关键事件分析方法，杰克逊等（Jackson，et al.，1996）对游客体验的积极与负面反馈信息进行质性研究，使用归因理论框架分析了游客对不同体验结果的解释。结果表明，游客对于自身旅游体验的评价存在归因偏差，即旅游者更加倾向于使用内部原因（能力、努力、容易和幸运）来解释积极的体验结果，相反倾向使用外部环境原因等来解释负面的旅游体验结果，进一步暗示不需要主动去改变自身行为，即负面体验结果已经超过个人控制。旅游体验具有显著的"地方"特征，即体验与地方、空间及风景存在交互关系。基于以上分析，李义平（Li Yiping，2000）认为以"地方"为载体的游客地理意识也会显著地影响体验结果。该研究认为地理意识的实质是主体与世界的关系，涉及情感、思维和主体自身等层面，主要来源于人与地方间的空间和临时的联系。基于现象学研究方法，通过深入访谈收集质性分析材料，李义平（Li Yiping，2000）认为地理意识可以进一步解释和理解为旅游体验中游客的自由选择和认知偏差行为，并将地理意识分解为社会经济、人际和精神世界三个维度。此外，维特索、沃凯恩、维斯塔德及瓦格兰德（Vittersø, Vorkinn, Vistad, Vaagland, 2000）的研究发现旅游者文化背景与游客体验具有显著的相关关系。刹帝利、阿罗史密斯及杰克逊（Chhetria, Arrowsmitha, Jackson, 2004）以澳大利亚Grampians国家公园的徒步路线为案例，发现地理环境特征和徒步者的心理因素会影响徒步体验结果。以芬兰的社会旅游为研究对象，康姆普拉等（Komppula, et al., 2016）认为影响社会度假体验的因素有接触、物理环境、活动内容、食品与就餐条件、情境因素及人际因素。

从市场营销及管理视角来看，莫斯伯格（Mossberg, 2007）分析了外部特征对游客体验质量的影响因素，认为物理环境、服务接触中的服务人员和同行游客、旅游产品和纪念品、主题和故事等均会对游客体验造成影响。作为游客"凝视"和解读旅游目的地景观及吸引物的重要途径，斯卡莱特（Scarles, 2009）认为摄影有助于激发游客体验的营造，即摄影作为一种具有实践、智力特征的认知活动能够将旅游者转变为参与者共同创造和保存旅游体验。同时，在线旅游视频作为中介变量对游客体验产生影响，即通过激发梦想和回忆以往旅行经历等，网络上分享的旅游影像能够向受众提供精神愉悦（Tussyadiah, Fesenmaier, 2009）。以中国浙江的西溪、下渚和鉴湖湿地公园为例，王宛飞等（Wang Wanfei, et al., 2012）通过结构方程模型方法分析了服务质量对游客体验及其后消费行为意图的影响，从资源等级、游憩活动、旅游设施、服务管理及人际关系等五个维度分析了对审美体验、情感体验和行为体验的影响，研究发现以上五个因素对游客体验有显著的正向影响效应。

（三）旅游体验质量评价：产品和服务质量视角

旅游体验是游客心理水平改变及心理结构调整的过程，表现为游客旅游需要的满足程度。当前，旅游体验质量评价多为直接借用服务营销领域中的产品和服务质量模型进行分析。在评价理论基础方面，普遍以"期望感知绩效差异"理论（Fornell, et al., 1996; Grönroos, 1984; Kano, et al., 1984）来衡量游客体验质量。在体验质量评价的"出口"上,一方面采用直接的计量统计结果,另一方面使用满意度评价来代替体验质量,相关质量评价研究较为多元化和多样化。

国外有关旅游体验质量评价的发展及演变主要经历了两个发展阶段。

1990年代以前。1987年格雷夫和瓦斯克(Graefe,Vaske,1987)针对影响旅游者体验质量的因素,首先提出保护体验质量的管理建议框架,为旅游体验质量的评价提供了研究思路。然而,由于当时大众旅游的发展及旅游研究的现实导向,1990年前并未对与个体游客体验质量相关的研究给予过多的关注,仅有的研究则集中在旅游体验理论的发展上。与此同时,在服务营销领域中有关产品质量、服务质量以及顾客价值等的研究正在全面展开,从单维产品质量、质量传递及顾客价值感知等视角为旅游体验质量的综合评价提供了重要指引。

1990年代至今。1996年奥托(Otto)通过对不同体验质量特征的比较分析,提出使用服务营销视角来研究具有"服务特征"的旅游体验质量,产品及服务质量评价被大量应用在旅游体验质量评价中。同时,1990年以前契克森米哈的"畅爽"理论与瑞恩的"期望—满足"体验范式的提出也为旅游体验质量的评价提供了重要理论基础。通过文献梳理发现,这一时期中KANO质量模型、GM质量模型、HSQM质量模型及ACSI模型等被广泛应用在旅游体验质量的评价中,并根据应用范围对模型进行修正。如,埃尔托和瓦纳康(Erto,Vanacore,2002)基于KANO质量模型对酒店顾客体验服务质量进行特征划分和质量评价。赖歇尔等(Reichel,et al.,2000)以GM质量模型为基础对以色列乡村旅游游客感知体验质量进行评价。各国学者们为更精确地对游客体验质量进行评价,通过调整HSQM模型次级维度(Caro,

García，2008）、将服务质量与 ACSI 模型进行整合（Jiang Hong，2013）等方式增加模型的匹配度和外部效度。至此，1990 年代后，国外有关旅游体验质量评价的研究进入快速发展阶段。旅游体验质量评价开始从单一产品质量逐渐向以反映体验服务过程、旅游者主观感受价值的综合质量评价方向发展，如丹纳赫与马特森（Danaher，Mattsson，1998）以服务传递过程为介入视角，将哈特曼（Hartman）的价值维度理论（Danaher，Mattsson，1994）引入 ACSI 模型中，进一步将顾客感知价值区分为情感价值、实践价值、理性价值三个维度并对价值维度进行权重排序，以评估酒店顾客累积服务接触的体验质量。林玲忠等（Lin Ling-Zhong，et al.，2015）将 KANO 模型作为修正理论整合应用在模糊质量功能部署模型（FQD）中，分析中国台湾酒店宴会宾客服务设计体验质量。

1. 基于 KANO 模型的旅游体验质量评价

基于期望差异理论，1984 年卡诺（Kano）提出 KANO 质量模型，该模型基于顾客满意与产品功能的二维度量，通过比较顾客感知的产品质量与实际期望的差异，解释产品质量与满意度的关系，并将产品质量识别为：魅力、一维、必备、无差异和逆转质量（Kano，Seraku，Takahashi，Tsuji，1984；Lee Yu-Cheng，Huang Sheng-Yen，2009）。在评价的技术路线上，使用结构化 5×5 量表来进行质量特性的识别，通过对产品质量的功能和非功能性问题（Kano，1993）的顾客评价视角来确定满意度，进而指导产品质量的提升（Matzler，Hinterhuber，1998）。

在旅游体验质量评价方面，作为一种强调产品及绩效客观属性的评价方法，KANO 质量评价模型主要通过对旅游产品的质量特性进行分类与识别，进而分析游客对不同质量特性的满意度并做出质量判断。与此同时，为进一步提升质量测评的准确度，相关研究结合 IPA、FQFD、DEMATEL 等方法对 KANO 模型的旅游体验质量评价进行优化。如，哈格斯特伦等（Hogstrom, et al., 2010）以滑雪公园为例，分析了不同质量维度对游客体验及满意度的贡献程度，并且在质量评价中将 HSQM 模型的交互、物理环境、结果质量维度纳入 KANO 模型评价中，以解决质量评价的非情感属性缺陷。

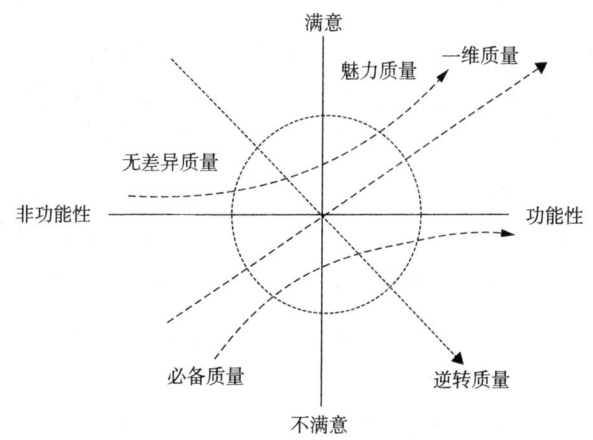

图 3-3 KANO 旅游体验质量概念模型

资料来源：Kano, N., Seraku, N., Takahashi, F., et al. Attractive quality and must-be quality [J]. The Journal of the Japanese Society for Quality Control, 1984, 14 (2):39-48.

2. 基于 GM 模型和 GAP 模型的旅游体验质量评价

产品消费与服务消费的显著差异在于：产品消费可以被描述为结果消费，而服务消费则是一种过程消费（Grönroos, 1998）。旅游活动作为一种具有服务特征的业态形式，游客体验质量的评价应当重视服务过程的综合性和重要性。因此，在旅游体验质量评价中，基于服务过程视角的质量评价受到广泛关注。基于期望差异理论，从模型构建所关注的侧重点不同来看，服务体验质量模型又分为欧洲学派和美国学派。

作为欧洲学派的代表，1982年格罗路斯（Grönroos）提出基于顾客引导管理决策理念的感知服务质量 GM 模型。服务的技术性质量及服务传递过程中的功能性质量是 GM 模型的核心。该模型表明质量是消费者对期望和服务感知比较差异的主观评价，影响消费者感知质量的核心维度是技术性质量、功能性质量，并通过形象来动态调节顾客服务期望，最终决定感知质量和满意度水平。与 GM 模型相似，1994年如斯特（Rust）等提出更为简洁的三维度质量模型，整体感知服务质量是由技术性质量的服务产品和功能性质量的服务传递所构成（Rust, Oliver, 1993）。

美国学派研究以"服务的功能性质量，即质量传递过程"为研究重点，其中又以 1985年巴拉苏罗（Parasuraman）等提出的 GAP 模型为代表，后扩展为七差距模型。该模型从质量的市场供给和顾客需求出发，提出在服务质量传递过程中阻碍消费者期望与感知差异的五个功能性通道问题，即服务认知、服务标准、传递标准、沟通标准和感知服务质量，并认为对服务认知等前四个阶段差异的控制和调整是改善顾客质量感知的有效途径。

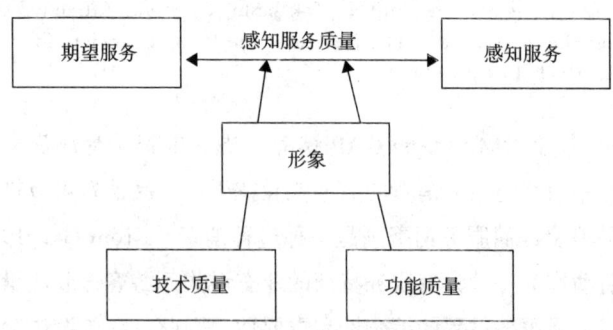

图 3-4　GM 旅游体验质量概念模型

资料来源：Grönroos, C. A service quality model and its marketing implications [J]. European Journal of marketing, 1984, 18（4）:36-44.

在旅游体验质量评价方面，基于过程视角的 GM 和 GAP 模型为游客体验质量的评价提供了新的视角和思路。与产品质量模型相比，服务质量模型重视游客感知质量的"过程性"，而非具体的旅游产品质量属性，与契克森米哈、科恩等提出的旅游体验本质要求相互契合，即旅游体验是一种情感过程。因此，作为必要的旅游体验质量评价策略（Augustyn，Ho，1998），服务质量模型被广泛应用于游客体验研究中。在模型应用中，酒店、餐饮、度假、遗产旅游、运动户外游憩、目的地等游客体验是质量研究的主要实践范围（Khan，2003；Kouthouris，Alexandris，2005；Shonk，Chelladurai，2008；Tribe，Snaith，1998；Žabkar，et al.，2010）。如，赖歇尔、张维亚等基于 GM 模型的乡村旅游、农业

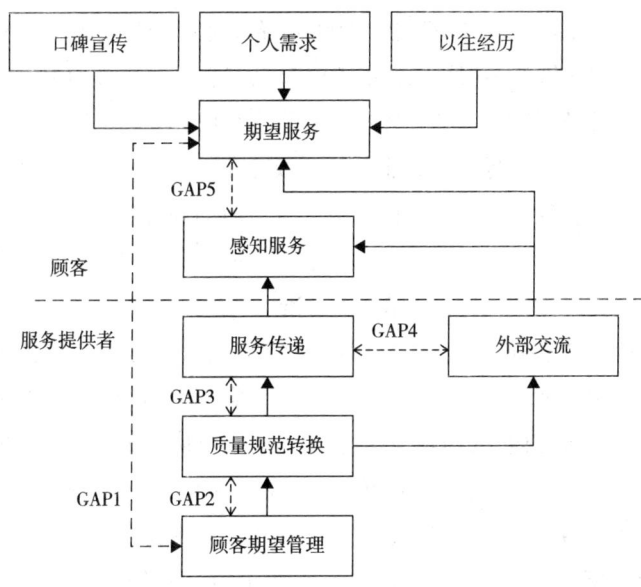

图 3-5　GAP 旅游体验质量概念模型

资料来源：Rust, R.T., Oliver, R.L. Service quality: New directions in theory and practice [M]. London: Sage Publications, 1993.

遗产游客感知体验质量的评价（Reichel，Lowengart，Milman，2000；张维亚，等，2009）。与此同时，通过文献梳理发现，由于缺乏成熟量表的支持，GAP 模型相比 GM 模型应用更为普及。此外，考虑到旅游产品特性的差异，有效、准确地识别 GAP 模型中的质量差距类型，也成为该模型旅游体验研究深入推广的屏障（Parasuraman，et al.，1985）。

3. 基于 HSQM 模型的旅游体验质量评价

单纯的基于产品或服务质量基础的游客体验质量评价，并不能完全反映游客的真实内心感受。作为具有明显主观特征的体验质量，应更多地从游客服务与感知交互价值的角度进行全面的衡量和评价。布雷迪（Brady）和克罗宁（Cronin）认为真实可信、共鸣、移情是衡量顾客感知质量的三个基准，在融合服务体验 GM、GAP 模型的基础上，2001 年布雷迪通过质性研究和实证检验提出多维度多层级结构的 HSQM 质量模型。该模型由交互质量、物理环境质量、结果质量三个维度组成，分别从服务接触中的服务员态度、行为、专业技能，顾客环境感知的氛围、设计和社会条件及反映结果质量的有形、等待时间和心理效价（Brady，Cronin Jr，2001）来衡量体验质量，其中每个子维度的质量测评均以真实可信、共鸣、移情作为标准。

旅游体验作为一种自我存在状态，其关注的焦点是游客与旅游产品互动过程中所产生的情感及其累积。因此，在旅游体验质量评价方面，HSQM 模型从感知交互价值视角进行质量核算可以有效把握游客体验质量的"主观"内涵。从结构形式来看，HSQM 模型与国内旅游体验质量测量指标体系都属于层级维度相结合的模型类型，不同之处在于，HSQM 模型规定了评价的三个情感基准和模型的一级维度。此外，受限于旅游活动类型及服务特征的差异，在旅游体验质量评价应用中需要根据具体的研究对象进行模型子维度的调整和修正，因此，HSQM模型在旅游体验质量评价中的应用也受到一定的局限。

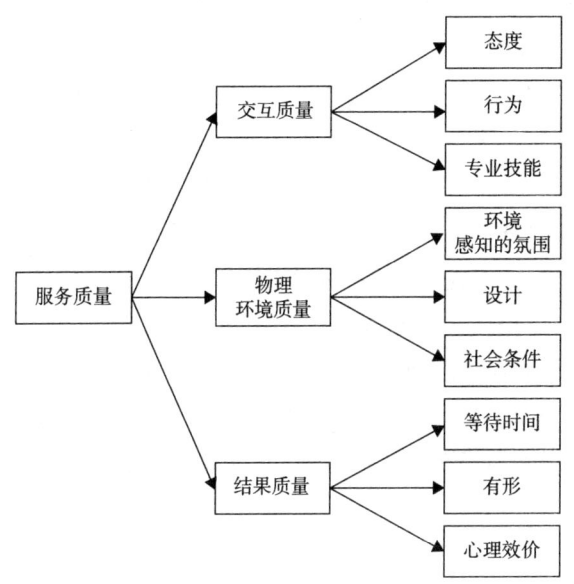

图3-6　HSQM旅游体验质量概念模型

资料来源：Brady, M.K., Cronin Jr, J.J. Some new thoughts on conceptualizing perceived service quality: A hierarchical approach [J]. Journal of Marketing, 2001, 65（3）:34-49.

4. 基于ACSI模型的旅游体验质量评价

基于顾客价值理论，福内利、约翰逊、安德森、查及布赖恩特（Fornell, Johnson, Anderson, Cha, Bryant, 1996）以绩效测量为基础，开发针对企业、经济单位及国家整体经济的评价模型，即美国顾客满意度指数（ACSI模型），来测量顾客所体验的产品或服务的质量。该模型以瑞典顾客满意度晴雨表为基础，增加"感知价值"维度，通过对比顾客期望与感知质量来评价顾客整体满意度，并对顾客的抱怨、忠诚做出分析。

在对顾客感知价值分析中，以"价格—质量"价值评价为中介，分析顾客对服务的整体满意度，同时该模型认为顾客已有消费经历作为滞后变量会持续对顾客期望及绩效、价值评价产生作用。在评价的技术路线上，ACSI模型通过问卷及偏最小二乘法估计变量的权重来进行满意度评价。福内利、约翰逊、安德森、查及布赖恩特认为ACSI模型能通过提供顾客感知质量、感知价值方面的信息来提升顾客消费产品或服务的质量。

在质量评价上，ACSI模型强调变量间的因果关系及累积的顾客观点，对于旅游体验质量评价具有重要的借鉴意义。作为一种凸显"过程性"特征的主体内感，旅游体验是期望与绩效比较下不同阶段的情感累积。此外，从顾客价值视角进行质量分析，能够把握旅游体验质量评价的"全面性"属性（Otto，Ritchie，1996），将顾客价值纳入质量评价是旅游体验质量研究的一个良好开端。

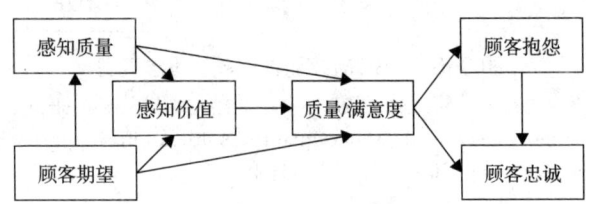

图3-7 ACSI旅游体验质量概念模型

资料来源：Fornell, C., et al. The American customer satisfaction index: nature, purpose, and findings [J]. The Journal of Marketing, 1996:7-18.

（四）真实性问题的探讨

真实性（Authenticity）最初用来描述博物馆展品"真实"的概念，于20世纪70年代由麦坎内尔等学者引入旅游研究体系中，作为游客动机和旅游经历的重要内容之一受到学界广泛关注和深入研究，并逐渐发展为以人类学和社会学为载体的重要旅游议题。麦坎内尔（MacCannell，1973）在概述戈夫曼（Goffman）的前台与后台理论后，认为游客之所以愿意探访"后台"区域，原因在于这些区域与亲密的关系和真实的体验是相联系的，能够为游客提供真实的体验感知。在凸显传统与现代化差异的时代背景下，麦坎内尔认为游客旅游的动机是对真实体验的追求，并从社会空间安排角度提出体验真实的六个阶段过程。莫斯卡都与皮尔斯（Moscardo，Pearce，1986）检验了历史主题公园在文化类旅游中的角色，研究表明真实性是旅游体验的重要元素并可以对满意度及后消费行为意图产生影响。

　　作为对体验真实性内涵和概念的全面审思，王宁（Wang Ning，1999）认为麦坎内尔的真实性概念不能完全刻画和涵盖现有旅游体验的复杂现象。因此，基于真实性概念的复杂性，王宁（Wang Ning，1999）将真实性进一步识别为存在真实性、建构真实性和客观真实性三个主要类别。其中，客观真实与麦坎内尔的真实性概念的内涵一致；建构真实是由游客、旅游服务提供者根据想象、游客期望及偏好等共同建构出的真实；存在真实则是由旅游活动激活的游客主观状态。此外，贝尔哈森等（Belhassen, et al.，2008）认为真实性是游客的主观感受，而已有研究忽略了意识形态和空间维度对真实性的交互作用，进一步造成存在真实性体验与旅游客体、社会与政治背景的脱离，而这些外部因素能够影响游客体验的意义。因此，贝尔哈森等提出新的真实性研究概念模型，从行为、信念和旅游地三个层面来重新认识体验的真实性。与此同时，兰登等（Lenton, et al.，2013）认为传统真实性概念属于特征范畴，并从中分离出状态真实性的概念（State Authenticity）对旅游体验的意义进行探讨。此后，在体验与真实性研究方面，学者们从感知真实性的旅游体验三阶段过程(McIntosh, Prentice, 1999)、新媒体技术帮助游客完成体验(Pudliner, 2007)、地方食品在可持续旅游体验中满足游客真实性目的功能(Sims, 2009)等方面展开研究。

与以上观点相反的是，布鲁纳(Bruner, 1991)认为大多数的游客对于其自身所处社会是满意的，旅游体验不是以获取"真实性"为目的。尽管游客对于"非真实"的展示或表演是困惑的，但他们仍然愿意接受这种真实的复制品。布鲁纳的观点对于体验真实性研究的意义在于，游客是为了寻求"真实"的体验，还是为了获得体验的"真实"？游客体验是一种客观的真实性还是建立在真实体验基础之上的"主观"感受？奥尔森(Olsen, 2002)认为应当从游客个体层面而非社会层面来分析体验的真实性，判定为真实或不真实依赖于游客在体验过程中的期望和需要。因此，对于游客体验的"真实"的确切含义及延伸的目的、动机研究等仍然存在争议，有待深入探讨。这一观点的提出也为后续体验记忆等游客主观感知的研究提供了可借鉴的批判思路。

(五)游客体验管理

作为具有现实意义的学科研究分支，如何有效提升和管理游客体验已经成为目的地及旅游业发展的重要议题。尽管旅游业已经成为世界经济发展的重要推动力，但对于如何全面、有效地定义旅游产品仍然存在各种争议。

在全面分析布尔斯廷、麦坎内尔及科恩旅游体验研究成果的基础之上，斯腾伯格(Sternberg, 1997)认为旅游是向游客出售阶段性的体验和富有意义的景象。由于传统旅游经营与管理者忽略了对游客体验的管理，斯腾伯格认为以尼亚加拉大瀑布为代表的旅游产品未能将体验整合在产品中，并提出从旅游吸引物的"阶段性"和"主题性"两个方面来进行游客体验的创造和质量管理。旅游产品的核心是为游客提供体验,即旅游吸引物是被建构来提供游客体验的。科廷(Curtin,2010)通过小型民族志研究方法,即通过亲自参加旅游行程并与游客访谈的方式,对西班牙和墨西哥野生动物体验管理进行分析。研究发现在游客体验管理中,导游或向导在游客体验建构中发挥着重要的作用。科廷提出旅游引导技能的多重性模型,认为野生动物旅游体验具有有形性和可操作性的特征,而向导必须具备社会技能和专业技能来管理、引导游客期望与现实体验的契合,才能确保游客认知和体验的获取。同时,卡斯腾豪斯等(Kastenholz, et al., 2012)认为旅游体验是复杂的过程,由旅游者、服务提供者、社区来共同创造形成,并受到旅游地资源属性的影响。因此,游客体验管理中应当重视服务景观、感知景观等的建设和维护。此外,有研究进一步建议可以通过加强广告投入(Chiou, et al., 2008; Cho, et al., 2002)、保障服务接触质量(Wu Cedric Hsi-Jui, 2007)、提升旅行运营管理(Williams, Richter, 2002)及互联网途径(Choi Soojin, et al., 2007)等来管理游客体验质量。在游客体验管理方法方面,基于传统 SWOT 方法(态势分析法),比豪与普伦蒂斯(Beeho, Prentice, 1997)提出一种基于栅格分析的 ASEB 方法(栅格分析法)来深入探讨游客体验的结构。该研究以 New Lanark 世界遗产为例,从活动、环境、体验和利益四个层面分析了游客体验的优势与劣势,为进一步管理游客体验提供了清晰和明确的方向。

二、国内旅游体验研究进程与回顾

作为旅游研究的核心内容,体验最早由谢彦君引入我国旅游科学体系研究中,继而发展成为中国旅游理论研究的一个核心分支。作为一种过程性活动,谢彦君(1999)认为旅游体验是个体与外部世界交互后心理水平及其结构状态的映射。作为未知探索的领域，与旅游体验相关的研究受到国内学者的广泛关注，哲学、社会学、人类学、心理学等相继成为旅游体验研究的切入视角。与此同时，受到美国管理思想者派恩（Pine）和吉尔摩（Gilmore）《体验经济》一书的影响，国内旅游体验理论及其应用性研究的范围进一步扩展到管理学、市场营销及旅游规划视域，更为具体地从"实业"层面推动旅游体验研究的开展，这也与旅游作为应用型学科研究的初衷保持一致性，旅游体验研究进入快速发展阶段。

依据旅游体验研究深度和时间维度，国内旅游体验研究可以初步划分为三个发展阶段：

第一阶段：理论探索阶段（2000—2005年）。以谢彦君与吴凯（2000）、邹统钎与吴丽云（2003）等为代表的研究者对旅游体验的核心内涵、理论要素及体验研究的重要性等进行分析，从现象学、格式塔心理学等视角解析旅游现象的核心内核、旅游体验的愉悦诉求及旅游场等建构概念，为后续旅游体验的深入研究提供了基础理论平台。

第二阶段：理论建构与产品塑造阶段（2006—2010年）。旅游体验的理论建设进入全面发展阶段，旅游世界和生活世界的二元结构观点、体验层次说与其生成途径、体验质量的影响因素及质量测评等研究成果（白凯，等，2006；龙江智，卢昌崇，2009；武虹剑，龙江智，2009；谢彦君，谢中田，2006）进一步显现。在这一发展周期中，相关理论成果为体验产品的设计、开发及市场营销等实践应用提供了重要依据，并具体表现在旅游体验塑造、产品建设及体验模式推广等方面。

第三阶段：全域发展与实证研究阶段（2011年至今）。在这一阶段中，国内旅游体验研究进入全域深度发展阶段，一方面表现为研究切入视角的多元化,从人类学、符号学、凝视及美学等不同视角(曹诗图,等,2011;潘海颖,2012;周广鹏,余志远,2011)对旅游体验的内核进行深入挖掘并提出不同观点,如周广鹏和余志远(2011)等认为旅游体验起始于视觉凝视,精神升华则是游客体验的终极目标;另一方面表现为研究观点的融合与提升,互动仪式链、主观幸福感、社会建构及体验记忆等观点(马天,谢彦君,2015;潘澜,等,2016;彭丹,2013)被纳入旅游体验理论研究范畴中,为旅游体验理论大厦的建设添砖加瓦。同时,实证研究方法全面进入旅游体验研究中,文本分析、层次回归、结构方程模型等为探索旅游体验影响因素、因素间关系及影响路径分析等提供了重要工具支撑。

通过对已有研究文献的梳理,可以看出国内旅游体验研究主要聚焦在以下几个方面:

旅游体验基础理论研究;

体验影响因素及关系;

体验质量的测度;

体验真实性与符号化探讨。

(一)基础理论建构:对体验本质的追溯

1. 旅游体验的本质:从审美、愉悦与体验流说起

本质是对现象所固有属性的映射,对旅游体验本质的精准把握将有助我们深刻理解旅游体验的建构过程与核心诉求。通过对相关文献的梳理,国内旅游体验本质研究可以归纳为三个流派:体验审美说、体验愉悦说及体验流说。

"体验"是旅游研究的舶来之物,最初作为哲学研究范畴下的美学概念,被用来描述审美过程中人的身心感受和状态(曹诗图,曹国新,邓苏,2011)。体验则被解释为主体在审美观照

时内心所经历的感受（皮朝纲，1984）。从哲学思辨的逻辑视角来看，体验审美说认为旅游体验的本质及核心是审美（曹诗图，2013；吴海伦，2015），是主体在精神上的一种自由境界和美的享受（叶朗，2009）。周思芬等（2011）认为审美是主体获得旅游美感体验的重要途径，并进一步将旅游审美体验划分为社会美、自然美和艺术美三个层面。其中，艺术美是构建在自然美和社会美基础之上的，是对美的形态和意义的感受及顿悟。潘海颖（2012）通过分析旅游体验的四个特征，即互动、主体、不确定和浸入性，将旅游体验描述为旅游者在情境互动之中追求审美存在和生命创造的强烈内心感受。作为旅游主体获取审美体验的必备途径，吴海伦（2015，2016）认为审美观照是实现审美交流与对话内外一致的重要工具，指出审美观照的四个特征（置身、知觉、体验和非功利）及其发生条件，为游客获取精神自由的审美体验指明方向。

  作为"他山之石"，审美体验及其哲学思维也普遍映射在旅游体验的科学研究中。谢彦君（1999）认为愉悦是旅游体验的本质，是旅游者在享受美的人生、欣赏美的世界时所产生的心理体验，并以"是否超越功利性"为边界将愉悦区分为旅游审美愉悦和旅游世俗愉悦两类。旅游审美愉悦作为旅游体验的基本目标，是游客在欣赏自然、艺术品和其他人类产品时的一种心理体验和享受。与此同时，通过构建"一元两极多因素影响"的情感理论模型，谢彦君（2006）对旅游体验的目的进行深入探讨，指出获得愉悦是旅游体验的目的，愉悦的产生是复杂过程的综合作用结果，甚至不排除要借助某种工具性的痛苦。因此，作为对旅游体验本质的描述，谢彦君（1999）将旅游体验定义为："旅游个体通过与外部世界取得联系从而改变其心理水平并调整心理结构的过程，是旅游者的内在心理活动与旅游客体所呈现的表明形态和深刻含义之间相互交流或相互作用后的结果,是借助于观赏、交往、模仿和消费等活动方式实现的一个时序过程。"此后,谢彦君在其所著作的《基础旅游学(第三版)》中,重新对旅游体验进行定义,认为旅游体验是指处于旅游世界中的旅游者在与其当下情境深度融合时所获得的一种身心一体的畅爽感受(谢彦君,2011)。此外,姜海涛(2008)进一步引入理论物理学范畴中的"场"概念,将旅游体验的本质解释为各场域间的交互作用结果。作为研究范畴的延伸,武虹剑与龙江智(2009)通过构建旅游体验生成途径理论模型,从主体与旅游情境、他者及活动三要素间的互动视角,进一步证实旅游体验的实质是主体与旅游场之间互动所引发的游客心理过程及其结果。

  体验作为现象学研究中的基础概念,相关理论假说和研究成果也为进一步探索旅游体验的本质提供了支撑。张斌与张澍军(2010)运用现象学方法从不同角度对旅游体验自身构成问题,如体验的整体性、旅游世界与生活世界的二元结构等进行全面的现象学分析,认为"旅游世界从本源上讲是由形式上不在场、但本质上又时时牵扯在场的生活世界及其'资粮'构造并呈现着自身",旅游体验的内核则表现为旅游者"在异地场的非谋生实践体验与生活世界积淀的体验相互激荡构成的境域中构造自身。"赵刘等(2013)进一步从现象学的视角对旅游体验的结构进行哲学层面上的探讨,认为旅游体验是一种主体的意向构造过程,是主体意向作用与旅游中的感觉材料发生关系的结果。旅游体验应当关注对"体验流"的全面阐明,体验流则是主客体交互后的意识结果,由感受、情感、意义、回忆等组成。此外,其他学者也尝试对旅游体验做出定义,如,孙根年与邓祝仁(2007)将旅游体验解释为主体基于其感官器官及思维行为,对所经历客观情境与过程的心理感验和体会;陈再福和郭伟锋(2016)认为旅游体验的本质是身心感受，产生于旅游者与旅游资源、活动、事件及游客互动而建构的情景氛围中。

2. 旅游体验类型：内隐与外显

受研究者学科背景及研究视角差异的影响，国内旅游体验类型划分标准并未严格统一，相应地，其研究成果也较为多样化。从不同旅游体验所承载的旅游者心理状态来看，刘德光与徐宁珺（2006）以旅游者参与程度为标准，将旅游体验划分为表层、中度和深度体验三个层次。其中，表层体验阶段以观光旅游为主，体验效果主要受到旅游资源禀赋高低的影响，而非精神上的共鸣。中度体验具有旅游者个性化特征，是游客与目的地吸引物、社区交互后的情感状态。深度体验则是游客在实现自我价值中所获得的成就感和快乐感，唯有通过精神融入和全面参与才能实现。

旅游体验的本质是精神追求上的意识深度表现，龙江智与卢昌崇（2009）根据体验过程中旅游者"自我"与"精神中心"两者间的意识距离，将旅游体验区分为五个类型，即灵性体验、回归体验、情感体验、认知体验和感官体验。作为体验的最高状态，灵性体验是对自我限度的超越。结合旅游体验发展的过程和旅游者主动参与程度，旅游体验的层级又可以划分为最佳体验、形式体验、一般体验、失衡体验及初级体验五个层次（佟静，张丽华，2010）。旅游体验层级随游客参与程度和能力的不断提升，不断由低级层次向高级层次演变。与此同时，吴晋峰（2014）认为旅游体验表现为个体和人类的二元体验类型结构，其中旅游者个体体验是旅游活动过程中主体所获得的个性化的、具体的、多样化和丰富的体验，而人类旅游体验则具有显著的群体性特征，其实质表现为人类精神自由的最高"审美"境界。

在其他旅游体验分类方面，邹统钎与吴丽云（2003）以派恩和吉尔摩的体验经济消费特征背景下提出的"4E"（娱乐、教育、逃避与审美）旅游体验类型为基准，增加移情体验，将旅游体验类型重新界定为五个类别。研究认为移情体验作为一种情感状态，是旅游者的情感转移和自我逃离，旅游者可以通过对"他者"角色的替换来完成该种体验。基于旅游体验的实现途径及人体感觉器官，孙根年（2007）将旅游体验识别为视觉体验、嗅觉体验、听觉体验、味觉体验和触觉体验五个类型。此外，贾英与孙根年（2008）根据旅游活动过程中的六要素结构，将旅游体验分为娱乐体验、游览体验、住宿体验、购物体验、餐饮体验和交通体验，并依据旅游动机将以上六类体验再次概括为高峰旅游体验和辅助旅游体验两大类别。该研究认为，旅游者所追求的是以游览、娱乐为内核的高峰旅游体验，但是由交通、食宿及购物所构成的辅助旅游体验是实现高峰体验的根本。作为延伸，余向洋等（2008）进一步对旅游购物体验进行深入探究，认为旅游购物体验是旅游者对购物地商品、服务及场所等要素的综合感知、评价的心理结果。

3. 旅游体验形成的动力机制：理论模型的建构

旅游体验作为一种连续的过程性活动，不断受到客观环境与主体特征两要素间的交互作用影响。在深入分析旅游体验形成的动力机制中，谢彦君（2005）以现象学和格式塔心理学作为研究切入点，认为旅游体验作为个体意义主导的心理过程，依赖于物理环境和心理环境的存在。以格式塔心理学中的"场"为概念基础，谢彦君提出体验的"旅游场"概念，指出旅游场是对旅游情境的综合描述，承载着"自我—行为环境—地理环境"间动力交互的心物统一。基于以上基本观点，谢彦君（2005）建构出旅游体验的二元结构情景模型（氛围情境和行为情境）。该模型认为以氛围情境为载体的旅游世界是由主体需要、动机及期望等建构的主观情境，是一个基本情境层次，而以行为情境为载体的旅游场则约束和规范旅游行为的发生。可以看出,旅游场是对游客体验发生中主体意识与物理环境间交互过程的概括,为旅游体验的发生与形成提供了重要解释基础,值得注意的是该理论模型对于旅游场的组成要素并未做出深入分析。

为了深入探讨旅游体验的动力机制,谢彦君与谢中田(2006)以现象学研究为契机,提出旅游世界与生活世界的二元结构模型,指出时空关系、吸引物、旅游者、与他人互动、媒介因素和符号因素是旅游世界的结构要素,为深入分析旅游体验的动力机制提供了理论平台。随后姜海涛(2008)结合已有研究,从物理学和哲学视角出发再次对旅游场进行建构,提出旅游体验"场交互"理论模型。该理论模型认为在旅游体验过程中,生活场、期望场及旅游场共同构建了游客体验,并具体表现为期望场与食宿、游览、娱乐及购物四个情境场交互作用的结果。武虹剑与龙江智(2009)以体验的生成途径为逻辑切入点,在旅游场概念(谢彦君,2005)基础之上进行结构要素识别,并提出旅游体验生成途经的理论模型。该研究认为旅游体验场中的"心物合

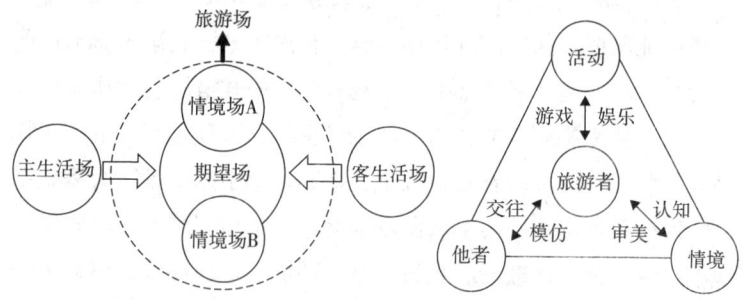

图3-8 旅游体验"场"模型

资料来源:姜海涛. 旅游场:旅游体验研究的新视角[J]. 桂林旅游高等专科学校学报, 2008, 19(3): 321-325.
武虹剑, 龙江智. 旅游体验生成途径的理论模型[J]. 社会科学辑刊, 2009(3): 46-49.

一"是主体与情境、他者及活动三者间互动所形成的,通过娱乐与游戏、模仿与交往、审美与认知等具体途径来实现。旅游体验生成途经理论模型的提出为进一步认识旅游体验形成的机理、结构等提供了理论基础。

与此同时,突破学科间研究边界成为学者们深入探讨旅游体验发生机制的重要渠道,谢彦君和徐英(2016)提出"旅游体验情感能量的动力机制"理论模型,借助具有互动仪式功能的旅游场和体验形成过程(符号互动、表演等)的舞台空间深入分析了旅游体验中群体互动行为发生的原动力。该理论模型认为,情感能量Ⅰ作为驱使游客体验的矢量通过仪式互动加强了旅游在场体验的情感能量Ⅱ,而具有群体团结和情感共享特征的情感能量Ⅱ再次作为一种因变量加强游后体验的强度,为游客在生活世界中留下美好回忆,并会驱使游客的下次体验出行。

综上所述,有关旅游体验形成机制及其理论模型建构的研究已经具有一定基础,以谢彦君为代表的体验理论学派相继提出生活与旅游的二元世界结构观点及旅游场等情境概念,为后续深入探究旅游体验的动力机制提供了重要理论基础。

(二)旅游体验影响因素及关系

旅游体验作为主体建构下的心理活动过程,一方面是游客与外部环境交互作用下的情感状态表现,而另一方面又受到主体和客体两个层面下各类因素的复合影响。因此,在旅游体验影响因素研究述评中,本研究从游客主体特征的建构过程和外部环境的客观影响两个视角对已有研究成果进行回顾。在主体因素层面,谢彦君与吴凯(2000)以游客的期望和感受作为体验质量研究的切入点,在建构旅游体验"挑战—技能"模型中指出,游客体验的"一般满足线"来自期望与感受的均衡,其中游客自身所具有的"技能水平"又扮演着重要的中介作用。可以发现，游客体验质量或感知满意度，一方面受到游客预期建立的期望与现实感知间的差异影响；另一方面，挑战水平与技能水平的绝对值差异会对游客期望的高低产生建构作用，表明游客自身所具有的"技能"也会调节体验感知和质量评价。作为旅游体验的核心内容，李晓琴（2006）认为情感体验较为强烈地受到旅游者个人经历、知识背景及兴趣爱好等主体行为特征的影响，同时旅游体验的效应也受到参与程度高低的作用。

外部因素层面，作为一类较为具体的旅游体验类型，黄鹏等（2009）以服务营销为研究切入点并通过结构方程模型实证检验了环境、服务、旅游商品及价格感知等四个因素对旅游购物体验的影响路径和强度。向文雅与许春晓（2011）以漂流体验作为研究对象，通过因子分析的方法归纳出影响漂流体验满意度的4类影响因子，分别是设施与过程感受因子、配套服务因子、旅游价格因子和旅游者内在特征因子。基于旅游动机的"推—拉"理论，并以游客主体性和外部环境为视角，许华和卢舜胤（2014）在茶文化旅游体验影响因素研究中将体验影响因素分为旅游期望、知识与旅游经历、主体特征三类。丁红玲（2010）结合旅游体验发生的过程性特征，提出游客体验生成框架图，将旅游体验划分为内容准备阶段、媒介体验阶段和实地体验阶段三个部分。根据各阶段特征识别出旅游体验影响因素，如准备阶段中的旅游期望及家庭生命周期等主体特征，媒介体验阶段中的交通服务设施等，实地体验阶段中的基础设施、可进入性、环境及服务水平等因素。

（三）体验质量评价："体验经济"浪潮下的管理与实践

1. 基于满意度的体验质量评价

尽管受到外部客观因素的影响，旅游体验质量仍然表现为主体价值观作用下的非客观评价特征，采用主观变量进行评价（谢彦君，1999；谢彦君，2004）则成为旅游体验质量测量的重要理论基础。在旅游体验质量评价中，基于满意度测量的旅游体验质量评价方式（白凯，马耀峰，李天顺，2006；苏勤，2004；谢彦君，1999；谢彦君，吴凯，2000）也被普遍接受和使用。谢彦君和吴凯（2000）认为旅游体验质量是期望与感受的均衡，可以通过旅游体验质量交互理论模型中的45度"一般满足线"（谢彦君，1999）来表示。游客体验质量的高低则是以期望与感受差值为载体的游客感知满意度。同样，苏勤（2004）认为衡量旅游体验质量高低的关键在于旅游者的主观判断，可以通过衡量旅游者的满意度来对感知体验质量做出评价。因此，在谢彦君等（2000）已有研究基础之上，苏勤以苏州周庄古镇为研究案例构建体验质量测量公式："旅游者满意度 = 旅游期望值 - 旅游实际体验"，对追求游览与愉悦、追求学习与知识、追求发展与成就、追求休闲与放松等四类旅游者的体验质量进行评价。值得注意的是，白凯、马耀峰及李天顺（2006）在对北京入境旅游者的目的地体验质量评价中，采用的是旅游期望值与游客满意度的绝对差值来测量体验质量。研究认为游客体验质量表现为以下三种动态关系，即高期望值低满意度的负向体验质量评价、低期望值高满意度的正向体验质量评价、期望值与满意度一致的客观体验质量评价。尽管该研究使用游客满意度来替代旅游实际体验，但其体验质量测评仍然是基于满意度为内核的测量途径，评价的途径依旧是通过对比期望与实际感知差异。

2. 基于服务质量的体验质量评价

受到国外服务质量研究启示，相关研究成果及评价模型等被应用在国内旅游体验质量评价中。吴丽霞和赵现红（2007）以服务营销中的SERVQUAL模型为基础，从总体满意度和环境形象、服务质量与价格感知两个层次进行游客体验质量评价。该研究选取北京、上海、广州、西安、桂林和昆明等城市为研究案例地，分别从环境形象感知层面下的安全、友善、文明、清洁和有序五个维度，服务质量和价格感知层面下的住宿、餐饮、交通、购物、娱乐、导游及通信七个维度进行了游客体验质量测评。张维亚、汤澍、严伟、戴欣佚及校剑（2009）以南京市农业遗产旅游为例，基于服务质量模型GM模型，从功能性质量和技术性质量两个维度构建农业遗产体验质量的评价体系。功能性质量指标涉及服务态度、管理态度、农民态度等六个指标，技术性质量包括客房设施、游乐设施、交通设施等九个指标。研究结果表明：除农民态度需要保持，景观美观度、房屋面积及价格水平三个指标与游客期望无差异外，其他11个指标均需要进一步提升和改进，以便为游客提供高质量的旅游体验感知。

3. 基于综合评价的体验质量评价

综合评价是一种多指标评价的方法论，其核心是评价指标体系的建构和数学建模，通过无量纲化、加权赋值等方式对被评价对象的多个数量特征进行抽象并转化为可以量化的综合评价值，从而确定被评价对象程度的一种统计方法。目前，较为常用的体验质量评价方法有模糊评价、层次分析、灰色系统理论等。张纯等（2007）采用模糊综合评价方法对到访宜昌游客的体验质量进行评价，该研究设计出自然风光、人文景观、门票价格、文娱设施、交通便捷度、景点游线安排、纪念品购物、接待服务价格等19个评价指标。钟洁和沈兴菊（2010）等采用计算评价指标算术平均值的评价方法，对民族村寨游客的旅游体验质量进行评价，评价指标体系涵盖5个一级指标和21个二级指标，如旅游地的差异性、想家、道路迷失的顾虑、旅游疲劳程度、民族方言理解等二级测量指标。刘军林（2010）采用加权平均的评价方法，从客观向度和主观向度两个层面建构体验质量测评模块，包含旅游吸引物、导游帮助、个体变量及旅游者主观评价4个一级指标的25个测量指标体系。在旅游体验质量评价应用中，受限于已有方法的限制，现有研究主要集中在评价指标体系的建构上。相关研究成果从被评价对象所具有的特征、属性等方面提出具有"属性标识"的指标体系，在一定程度上造成相关体验质量评价结果及其推广应用范围的局限。

（四）真实性与符号化：人类学与社会学视角下的"文化解读"

1. 旅游体验的真实性诉求：动机和要素的多重角色互动

在国内研究中，真实性又被翻译为原真性、原生性、可靠性、本真性等（周亚庆，等，2007）。受到国外研究流派和脉络的影响，国内真实性研究也主要集中在客观真实、建构真实、存在真实及后现代主义真实背景下的理论及应用研究。如，周亚庆、吴茂英、周永广及竺燕红（2007）对旅游研究中不同真实性概念及其理论的比较研究；许峰等（2011）结合乡村旅游经济可持续发展的现实问题，探讨了真实性在乡村旅游经济开发中的作用机理，并提出若干促进乡村旅游发展的政策；陈享尔与蔡建明（2012）基于数学集合思想对文化遗产旅游中的各类真实性关系进行探讨，根据真实性所依存载体的不同，在概念层次确立客体真实性与主体真实性的二元结构并进一步分析两者间存在的五种相离、交互、重合、包含等关系。

在我国旅游体验研究中，"真实性"具有不同的"建构"意义。通过文献梳理发现，已有研究主要从真实性的动机、真实的元素两个层面展开研究。以麦坎内尔（MacCannell）为代表的研究认为游客体验的动机之一是寻找"真实"。在乡村旅游发展中，真实性是乡村旅游体验的核心和关键，但受到游客主观特征差异的影响，乡村旅游体验的真实是一种"相对"的真实。针对遗产旅游发展存在的真实性问题，如符号与内涵、通俗与高雅、商业化与地方性等，陈伟凤等（2008）认为应当以满足游客"存在真实"为嵌入点，从旅游对象价值的感觉化、居民意见的主导化、体验形式的参与化及旅游解释的全面化四个途径来塑造游客遗产体验的真实感知。在旅游体验的真实性元素方面，李旭东（2008）认为旅游主体本真体验的重要基础在于旅游客体的"真实性"，即游客能否获得本真、愉悦的旅游体验与旅游客体的真实具有密切关联，因此，旅游生产经营者应当根据自身环境等从客观和建构两个层面为游客提供真实体验的元素。焦彦和臧德霞（2015）在研究入境游客对我国文化遗产旅游吸引物真实性体验中，发现配套设施的"真实性"往往会共同建构游客感知的真实性。该研究以入境游客在历史建筑类酒店的住宿体验为例，通过质性分析发现游客在文化体验中会特别关注旅游配套设施及服务内涵的真实，即相关服务设施的真实性作为媒介为游客获得"情感真实"提供重要的渠道。此外，有学者认为"真实性"是衡量旅游者体验质量的重要标准（杨骏，席岳婷，2015）。

2. 旅游体验的"符号化"解读

受胡塞尔现象学、索绪尔结构主义及皮尔斯实用主义等的影响，符号学于20世纪60年代形成，并逐渐发展为独立的学科体系，用来解释和描述人与世界间的关系与意义。在旅游世界中，作为个体与自然、社会交互过程中的重要媒介形式，符号则是游客体验建构的必备工具。已有研究达成共识并认为游客是通过与旅游场景中的各类符号进行互动，从而获取旅游体验的精神自由和内在意义（谢彦君，彭丹，2005；杨振之，邹积艺，2006）。例如，谢彦君与彭丹（2005）认为旅游体验具有鲜明的文化特质和符号意义,其本质体现的是游客对各种符号意义的"解读"与"建构"。因此,作为一种符号化过程,借助旅游体验活动,游客与现实世界进行交流一定程度上丰富和完善了旅游符号系统(杨振之,邹积艺,2006)。杨骏和席岳婷(2015)认为旅游体验的本质是基于符号化过程的"结论",旅游者的符号感知是体验活动的根本驱动力,并从旅游体验过程的视角分析了符号感知下的旅游体验质量提升的实现路径。

尽管介于旅游体验与符号化二者之间的研究在国内不多,但学者们仍进行了积极和开拓性的研究。周永广等(2011)以溪湖湿地公园为研究对象,从符号建构和解读的视角分析了旅游体验的动机、类型及旅游体验质量组成要素。该研究从态度、能力及解读结果三个维度构建了游客体验质量要素,分析了四类旅游符号感知者的符号认知结果。与此同时,借用巴特文化符号学的双层表意模型,陈岗(2012)分析了旅游体验过程中吸引物符号的能指和所指对真实性的不同解释,并构建了六种旅游吸引物符号的真实性类型,即客观、附会、主题、存在、享乐和综合性。王林(2016)以"发髻"为旅游符号研究对象,基于不同利益主体视角分析了民族旅游地区文化符号建构的不同诉求。其中,游客体验效果是"真实"与"想象"交织下的符号契合,受符号建构的舞台化、失真化及抽象化等因素的影响。此外,赵刘(2017)使用胡塞尔现象学研究方法,基于对典型旅游体验活动的悬置与反思,认为符号解读是旅游体验流的核心,推动着主体的形式感知与意义探索。需要指出的是,受旅游发展功利性导向的影响,杨振之和邹积艺(2006)认为旅游体验的"符号化"设计及消费有可能造成体验危机,即符号化旅游的浅层参与与游客体验情感诉求的冲突。旅游体验的符号化消费演化为一种象征性的体验,而非文化真实性的体验。同样,在以理性、工具及福特主义为特征的后现代社会中，旅游被描述和发展为一种典型的商品类型，如果不重视符号与意义的建构，旅游体验也必然会引发符号表象化的危机（杨阿莉，高亚芳，2015）。

第二节 旅游体验要素的研究进程与回顾

作为旅游体验研究的理论基础和重要议题，国内外对于旅游体验要素及其结构的研究尚未有完全清晰的界定和深入的探讨。受限于旅游体验要素与影响因素间边界"模糊"的原因，国外旅游体验要素主要从理论建构和结构因素层面展开研究。例如，契克森米哈与勒费夫尔（Csikszentmihalyi，LeFevre，1989）分析了实现流体验的两个匹配要素。瑞恩（Ryan，1991）从旅游体验过程视角分析了不同阶段下的旅游体验建构因素。全帅与王宁（Quan Shuai，Wang Ning，2004）概念化了旅游体验的结构层次及其实现要素。拉森（Larsen，2007）进一步将体验记忆纳入整体游客体验评价中。关于旅游体验要素与因素间的概念界定与内涵区别，本研究将在后续章节中进行系统阐述和比较分析。相比之下，国内旅游体验要素研究已经积累了一定成果。以谢彦君为代表的旅游愉悦说学派，从现象学视角构建旅游世界、旅游场、情境等关键理论概念（龙江智，2005；武虹剑，龙江智，2009；谢彦君，2006；谢彦君，谢中田，2006），为全面了解旅游体验的实现基础和生成过程提供了空间，有助于认识旅游体验的结构内涵和关键要素。综上所述，国内外已有研究为旅游体验要素的深入探讨提供了新的空间和视野，但仍需要指出的是相关研究未能把握要素在旅游体验系统中所代表和赋予的"结构"意义，也进一步导致旅游体验研究的概念泛化，因此有必要从体验"本身"来解读体验要素的结构及层次。

通过对已有研究文献的梳理，国内外旅游体验要素研究主要聚焦在以下几个方面：

旅游体验要素的理论建构；

心理（主体）层面的体验要素；

客体层面的体验要素；

体验要素的结构分析。

一、旅游体验要素的理论建构

基于流体验（Flow Experience）模型，契克森米哈与勒费夫尔（Csikszentmihalyi，LeFevre，1989）比较分析了工作环境和游憩环境下体验质量的影响要素，研究表明流体验是技能和挑战的相互匹配。当环境中包含足够高的机会用来挑战，且与旅游者个人技能或能力相匹配时，游客获得的体验质量最高。根据流体验及其实证分析结果可以得出，建构旅游体验的基本要素是游客所必备的技能和外部环境的挑战。与此同时，龙江智（2005）认为旅游体验的本质是游客寻求和满足以刺激性、求知性、好奇性及审美性为典型特征的心理需求。为了实现体验"愉悦"这一综合性的目标，旅游体验提供者需要构建涵盖旅游地环境、吸引物、相关旅游服务设施、旅游地氛围及自然气候等为元素的"旅游场"。在旅游场活动中，游客通过五官感知与旅游场进行信息交互，寻求别有异样的感觉和欲求。

作为对"旅游场"概念的延伸，姜海涛（2008）认为与旅游体验相关的场还包括：主生活场、客生活场、期望场和旅游场。研究认为：旅游体验的实质是各种场间的交互，并具体表现为期望场与各种情景场的交互。其中，情境场主要包括食宿、游览、娱乐和购物四个情境场。此外，在进一步分析旅游体验的生成途径中，武虹剑和龙江智（2009）也认同体验的实质是不同场间的互动。但与姜海涛场概念不同的是，这里的互动主体不是期望场，而是更加具有"主观性"的旅游者。武虹剑和龙江智认为造成审美、认知、交往、模仿、游戏及娱乐体验的核心是旅游者与他者、活动和情境三个场之间的互动。作为具有抽象特征的旅游场及其下属类别则成为旅游体验建构的重要要素。

从旅游的客观现象入手，谢彦君和谢中田（2006）对日常生活与旅游现象进行概念化分析，提出旅游世界与生活世界的二元结构模型，为探讨旅游体验的内在规律提供了重要基础平台。其中，谢彦君认为旅游体验过程是一个具有自组织能力的连续系统，由不同类型的情境组合形成。在游客体验过程中，旅游者的期望和主观能动性在整体把控着旅游体验的发展。在进一步分析旅游世界的结构要素中，他们指出时空关系、吸引物系统、与他人的互动、作为支撑的媒介及赋予意义的符号是保障旅游世界中旅游体验实现的基本结构元素。

长久以来，旅游体验被"单向"理解为高峰体验或消费体验，全帅与王宁（Quan Shuai，Wang Ning，2004）提出旅游体验的概念模型，将体验结构化为高峰体验和支撑体验两个组成部分。其中高峰体验由吸引物建构实现，支撑体验的实现则来自于基本的生活需求，如餐饮、住宿和交通。与此同时，全帅和王宁还指出两种体验的满足程度还依赖于游客的期望程度与类型、游客的应变能力。

基于全帅与王宁（Quan Shuai，Wang Ning）的二元结构理论模型，贾英和孙根年（2008）对旅游体验的构成因子进行分析。该研究认为：在游客体验过程中餐饮、住宿、交通和购物元素构成辅助体验,通过游览和娱乐元素来实现游客的高峰体验目的。此外,从社会建构的视角来看,马天和谢彦君(2015)认为体验是主体建构的过程。旅游体验是时空演变过程中不同阶段下社会建构与个体建构的综合性结果。在预期体验阶段中,通过潜在旅游者、开发商、经营者、政府及其他组织个人等的交互作用来实现游客的预期体验。在场体验主要由旅游吸引物和与当地人、旅游从业者的互动形成。追忆体验则通过语言、影像等材料建构形成。在旅游体验要素研究中,还有学者将符号学纳入旅游体验结构和解读研究中。周永广、张金金及周婷婷(2011)在分析游客体验质量要素中指出,旅游体验作为一种符号化解读过程,主要受到旅游者对待符号的态度、解读符号的能力这两个要素的作用,进而影响游客的体验结果。从符号学视角入手解读旅游体验的结构是一种新的尝试和突破,但不可否认的是仅作为一种切入视角,该途径也未能把握体验的主体情感特征。此外,在体验质量结果中,将获取符号体验真实性作为最高层级的体验质量标准较为片面。

二、心理(主体)层面的体验要素

瑞恩(Ryan,1997)认为旅游体验是具有多重功能的游憩活动,包括娱乐和学习。李义平(Li Yiping,2000)提出地理意识的概念,即地理意识是在生活世界中个体与地方、空间及景观接触中的情感和思维的投入程度。同时,李义平(Li Yiping,2000)认为旅游体验活动过程的实现主要来自于个体与目的地的空间接触,即旅游体验的本质被建构或发生于旅游者的地理意识之中。作为抽象的游客心理特征,地理意识是旅游体验发生的内核。在国内研究方面,谢彦君(2006)认为旅游体验是一种情感的表现。情感存在两极性,即"痛苦—快乐"连续谱状结构的对立,而造成体验情感"痛苦"定位的因素有"焦虑、烦躁、憎恶、悲哀",造成情感"快乐"定位的因素有"闲适、回归、认同、发现"。谢彦君从理论建构层面提出旅游体验情感模型,将旅游体验释义为"情感"。对于以上因素的提出,其本质是游客的心理期望展示,是现代背景下反"惯例"生活的表现、主张及需求。在认同谢彦君提出的"体验是游客心理水平及结构过程的调整"这一核心观点基础之上,佟静和张丽华(2010)着重分析了造成游客不同层次(初级、失衡、一般、形式和最佳体验)体验感知的主观因素,认为主体参与程度、游客的期望与需求、以往的旅行经历、体验技能、兴趣偏好及信息量等"需求"要素与"产品"的不对等会造成游客体验的差异。以江南古典园林为研究对象,贺元珑(2011)认为体验的本质是获得场所精神和氛围,而获取体验的关键在于要通过知觉体验的方式。作为一种建立在感官反应基础之上的整体知觉,知觉体验主要通过视觉、听觉、触觉、通感与记忆及时空体验五个要素实现。与此同时,在以苏州平江历史文化街区为代表的遗产旅游体验分析中,周永博等(2012)的研究表明遗产旅游体验建构于自我与他者、个体与大众的认知体系中。造成遗产旅游体验差异的重要因素是游客对遗产的个人态度及其价值认知。

在进一步探索游客体验的"完整"过程中,记忆体验作为一个特殊的心理结构要素及体验阶段被提出并展开研究(Hung Wei-Li, et al., 2016; 潘澜、林璧属、王昆欣, 2016; 桑森垚, 2016)。洪伟立、李义菊和黄宝轩(Hung Wei-Li, Lee Yi-Ju, Huang Po-Hsuan, 2016)的研究表明,游客的体验记忆由成就感、独特的学习和互动三个要素构成。以赴韩中国游客为样本,桑森垚(2016)通过质性研究方法分析了作为旅游体验后阶段的体验记忆及其形成要素，研究认为在场阶段的关键时间点、感情及认知是帮助游客完成记忆体验的三个关键要素。潘澜、林璧属及王昆欣（2016）认为旅游体验最终呈现为深刻的记忆，而旅游者情绪的四个特征，即愉悦、参与、新奇和特色化会对旅游体验记忆产生直接影响作用。尽管已有研究较多关注记忆体验的内部结构和外部因素，并从不同视角进行深入分析，但已有研究成果均指明：记忆是旅游体验的重要结构要素。此外，基于游客主体建构层面的旅游体验要素还包括旅游期望、知识与旅游经历、游览过程与感受等。

三、客体层面的体验要素

斯卡莱特（Scarles，2009）认为已有文献习惯将旅游体验理解为一系列预先定制的、线性的静态阶段，忽略了旅游体验是游客的动态演示及实践过程。在这一过程中，摄影作为一种实践活动能够"点亮"或激发游客的体验感知。斯卡莱特（Scarles，2009）认为图片及摄影是一个复杂的表述行为空间，能够超越旅游体验过程的前中后阶段特征，通过摄影可以帮助游客重新理解主体与目的地间的情感。在可持续旅游体验研究中，获取真实性被普遍认为是游客体验的主要动机之一。基于这个观点，西姆斯（Sims，2009）发现地方特色食品在可持续旅游体验中扮演重要的角色，原因在于：地方特色食品是符号化了的地方和目的地文化，能够向游客传递真实性的体验感受。此外，宋亚兰和徐红罡（Son Aram，Xu Honggang，2013）的研究也证实，地方食品能够帮助游客获取新奇感知、感官愉悦、真实性等的旅游体验。以旅游购物体验为研究对象，借鉴 Bitner（比特纳）的服务营销 7P 模型，黄鹂、李启庚及贾国庆（2009）提出构成游客购物体验的四个要素：环境要素、商品要素、服务要素和价格要素。同时，使用结构方程模型的研究方法，黄鹂等（2009）学者实证验证了以上四个要素对游客体验的作用关系。分析结果证实：环境和商品要素对旅游体验价值具有显著的正向影响效应。陈婉月等（2012）以新疆吐鲁番葡萄沟维吾尔族家访为案例，通过因子分析得出构成游客满意度体验的要素分别是吸引物、服务、基础设施和环境三个方面。以浙江湿地公园为例，王宛飞等（Wang Wanfei, et al., 2012）将旅游体验划分为审美体验、情感体验和行为体验三个维度，并从服务质量视角分析影响游客体验的外在因素。研究结果表明：旅游地的资源条件、所开展的游憩活动、旅游服务设施、服务管理和服务人员是影响旅游体验的重要元素。与此同时，艾伦（Allan, 2016）认为地方及地方感是游客体验建构的重要基础。通过民族志研究方法，以芬兰社会度假为对象，库姆普拉、伊尔韦斯及艾雷（Komppula, Ilves, Airey, 2016）量化分析了构成社会度假体验的要素，将之识别为以下六个类别：物理环境、活动内容、食物与就餐时间、情境、服务人员及服务交互要素。此外，在线视频（Tussyadiah, Fesenmaier, 2009）、移动增强现实技术（Kounavis, et al., 2012）、基于社交媒体的分享行为（Kim, Fesenmaier, 2017）等也成为影响游客体验的重要外部客观要素。

四、体验要素的结构分析

作为最早的对旅游体验因素进行结构层次划分的研究，在《休闲旅游：社会科学的透视》一书中，瑞恩（Ryan, 1991）基于旅游体验的过程性特征将影响旅游体验的因素划分为先在因素、干涉变量、行为和结果三个维度。除先在因素及干涉变量外，在场及后阶段旅游体验过程中，游客体验主要受到期望与现实感知偏差、与目的地居民及同行游客间交互作用、识别真实与虚幻能力、建立人际关系的能力等要素的影响。瑞恩的旅游体验影响因素模型的提出为后续旅游体验结构要素及影响因素的研究提供了重要的基础平台。

在国内研究方面，李晓琴（2006）认为情感体验是旅游体验的重要内容。根据旅游者获取体验的强度（表层、中度、深度三个层次），将闲暇的时间、购买能力、一定的知识背景、技能、社会网络关系及接受新事物的态度等作为实现游客体验的必须要素。以贵州乡村旅游为研究对象，从乡村旅游体验发生和消费的过程视角，范莉娜（2009）认为经历、情景、事件、浸入及印象是实现乡村旅游体验的必须结构要素。其中，经历作为一个过程，是乡村旅游体验最基本的要素。情境作为外部环境，包括环境设计、主题及氛围营造。事件是为游客设计的表演程序。浸入和印象则突出游客的主动性和主观性特征。与此同时，伍朝辉（2015）对大学生徒步旅游体验进行分析，将影响徒步旅游体验的因素概念化为可控和不可控两个层级。可控元素包括主题、客流量、安全与服务设施等；不可控元素包括他人言行、旅游资源条件等。旅游体验可以理解为一种心理情境过程。

第三节　研究述评与启示

一、总结与评价

（一）体验是旅游研究领域的重要议题和基础理论

旅游体验已经成为国内外旅游研究的重要领域和热点议

题。从发文数量来看，以"旅游体验""Tourism Experience"及"Tourist Experience"为关键词在中国知网和 Web of Science 数据库中进行文献检索，截至 2017 年 8 月，国内以旅游体验为主题的学术文章共有 10 247 篇，国外有 6 195 篇。在研究主题方面，旅游体验的本质及其内涵界定、体验质量的测度与评价、真实性作为旅游体验的动机及旅游体验影响因素是国内外体验研究的热点内容。以科恩、麦坎内尔、契克森米哈、王宁、派恩和吉尔摩、谢彦君、彭丹及赵刘等为代表的国内外学者分别从社会学、人类学、心理学、现象学及哲学等视角对旅游体验的属性、表征及意义进行解读和分析，形成了一批重要的研究成果。

通过文献梳理进一步发现，自 2000 年谢彦君将旅游体验作为一个"学术概念"正式引入国内旅游研究中以来，国内旅游体验研究成果显著增长。其中，在国内研究中，2005 年至今共计发表文章 9966 篇，占比为总发文量的 97%。在国外旅游体验研究中，2003 年至今共计发表文章 5667，占比为 91%。此外，值得注意的是，相比国外旅游体验研究成果及数量，国内研究在旅游体验理论基础建设方面研究成果较为丰硕和多样。基于现象学和社会学视角，旅游体验的情境模型（谢彦君，2005）、旅游世界的结构解析（谢彦君，2005；谢彦君，谢中田，2006），旅游体验的"场"概念体系（姜海涛，2008；武虹剑，龙江智，2009）及旅游体验的建构过程（马天，谢彦君，2015；谢彦君，徐英，2016）等观点的提出为旅游体验理论研究提供了重要的基础平台。综上所述，作为旅游学科体系建构的基础和核心内容，旅游体验研究是当下及未来旅游研究领域的重要议题和基础理论。

（二）体验是旅游者所追求的最高"心理"状态

作为最早对旅游体验进行研究的学者，布尔斯廷（Boorstin，

1964）认为体验是与传统旅游者相匹配的一种"朝圣"活动。在反对标准化的、大众旅游活动的现实背景下，布尔斯廷的观点透露出旅游体验是具有主观特质的心理活动现象。此后，麦坎内尔（MacCannell，1973）提出游客体验的阶段过程及其所属特质，明确指出旅游体验是游客寻求真实性的感知。进一步，在旅游体验研究的知识体系中，真实性的概念及其范畴已经从描述博物馆展览的"真实"转变为映射游客心理状态的"真实"，王宁提出的三个真实性概念更是从主体视角提出游客体验的一种心理状态。此外，契克森米哈（Csikszentmihalyi，1975）的研究更为明确地指出，旅游体验是一种主体的流体验心理状态。在国内研究方面，通过对体验本质愉悦说流派的梳理，也可以看出：旅游体验是游客的心理现象及其状态反映，可以通过情感水平来度量旅游者的"畅爽感受"，即旅游者借由情感或情绪表现出的愉悦经验。此外，有学者研究表明，体验是一种地方情感依恋（Allan，2016），受到游客情感价值和功能价值评价的影响（Song Hak Jun，et al.，2015），最终存储为体验记忆的状态（Hung Wei-Li，Lee Yi-Ju，Huang Po-Hsuan，2016）。通过对旅游体验内核不同研究视角的审视，进一步折射出旅游体验概念内涵的复杂与多样性。但前人研究成果也进一步明确，作为独特的多元化社会现象（陈才，卢昌崇，2011），旅游体验实质是主体的心理结构状态，是游客与外部世界（生活世界、旅游世界、旅游场）交互后的情感状态，其本质是以情感为内核（Prayag，Hosany，Odeh，2013）的心理活动过程。因此，从心理层面来把握体验的本质、内涵及范围是旅游体验研究的基石，也是旅游体验理论及延伸研究的关键要点。

（三）旅游体验研究存在概念"泛化"现象

作为旅游研究领域的重要理论基础及内容，自20世纪60年代以来旅游体验研究受到学界广泛关注，旅游体验的界定与分类、体验影响因素、体验质量评价、旅游体验的真实性问题及游客体验管理等子领域受到重视并快速发展。但需要指出的是，在旅游体验研究范畴中一定程度上存在概念泛化使用的现象，并表现为"旅游＝旅游体验"的研究现实，而忽略了旅游体验在整个旅游学科体系中的位置及从属关系。

通过文献梳理发现，一方面部分研究将旅游体验作为一种具体的旅游类别或形式进行延伸研究，不能充分认识旅游与旅游体验的区别和联系；另一方面，部分旅游体验研究未能把握体验的本质内涵，将旅游体验作为一种既定事实或普遍认同的旅游现象展开研究。概念的泛化使用必然会导致旅游体验研究的"泛化"。以体验要素研究为例，部分研究将游客旅游出行的必要条件（闲暇的时间、自由支配的收入等）认定为获取旅游体验的基本条件。正如已有研究指明，旅游体验是游客心理水平状态及其结构变化的过程，其本质是游客的情感状态及属性（Prayag, Hosany, Odeh, 2013）。旅游体验是高层次的游客情感体验。旅游体验的研究应当和必须把握这一基本理论观点，否则会造成作为"心理状态"的体验和"类别"体验之间的研究矛盾。

（四）旅游体验要素研究的边界尚不清晰

体验要素是旅游体验理论研究的根本与关键。通过文献回顾发现，现有旅游体验要素研究存在边界不清晰的情况，即体验要素间存在交叉现象，具体表现为要素的结构性特征与要素的外部性特征间的"模糊"。从系统哲学观的视角来看，整体表现为一种力的结构，旅游体验作为一种具有情感特征的整体心理现象，其内部各要素及复杂关系的总和共同推动旅游体验动力系统的运行。

与此同时，受当下旅游体验研究视角及方法多元化的影响，即体验研究分为以社会学、人类学、心理学等为代表的社会科学研究途径和以市场营销为代表的管理学研究途径（Quan Shuai, Wang Ning, 2004），进一步造成旅游体验要素研究视角及出发点的多样化。例如，基于派恩的体验经济，黄鹂、李启庚及贾国庆（2009）提出旅游体验的商品、服务及价格等要素。基于社会科学视角，期望、旅行经历、技能、角色互动、导游、吸引物等要素（陈婉月，金海龙，李国印，2012；马天，谢彦君，2015；佟静，张丽华，2010）相继提出。尽管多学科视角下的体验要素研究为旅游体验理论及其实践应用提供了一定基础，但不可否认的是独立的、多元化的研究视角也造成旅游体验要素间的重叠与覆盖，不能充分了解游客体验建构的真实过程。因此，后续研究有必要从学科融合及创新的视角对旅游体验要素进行清晰的界定和分析。

（五）旅游体验要素研究未能把握体验的"本质"内涵

正如前文所述及总结，旅游体验是游客的最高心理状态或心理结构水平。例如，麦坎内尔（MacCannell, 1973）提出体验是真实性感受，契克森米哈（Csikszentmihalyi, 1989）指出体验是忘记时间存在的流状态，谢彦君则认为体验是包含审美和世俗两种状态的游客心理愉悦。介于不同学科视角，对旅游体验的诉求有着不同的解释和理解，但已有文献均表达出这样一个观点，即体验是游客的心理感受。因此，作为旅游体验研究的立论基础，体验要素的研究要围绕这一本质内涵进行旅游体验结构分析。

受限于体验概念应用"泛化"的原因，现有旅游体验要素研究是基于游客物质需求导向的应用研究，研究成果多集中在表象层面，没有重视体验的世俗愉悦、审美愉悦及情感等特征属性，并表现为体验要素的结构较为混乱。综上所述，旅游体验要素的研究需要紧紧把握体验的本质内涵，旅游体验要素的解析与建构必须体现游客的心理或情感特质。需要指明的是，旅游体验建构是一个复杂交互过程。本研究提出从心理层面进行体验要素分解，并非完全否定具有外部特征的影响因素对游客体验的全过程影响。从结构层面来看，可以将体验要素理解为游客体验建构的核心元素，影响因素则是辅助元素，二者均支撑游客体验建构的完整性。

二、启示与思考

（一）旅游体验是具有多重特征属性的集合体

作为旅游研究的内核，谢彦君和谢中田（2006）认为旅游体验是集合过程、现象与行为特质的综合体。从过程视角来分析，体验是游客心理活动演变的过程，即从出游前的期望到在场体验阶段中的感受和后体验阶段中的回忆，不同阶段下游客的心理感知有着不同的状态，并内化为游客的情感特征。从现象层面来看，旅游体验体现了时空转变的特点。为了获得完整的体验感知，游客必须要经历生活世界与旅游世界、旅游世界与旅游场、旅游场与不同情境的物理空间转移和时间的付出。此外，从行为视角来看，旅游体验是游客主动下的交互行为。已有研究证实，旅游体验是一种个体和社会建构行为，旅游体验的实现依赖于主体与外部世界、旅游世界中情景的融合与联系。这也决定了旅游体验与"当下情境"具有紧密关联，而旅游者体验深度直接受到交互过程中的"融入程度"影响。综上所述，旅游体验呈现出情感、交互、过程的多重属性特征，而把握旅游体验本质的关键在于"情感"与"过程"两个元要素。

（二）要素研究是对旅游体验结构的全面解析与理论补充

把握现象的本质在于认清事物的内在结构。旅游体验是具有多重特征属性的心理活动现象，对于旅游体验本质的认识关键在于其结构要素的解析。通过文献梳理发现，现有旅游体验理论研究忽略了对游客心理层面的关注，集中在外部的表象层面分析。所得研究成果对于深入理解旅游体验的"内隐"特征及其动力演变过程仍然是不足的。要素是客观事物或现象存在并稳定运行所必备的结构单位，是组织系统的基本单元。游客体验的"完整性"依赖于游客主导意识下体验要素间的匹配与运行。对旅游体验要素的全面分析与解构，有助于认清旅游体验现象的本质内涵及不同时空维度下的游客情感特征。因此，旅游体验要素研究既是旅游体验研究的理论基础，也是旅游目的地、景区等管理和提升游客体验质量的突破点。

（三）从"情感"与"过程"视角进行旅游体验要素的解读

纵观旅游体验的本质属性，情感与过程是建构游客体验不可或缺的两个核心点。一方面，旅游体验是建立在游客与旅游系统交互基础之上的知觉，并通过主体所附带的价值立场所最终建构的心理状态及内隐情感。那么，认清和理解旅游体验现象或系统的结构就必然要把握情感的演变及其特征。另一方面，从物理层面来看，旅游体验具有明显的阶段性特征，涵盖体验前、体验中和体验后三个时空过程。时空过程是游客体验完成所必需的物理要素。基于这一观点，从游客体验的情感特质来看，在不同阶段时空环境的作用下，游客的体验是各阶段下所获得情感的累积。情感与过程是分析旅游体验要素不可或缺的两个根本观点，也是游客体验建构的基础。因此，旅游体验研究迫切需要从情感视角来解析体验本体，对体验进行过程视角下的要素解构分析。

（四）旅游体验要素研究的学科边界融合与创新

已有旅游体验研究主要从哲学（现象学）、社会学、心理学（个人建构、社会建构）、管理学（市场、营销）等学科展开研究，其研究成果较为独立且存在一定的学科边界，不利于全面理解旅游体验及其要素的结构。因此，基于某单一学科视角进行要素研究已经不能满足体验研究的综合性和复杂性现状。与此同时，龙江智（2005）认为旅游现象具有多种属性，应当从心理学角度探讨其个体行为，从地理学、社会学和经济学等视角分析其群体行为和社会现象。此外，基于以上观点，本研究认为应当进一步将管理学视角整合到旅游体验的结构要素研究中，对旅游体验的情感及其演变过程进行实证验证，并为旅游体验的管理实践提供政策建议支持。因此，本研究认为旅游体验要素的研究要吸收和采纳不同学科观点，将社会学、心理学及管理学应用在旅游体验研究中。

第四节　本章小结

本章主要围绕旅游体验、旅游体验要素对国内外相关研究进展进行文献回顾及述评。在旅游体验研究文献方面，国外体验研究主要集中在旅游体验的界定与分类、旅游体验影响因素、旅游体验质量评价、真实性问题的再探讨和游客体验管理五个方面。在国内旅游体验研究方面，体验是中国旅游理论研究的一个重要分支，相关研究议题主要聚焦在旅游体验基础理论研究、体验影响因素及关系、体验质量的测度和体验真实性与符号化探讨等方面。其中，旅游体验的本质、基础理论建构等是国内旅游体验研究的重点领域，以谢彦君为代表的学者相继提出一批旅游体验理论模型。在旅游体验要素的研究进程方面，国内外研究主要集中在：旅游体验要素的理论建构、心理（主体）层面的体验要素、客体层面的体验要素和体验要素的结构分析。

通过对国内外相关研究的文献梳理发现，体验一直是旅游研究领域的重要议题和基础理论，原因在于体验是旅游者所追求的最高"心理"状态。与此同时，本研究也发现国内外旅游体验研究存在概念"泛化"现象，表现为"旅游＝旅游体验"的研究现实，忽略了旅游体验在整个旅游学科体系中的位置及从属关系。进一步导致，旅游体验要素研究的边界不清晰，旅游体验要素研究未能把握体验的"本质"内涵。基于文献述评，本研究认为旅游体验是具有多重特征属性的概念集合体，把握旅游体验本质的关键在于"情感"与"过程"两个元要素。与此同时，作为对旅游体验结构的全面解析与理论补充，旅游体验要素的研究应当从"情感"与"过程"两个视角进行解读与分析。本章旅游体验及其要素的文献回顾与述评为后续研究的理论基础选择、体验要素内涵的分析与探讨、模型推导和实证分析等提供了重要的研究基础。

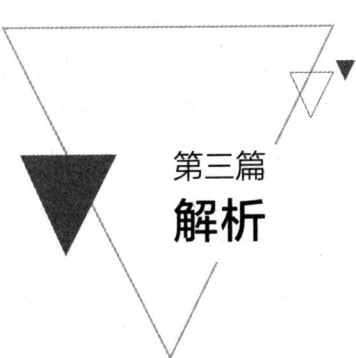

第三篇
解析

第四章
情感的表现方法

基于哲学、心理学及经济学视角的本体溯源，研究发现体验的本质是主体的存在意义，以情感为代表的内感是对主体存在意义的映射。结合文献回顾及已有旅游体验研究中存在的问题和本研究拟解决的研究问题，本章选取社会建构主义理论、情感控制理论、情境理论和情感认知评价理论作为探索主体存在意义的表现方法，分别对以上四个理论的渊源、核心内容、结构类型及在旅游研究中的应用进行阐述。最后，基于旅游体验要素识别的问题意识，指出各理论对旅游体验要素研究的启示。

第一节 社会建构主义理论

一、理论渊源与体系：建构主义理论回顾

"建构"是常用的生活及学术用语，具有明显的"人工性质"特征，并暗示着事物结构及其构成是由个体所主导的并可以人为的改变（赵万里，2002）。"建构"与"主义"的结合则变成具有某种价值推论的话语和理论范畴。

建构主义思想最早起源于科学哲学与心理学研究，并于20

世纪 20、30 年代被正式提出。在先后经历康德（Kant）、维科（Vico）、皮亚杰（Piaget）、维果茨基（Vygotsky）等先驱的发展后，建构主义逐渐建设成为完整的认识论知识体系。从建构主义的哲学起源层面来看，维科被称为当代激进建构主义的开创者，他认为"人只能认识自己所创造的东西或世界"（李子建，宋萑，2007），"真理是被创造而来的"（段塔丽，1998）。与此同时，皮亚杰的发生学结构主义和库恩（Kuhn）的历史主义下的认识论观点也成为建构主义理论体系的重要哲学基础和来源。库恩提出认识论的范式理论观点，该观点认为科学家以一种主观约定的视角来认识世界，这种视角下的世界并非是对客观现实的反映，仅仅是不同信念的集合（Kuhn，1970）。

从建构主义的心理学起源层面来看，皮亚杰和维果茨基的认识论、心理发展论等也是建构主义的重要理论基础。在分析儿童认知学习过程的研究中，皮亚杰认为知识结构是通过同化和顺应两个途径所建立的（皮亚杰，1981）。因此，从新科学、效用主义、范式理论到认识论及心理发展论，以上认知观及行为态度为建构主义理论体系的建设与发展提供了丰富的思想渊源。

正如建构主义形成所依托的思想与理论渊源的驳杂一样，对于建构主义形式及其表现形态的认识仍然存在差异。因此，也有学者将建构主义寓意为一座涵盖庞杂理论及来源驳杂的知识"大教堂"（李子建，宋萑，2007）。建构主义是一个复杂、广阔的理论体系。已有学者与研究成果将建构主义视为一种新的认识论，试图用来代表对传统认识论及观点做出反驳的新型认识观念（杨莉萍，2006）。也正如此，以冯格拉瑟斯费尔德、库布、伍德及斯皮罗等为代表的一大批学者相继提出了以激进建构主义、社会建构主义为代表的建构主义理论体系。尽管建构主义各流派所主张观点有所差异，但究其根本而言，各流派间仍有着共通之处。

科尔认为建构主义包括以下三个基本特质：首先，建构主义者都反对这样的科学观，即将科学看作完全理性活动；其次，持相对主义立场的观点，建构主义者认为科学知识的产生与发展不完全来自于经验世界；最后，重视社会影响因素的作用，建构主义者认为科学知识中的实际认知结果是在人类社会发展历程中所产生的（赵万里，2002）。进一步，李子建和宋萑（2007）指出认知并非是对实现世界的表征认识，相反是在主体与情境交互作用过程中所建构出来的对现实世界的一种意义与解释。在这其中，构成知识或认知的四个属性特征分别是：情境、协作、会话与意义建构。

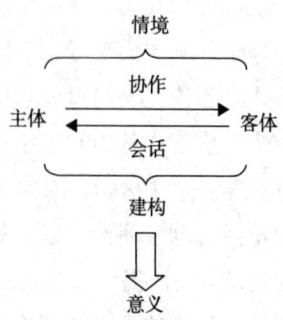

图4-1 建构主义概念模型

资料来源：本文整理所得。

在深入分析建构主义理论基础之上，李子建与宋萑（2007）认为自我的知识和自主的学习是建构主义的精髓。作为一种反表象主义的认识方法，认知是通过个体与周边环境或他人的互动所建构的，因此认知是非均衡的，但也不存在高低或对错之区别。与此同时，建构主义提出"自主学习"的观点，强调学习是主体在具体情境中的主动意义建构，是一个主动过程。学习是对知识的创造过程而非发现的过程，通过与情境中物、人等的互动进行主体的知识创造。由此来看，人类不是静态的认识和发现客观世界，相反是通过认识和发现过程来构造新的客观世界（闫志刚，2006）。

值得注意的是，建构主义理论在国际关系、政治社会学及教育思想体系视域中也得到深入发展（范菊华，2003；尼古拉斯·G.，奥努弗，孙吉胜，2006；张建伟，陈琦，1996）。张建伟和陈琦（1996）认为建构主义是对认知主义的进一步发展，是对皮亚杰思想的深入探讨。对于教育改革而言，非结构性、情境性与社会学相互作用等是建构主义的核心。因此，基于建构主义的情境性、自上而下和随机通达模式的教学设计对提升传统教学有着重要的意义。从国际关系和政治社会学视角来看，奥努弗、孙吉胜（2006）则认为建构主义为以国际关系为代表的社会关系研究提供了全新的系统方法。建构主义所彰显的三个特征，即意义建构于主体性的互动、身份和认同建构于施动者与结构间互动、强调观念的塑造行为等为研究国际关系提供了重要的力量基础。

正如建构主义的本体概念表述，人类世界、现象或认知均是主体建构的产物。因此，基于不同立场或观点，社会建构主义的走向与发展趋势是不同的，并进一步分类出具有差异的建构主义观点体系。

在建构主义的理论流派梳理方面，依据建构主义的两个原则，即主体中心和社会文化心理观，可以将建构主义分为两个派别：个体建构主义与社会性建构主义。其中，个体建构与理解主要依托皮亚杰的思想，重视个体的主动性作用。社会性建构则依托维果茨基的观点，关注社会文化和情境的作用，但并未否定个体的主动性。与此同时，根据认识与本体、社会与个体、文化与过程三个维度，杨莉萍（2006）将社会建构主义细分为六个类别，即温和的建构主义与激进的建构主义、个体取向建构主义与社会取向建构主义、因素建构主义与过程建构主义。

表 4-1 建构主义类型

维度	建构主义类型	代表学者
认识与本体	温和的建构主义： 将建构主义视为研究范式，是基于观念与精神层面的建构； 相信客观世界的存在，但强调对客观世界认知的主动性； 包括社会文化认知观、信息加工建构主义、系统控制论等类别。	Ernest（欧内斯特）等
	激进的建构主义： 是一种本体论观点； 现实本身和认知都是被建构的，否定物质实在。	
社会与个体	社会取向建构主义： 是一种社会知识； 重视个体与对象（主体与客体）的社会性； 强调互动过程的研究，即交互性、反馈性与对等性。	Vygotsky（维果茨基）等
	个体取向建构主义： 关注个体知识的形成； 是对个体思想、知识、观念等的形式、性质、运作的解释框架； 包括个体认知建构主义等。	Piaget（皮亚杰）等
文化与过程	因素建构主义： 重视社会因素在个人认知中的作用； 偏向于文化决定论。	
	过程建构主义： 强调认知实现于建构过程中； 理解为各因素交互作用下的具体过程，即相互建构。	

资料来源：杨莉萍. 社会建构论心理学［M］. 上海：上海教育出版社，2006.

二、社会建构主义理论的核心观点

社会建构主义（Social Constructionism），也被称为社会建构论，作为一种新的理论范式（Denzin，Lincoln，2000；高文，1999；许放明，2006）、哲学纲领（安维复，2003）或方法论，自20世纪70年代以来在西方社会科学领域逐渐受到关注。受科学史、知识社会学、女性主义和后现代转向思潮等影响，社会建构主义对实证主义、本质主义及经验主义的观点进行批评和反思，正如伯杰和卢克曼（Berger，Luckmann，1991）在《现实的社会构建》（The Social Construction of Reality）一书中的观点："现实社会中所存在的现象和事实均是人们在社会实践中创造的结果。"

作为建构主义发展中的一个重要范型和分支流派之一，自20世纪60年代维果茨基的思想及其心理发展理论提出来以后，进一步推动形成现在的社会建构主义及其理论体系，并广泛应用于教学实践及其技术领域中。维果茨基对于社会建构主义的产生有着重要的推动作用，维果茨基提出的"意义的产生""认知发展工具"及"最近发展区理论"是影响社会建构主义的三个主要思想。

社会建构主义理论的基本观点主要有：世界并非是对真实现实的反映，而是共同建构的产物（Gergen，1985）。现实或真理是存在于人的思维中，并受限于情景和关系而形成。其中，社会建构、过程、语言及话语体系是社会建构主义的核心要点（Liebrucks，2001）。伯杰和卢克曼（Berger，Luckmann，1991）认为社会存在表现为客观现实和主观现实两个方面，而对社会存在各方面的认知有必要通过辨证的过程来实现，即外部化（Externalization）、客观化（Objectivation）和内在化

（Internalization）三个过程，且这三个过程是同时发生的。作为社会成员的个体在将其所建构出的知识外部化到社会世界的过程中，也将之同时内化为客观存在的事实。因此，作为一种认识论，现实是由作为个体的社会成员所共同建构出的，现实是以一种相对主义的状态所存在的，受限于当时所处的情境。

作为一种过程，社会建构以没有终点的持续建构的运动形式所存在，进一步强调个人与他人、社会的动态互动过程（许放明，2006）。基于维果茨基心理发展理论的社会建构主义对知识或意义的创造过程进行了全面阐释，研究认为：

语言、规制及约定等是建构知识的基础，并对某一领域真理的认定有决定性作用；

社会性过程（如人际交往、评判与审视等）是个人主观知识转变为他人所接受的客观知识的基础；

个人所具有或认可的主观知识是内部化的、再建构了的他人的客观知识；

知识建构过程中，个体具有积极的主动性作用。

在图4-2的概念模型中，主观建构的新知识来源于已经发表形成的客观知识。个体通过各种媒介表征等途径对客观知识进行借鉴和学习，首先将客观知识内部化为个体所能够接受和审视的知识。进而通过再建、增添等途径进行主观知识的自我创造和赋予其独特意义的过程，包括新的定义、知识的新应用或联系等。在整个知识的创造过程中，客观知识被个体内化和再建构，形成具有意义的个人主观知识（高文，1999）。与此同时，通过具有社会属性的个体间的审视与评价，主观知识再次转变为他人能够接受的已发表客观知识，最终形成一个建构循环链条。至此，主客观知识相互作用下的社会建构循环过程再次表明个体的主观世界和社会是相互联系的（高文，1999）。知识或赋予的意义是建构在一定范围的客观世界基础之上,通过个体认知和社会性的相互作用所建构形成的。

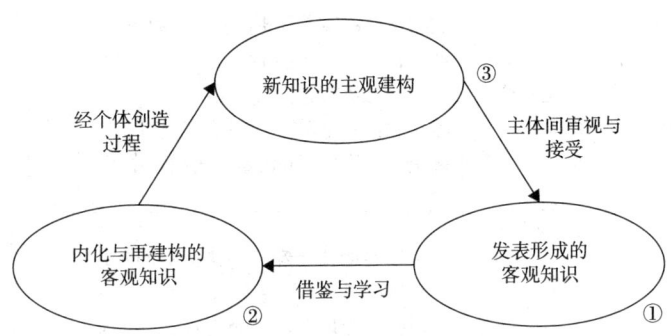

图 4-2 知识的社会建构模型

资料来源:高文. 维观茨基心理发展理论与社会建构主义[J]. 外国教育资料,1999(4):10-14.

表 4-2 社会建构主义的核心观点

界定	观点	来源
社会建构主义是个体在社会文化背景下与他人的互动中,主动建构自己的认知与知识	个体与社会是密不可分、相互联系的; 知识或意义来自于社会的建构; 学习与发展是有意义的社会协商; 文化与情境在认知发展中有重要作用; 重视建构过程中的社会的一面。	王文静(2001)
知识是社会实践和制度的结果,或者是相关社会群体协商互动的产物	建构性:人与生活世间(客观世界)的关系是建构性的; 建构的社会性:建构过程是一个涵盖心理和社会属性的综合过程; 社会建构的互动性:人与科学技术相互影响。	安维复(2003)

续表

界定	观点	来源
知识是社会群体协商或互动的产物，是社会实践与制度的结果	建构性：建构者与建构物关系的描述； 社会性：社会性视角下建构主体与生活世界二者间的互动关系； 互动性：人与建构物间的相互建构； 系统性：重视不同因素间的相互作用。	刘保（2006）
社会建构论是元理论	有关实在的信念和认知是社会的建构的产物； 知识是"发明"的，源自社会交往中互动与协商的结果； 心理是社会的建构：心理现象存在于人际间的社会交往过程中。	叶浩生（2008）

资料来源：本文整理所得。

三、社会建构主义理论的分类

依据对世界客观性的认知程度，可以将社会建构主义划分为：严格的社会建构主义、客观的社会建构主义、情境社会建构主义三类（Best，1989），极强的社会建构主义、强建构主义、弱建构主义三类（Pernecky，2012），激进的社会建构主义和温和的社会建构主义。例如，刘保（2006）认为，激进的社会建构主义认为现实世界及其重要产物是由理论、制度和实践所建构的，温和的社会建构主义则认为现实世界可以通过社会要素来解释和建构。

作为社会建构主义发展的分支，情感（Emotion）的社会建构理论、社会建构论心理学等思想相继提出。以格根（Gergen，

1985）和哈雷（Harré，1986）为代表的学者对情感社会建构的理论问题进行探讨，该理论认为：情感的内容和表达方式是人们在社会文化系统中获得的，与其当时所承载的社会角色具有一致性；情感是一种"暂存的社会角色"（乔建中，2003），受到特定文化、社会规范及情境的影响；受认知理论影响，情感是习得的，即是基于已有文化理念、价值观等基础形成的（Frijda，Mesquita，1994）；作为一种反应策略，情感是按照主体自身的意愿进行的，具有特定的目标（乔建中，2003）。与此同时，作为对传统实验心理学研究的批判，郭慧玲（2015）认为社会建构心理学更为关注社会共同体和文化，强调个体主体性的被决定方面，通过话语分析的方式来寻找差异性。需要强调的是，社会建构主义并非是对现实存在的忽略或否定（Pernecky，2012）。伯尔（Burr，1998）认为物质世界是确实存在的，但并非能够通过语言或其他符号方式等途径来简单反映。社会建构论者主要所关注的是去解释个体对其自身所处世界的体验和描述，其目的在于寻找对世界所共同认知的理解模式（Slife，Williams，1995）。

四、应用现状与研究启示

（一）应用现状

在社会建构主义理论应用研究方面，相关议题集中在地理、心理学、教育、旅游研究等方面（郭慧玲，2015；马天，谢彦君，2015；唐雪琼，等，2014；王文静，2001）。唐雪琼、杨茜好及钱俊希（2014）以人文地理学中的关键概念"边界"为研究对象，从社会建构主义视角对边界所承载的社会与文化意义进行重新诠释，认为边界是"国家与草根群体通过一定的社会与空间实践不断再生产与再建构"的结果,其所具有的空间关系、次序及意义来自边界两侧群体和社会经济过程的共同建构。社会建构主义认为个体与社会是密切相关的,而知识来源于社会的建构;基于此观点,王文静(2001)对社会建构主义在教育、教学改革中的运用和实践意义做出分析,认为应当进一步从社会对话和协商的视角加强课堂教学。

在旅游领域中,相关研究主要体现在文化解读、旅游目的地形象、旅游吸引物及旅游体验等问题方面(Pernecky,2012;Ryan,Gu Huimin,2010;马凌,2009;马天,谢彦君,2015)。瑞恩和谷慧敏(Ryan,Gu Huimin,2010)以第四届五台山佛教文化节旅游事件为研究对象,基于"主—客体"佛教和世俗的研究视角,以两个具有不同文化背景(天主教和中国文化)的"作者"角色对该事件进行解读。研究认为,该旅游事件具有多重事件特征,包括经济、政治、信仰、娱乐及荣誉等,而每一种特征都是具体文化情境下的解释建构。具有天主教文化背景的"第一作者"对该旅游事件的解读可以归纳为:精彩的表演、不同传统的融合、流行与传统的平等、商品化;具有中国文化背景的"第二作者"则解读为:真实与非真实的展示、政府的角色。可见对旅游现象的解读是一种具体场景与文化背景相结合下的文化意义建构,属于弱社会建构论的研究范畴,即并非是对现实存在的完全否定,而是介于客观世界下的意义建构。在旅游目的地形象的建构研究方面,加利埃斯佩尔特与丹尼贝尼托(Galí Espelt,Donaire Benito,2005)认为旅游目的地形象来源于思维的建构,是对目的地各种元素、映像及价值的整合,具有情感的特征。该研究在对西班牙小镇 Girona 旅游形象的形成分析中,进一步证实该地旅游形象植根于19世纪的浪漫主义,而受到后现代时期的影响最终呈现为一种复杂的形象化展示。

(二)社会建构主义在旅游体验研究中的启示

社会建构主义作为一种认识论及方法体系为旅游体验研究提供了全新的思路和视域。长久以来,旅游体验研究主要依从于现象学视角的悬置与反思技术进行体验内涵的探讨和挖掘,取得了丰富的研究成果。但不可否认的是,基于经验事实研究的单一视角忽略了对游客内在心理结构及其情感构成的"全面"关注。从社会建构主义所彰显的核心观点来看,即个体主动性、社会性及社会性过程、客观现实与主观现实、他人及关系、情境与互动等,社会建构主义的认识范式为全面理解游客情感体验的内在活动过程及其结构要素提供了全新的指引。

在不考虑学派差异的情况下,杨龙立(1997)指出建构主义具有以下三个方面的共同点:认知产生于人们主动建构的结果,而非被动的接受;认知是个人经验合理化的表现,并非世界的真理;认知并非永恒不变,相反是发展和不断演化的。在进一步分析中,杨龙立(1997)强调建构主义中"主动性"的重要性,即认知主体会根据个体已有的经验来赋予知识现象以新的意义,并将之内化为自己的观点。基于主动性这一基点,认知则以一种相对存在状态在不断地延伸和进化。那么,对于游客体验而言,旅游体验是以游客为主体的且凸显游客主动性的过程性活动,即旅游体验、情感体验是游客主动建构的结果,并非被动采纳的结果。在整个旅游体验过程中,旅游者把控着体验活动的内容、情感方向及其融入深度等。而从旅游体验的互动视角来看,情感体验及其构成是通过与他人(同行游客、旅游地居民、管理人员等)复杂关系互动基础之上的综合选择,在这其中"情境"具有重要的导向作用。因此,从社会建构的出发点来分析,旅游者是旅游体验建构的主体,而旅游体验是社会建构的产物。

第二节 情感控制论

一、理论渊源与体系：社会心理学与符号互动论

情感控制理论（Affect Control Theory，简称 ACT）由学者海泽（Heise，1985，1987）提出，是基于符号交互论、平衡理论及语言学原则等背景发展出的社会心理学中的认识论（Lee，Shafer，2002）。就情感控制理论的学术起源与脉络来看，情感控制论是社会心理学研究中符号互动论的重要理论之一。

社会心理学是由社会学和心理学所共同孕育而生的突显边缘性质的独立学科（雷开春，王晓楠，2016）。与其他学科相似，社会心理学的渊源可以追溯到柏拉图和亚里士多德时期。在经历奥尔波特的实验社会心理学、米德的社会学传统的发展后，作为独立学科的社会心理学基本得到确立。从社会心理学的分类来看，一类社会心理学强调对人的社会行为的研究，如戈尔茨坦将社会心理学解释为人的行为如何影响他人的研究；另一类是重视社会制度、团体及人际关系对个体的影响，如奥尔布赖特认为社会心理学是研究制度、团体与关系的学科（刘翠侠，2016）。从学科边界来看，社会心理学是指向个体、群体及其关系的一门学科。阿伦森等（2015）将社会心理学定义为是探讨人们想法、感觉及其行为如何因他人与社会情境而受到影响的学科。雷开春和王晓楠（2016）认为个体与他人及其周围环境相互作用过程中产生的心理、行为乃至作为后果的人际关系等均是社会心理学研究的关注点，即个体、群体及社会交往的心理与行为是社会心理学的研究范围。此外，汪青（1985）认为社会心理学是研究在社会相互作用中个体及群体心理活动的学科。由此可见，社会心理学

是对人的社会心理和行为规律进行系统研究的科学。其中，人是对个体或群体的指称，心理和行为则来自特定文化背景下的内隐与外显反应。

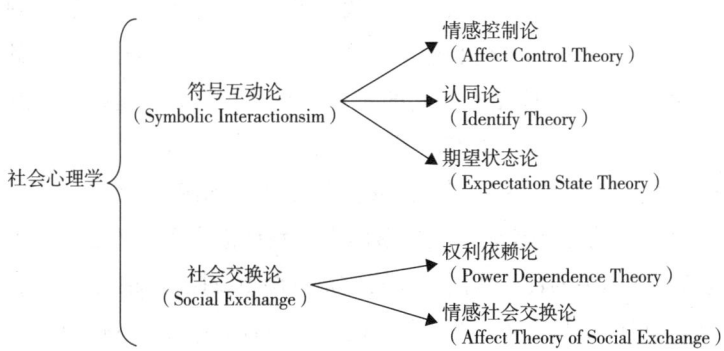

图4-3 社会心理学的流派体系

资料来源：赵德雷. 当代美国社会心理学的发展图景：以"库利—米德奖"为线索[J]. 中国农业大学学报（社会科学版），2010，27（2）：90-105.

符号互动论是社会心理学重要流派之一。符号互动论是由美国实用主义哲学家米德提出，后经布鲁默明确提出，再由戈夫曼等发展而形成的一种具有主观特质的，从人们互动着的个体日常自然环境来研究群体生活的社会心理学流派（仓理新，2007）。蔡禾（1992）认为符号互动理论是以人力内隐行为为重点的理论。符号互动理论认为个体所采取的行动建立在事物意义基础之上，事物的意义来自于个体与他人的交互。与此同时，符号互动论认为个体可以根据一定的场景对事物的意义进行解释和调整。符号互动理论认为个体间的互动受到所处文化意义的作用，即文化意义具有象征性的特点。文化的存在取决于符号的创造与使用。符号本身没有任何特指的意义，而是由人赋予其一定的意义来表达指向的事物。综上所述，符号互动理论是具有明显心理学特质的理论,"自我"是该理论架构的核心。自我是具有社会性特征的内省产物,在过程中不断调整。与此同时,符号互动理论重视从过程的视角来看待个体与社会的关系(蔡禾,1992)。

作为对符号互动理论中"自我"观点的理论继承,情感控制理论已经发展成为社会心理学解释的重要范式。情感控制论指具有特定身份的主体相互之间的思考、感受与行为,是社会交互过程中对特定场景"合理解释"的建构与维持(Heise,1985),重视社会交互过程中"自我"的情感反应与情感意义。赵德雷(2010)认为情感控制论是典型的符号互动论体系及其延伸,重视情感互动中的社会认同,其实质是以调整或控制来维系行动者的情感反应及其意义。正如罗宾逊(Robinson, et al., 2006)所言,情感控制论重视特定情境下符号与语言的重要性,其目的是一定社会文化情境之下的主体间"交互"。因此,情感控制理论是一种有关人类社会互动的社会心理学理论(Hoey, et al., 2016)。

二、情感控制理论的核心观点

情感控制理论是以考察社会交互作用为内容的研究框架,可以用来调查印象形成、事件建构和评价的过程。情感控制理论从定性与定量视角关注主体间的社会交互,并根据活动信息的认知与过滤过程、主体对情境要素的认知与反应对场景的建构进行分析(Heise,1987)。

情感控制理论的核心内容可以理解为以下两个基本观点和三个前提假设(Heise,1977,1989)。

情感控制理论的两个基本观点:(1)为了在具体的场景中进行有意义的交互,人们必须有一套在给定时间和空间背景下将要从事活动的"合理解释"。(2)被用来构成场景的各种元素能够激发出人们具有文化特征的情感意义。任何情感意义都可以从评价（Evaluation）、效能（Potency）和活动（Activity）三个维度进行解析。情感控制理论的三个前提假设：（1）主体对任何社会事件都存在情感反应。主体的情感反应可以从评价、效能及活动三个维度进行反思与透视。（2）主体力图使暂时情感与基础情感保持一致，并促发控制机制。（3）如果暂时情感与基础情感之间的偏差足够大，则主体要重新定义情境。

在情感控制的理论框架下，海泽（Heise，1985，1987，1989）认为场景定义的产生与维持涉及一个控制过程，即通过交互过程产生符合特定场景之下的主体情感及其反应，个体将这些情感反应与具有广泛文化代表性的内在标准进行比较，以确定采取怎样的进一步行动。

基于以上基本观点和假设，情感控制理论认为当个体进入一个具有社会建构特征的给定场景中，人们会通过符合自身特征而定义的"合理解释"来建立一种初始的情感意义，这被称为基础情感（Fundamental sentiments）。与此同时，在场景的社会交换中，受到各种元素的影响，人们会产生一种临时的情感意义，这被称为暂时情感（Transient sentiments）。狄彭和卡特霍夫（Dippong，Kalkhoff，2015）指出基础情感是社会行为者对交互要素的情感定义，这种情感定义包括了文化或亚文化的标准；暂时情感则是行为者基于认同、行为或情绪在某一特定情境中所发生的情感反应。正如情感控制理论中的第二个前提假设，个体会对特定场景下已获得的暂时情感与基础情感进行比较，即行动者会从评价、效能和活动三个层面进行情感的比较并为了确保两者之间的一致性而促发情感控制行为。当两种情感间发生可控的偏差时，行动者会触发认知修正行为（Cognitive Revision），对暂时情感进行调节并使其与基础情感相一致。暂时情感与基础情感之间的偏差大小可以使用类似离差平方和的公式来表达（赵德雷，2010）。与之相反，当暂时情感与基础情感之间的偏差较大时，主体将根据标定方程重新定义行动目标。

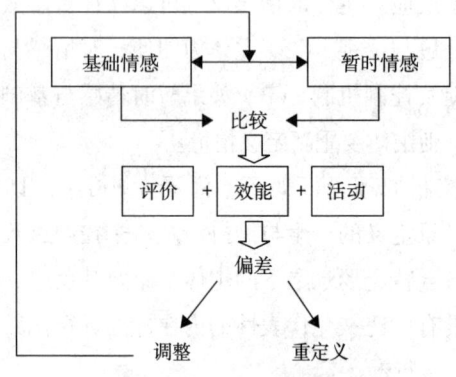

图 4-4　情感控制论概念模型

资料来源：本文整理所得。

需要指出的是，在测度主体所获得的基础情感与暂时情感意义中，行动者主要依据评价、效能和活动三个维度对情感的认同、行为等进行度量。狄彭和卡特霍夫（Dippong, Kalkhoff, 2015）指出情感反应的三个特征能够有效反映地位、权利及表现力的本质社会维度。与此同时，作为一种具有跨文化共性的评价维度（Osgood, et al., 1975），海泽（Heise, 1985）进一步将这三种维度定义为一种主体的心理空间，在该空间中态度和其他情感过程能够产生印象、动机、期望及态度并对其进行标签化表述。可将其进一步理解为，在特定场景下主体依据评价、效能和活动三个标准对已获得的情感以及意义进行价值评价，进而对主体的后行为意图产生影响。综上所述，情感控制理论中的主体情感反应或情感意义是社会交互行为的结果，情感的反应受到事件对主体自身认知作用的影响，情感是进行某种价值判断后的结果。

在研究方法方面，海泽等（Heise, et al., 1985）开发出以印象改变方程为核心的 INTERACT（行为分析系统）软件，通过绘制情感意义数据集库来模拟社会交互及其可能产生的情感与行为结果。该方程包括三个核心的模型：

（1）$D = \sum_i w_i (t_i - f_i)^2$。其中，t 为暂时情感；f 为基础情感；D 为情感比较差异，其结果在数学上被定义为欧式距离的平方和。此外，w 代表权重，i 代表对情感反应中评价、效能及活动的差距。

（2）$t = Mf$。其中，M 是一个包括模型参数的矩阵，其参数来自于特定情境下印象的回归结果。基础情感 f 是从评价、效能及活动三个层面对情感意义差异的测度。在该模型中，模型的回归系数是对基础情感与暂时情感关系的描述。

（3）$t' = Mf(t, f')$。其中，函数 f 是一个涵盖暂时情感和当前行为基础情感（f'）的多项式。在该模型中，情感控制理论模拟了主体持续性交互过程中的暂时情感，即对暂时情感进行预测。

基于以上三个模型，通过 INTERACT 来模拟和预测社会交互过程中的行为与情感。

三、情感控制理论的延伸

作为社会心理学领域中的重要理论之一，海泽的情感控制理论得到了全面发展。史密斯（Smith-Lovin）在扩展研究中发展出包括行为情境的印象改变方程，用来解释一定场景下主体如何影响社会交互而产生的情感反应。在理论发展中，史密斯（Smith-Lovin, 1979）认为情感意义的普遍性维度（评价、效能和活动）被视为与行为环境相关的社会性特征。印象改变方程可以用来评估社会角色认同、人际间行为及行为场景的情感意义如何联合起来形成社会行动者充满活力、生动的印象。与此同时，史密斯

(Smith-Lovin, 1979)认为如果主体不能与其所处社会环境中的步伐或节奏相一致,社会行动者将被评价为消极的印象。

作为对情感控制理论研究方法的进一步创新,施罗德等(Schröder, et al., 2016)认为已有情感控制论的数学模型不能对社会心理研究中主体认同的不确定性和动态性特征进行有效评估。原情感控制论预先假定社会交互行为能够产生清晰、连续一致的认同,所表达的情感意义能够被主体所识别(Schröder, et al., 2016)。在现实中,认同则以动态调整的状态所存在,行为可能同时被多种认同所操纵。因此,施罗德等(Schröder, et al., 2016)提出改进的BayesACT理论(贝叶斯影响控制理论),该理论将Bayes(贝叶斯)概率理论纳入情感控制论中。改进后的情感控制论操作方法更加注重文化共识与变化、稳定性与自我延展性、自我的多重身份认同以及交互过程中的噪音控制等问题。综上所述,基于Bayes理论的情感控制论在方法上能够有效监控交互过程中主体与其他行动者情感认同意义的动态演变过程,解释了主体如何推测和调整社会体验的意义。

表4-3 代表性的情感控制论扩展观点

名称	扩展内容	来源
Smith-Lovin的情感控制理论	发展出包括行为情境的印象改变方程,用来解释一定场景下主体如何影响社会交互而产生的情感反应	Smith-Lovin(1979)
基于Bayes理论的情感控制理论	将Bayes概率理论纳入情感控制论数学方法中 注重文化共识与变化、稳定性与自我延展性、自我的多重身份认同以及交互过程中的噪音控制等问题	Schröder等(2016)

资料来源:本文整理所得。

四、应用现状与研究启示

(一)应用现状

情感控制理论的核心思想被广泛应用于个体心理行为研究中,涉及顾客服务、服务补救、文化形成等研究领域(Dippong, Kalkhoff, 2015; Lee BongKoo, Shafer, 2002; Shuster, Campos-Castillo, 2017; 许春晓, 2007)。在情感控制理论的旅游体验研究分析中,李邦古和谢弗(Lee BongKoo, Shafer, 2002)对情感控制理论进行了延伸(图4-5),指出情感控制论对游客情感体验的起伏变化进行了有效而合理的推演和解释。当游客进入某一旅游情境时,通过定位主体"身份"来对旅游情境进行界定并赋予其特殊场景下的情感表现意义,形成基础情感。与此同时,旅游情境中的各类事件会触发并形成瞬时情感,而游客的现实情感则取决于对基础情感和瞬时情感之间的比较偏

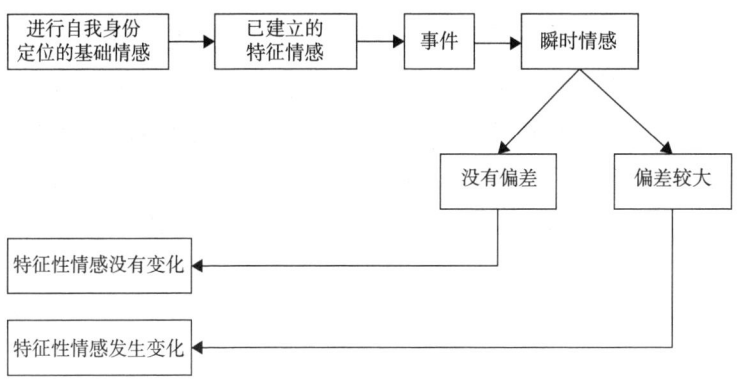

图4-5 旅游情境中情感控制论概念模型

资料来源:Lee, BongKoo., Shafer, C.S. The dynamic nature of leisure experience: An application of affect control theory [J]. Journal of Leisure Rsearch, 2002, 34(3):290-310.

许春晓. 旅游学概论[M]长沙:湖南大学出版社,2007.

差。当比较偏差较小时，旅游者会维持其基础情感；反之，当比较偏差较大时，旅游者则采纳瞬时情感。进一步，李邦古和谢弗（Lee BongKoo，Shafer，2002）采用问卷调查的方法获取111个有效样本，对城市绿道休闲体验中游客的动态体验情感进行分析和预测。该研究认为休闲体验表现出动态的情感体验特征。

与此同时，在顾客补救服务研究中，侯如靖等（2012）提出服务补救场景下的感知公平、情绪反应和行为意图的概念模型，以实验的方法对在线消费者后悔情绪与行为意图间的关系进行实证分析。基于情感控制理论及认知评价理论，该研究认为情绪是对特定事件进行评价后而获得的主体心理反应及其状态的自我调适过程。切巴特与斯卢萨科奇特（Chebat，Slusarczyk，2005）基于情感控制理论分析了服务补救中时间公平、分配公平及交互公平对顾客忠诚的影响作用，进一步分析了积极和消极的情感在服务补救模型中的中介作用。该研究通过电话访问的方式对186位抱怨银行服务的顾客进行问卷数据收集，研究结果证明了顾客在服务补救过程中经历的情感反应演变路径。在分析个人如何解释和处理与交互伙伴有关的状态及能源信息中，狄彭和卡特霍夫（Dippong，Kalkhoff，2015）将情感控制理论与状态特征理论相结合对情感印象与绩效期望之间的关联进行深入分析。与此同时，普尔纳达纳古尔和乔（Pornpattananangkul，Chiao，2014）将情感控制理论应用在文化启蒙研究中，从文化心理和神经学视角分析了个体在文化符号作用下如何影响其行为、认知和情感。在数学模型的验证方面，施罗德和绍尔（SchrÖDer，Scholl，2009）通过实验的方法验证了以德语为基础的情感控制论数学模型在领导者行为与情感方面的预测能力。

（二）情感控制在旅游体验研究中的启示

情感控制理论的特点在于使用数学公式和方程来描述场景下主体情感反应的过程，阐明人们维持和重建情感反应的基本路径（赵德雷，2010）。基于三个数学模型，海泽等通过INTERACT来模拟和预测社会交互过程中的行为与情感。需要指出的是，作为一种模拟方法，对于基础情感与暂时情感间的偏差测度、暂时情感的预测量等是建立在对主体情感三维度（评价、效能和活动）"有效测度"的基础之上的。因此，基于量化模型对主体情感的评价是否科学可信仍然有待进一步探索。例如，在现有关于情感反应的三维度评价权重主要基于传统经验而建立的数据库资料中，以教师和学生为对象，三个维度上的权重分别为1.7、1.8、0.5和1.8、0.7、1.2。不可否认的是，情感控制理论的理论思想为全面探索社会交互过程中主体情感的演变提供了重要的指引。

情感控制理论为旅游体验结构要素研究提供了一个新的窗口。在休闲体验研究中，李邦古和谢弗（Lee BongKoo，Shafer，2002）认为情感来自于参与者自身与场景中其他人、物间的交互过程。旅游体验是集过程性、动态性与情感性等特征于一体的综合概念，其中又以情感为主线贯穿于体验活动的整个过程中，并表现为情感的阶段性特点。情感控制论则从情感的产生（场景下的社会交互结果）、情感的控制（基础情感与暂时情感的偏差）等视角模拟了旅游体验的情感演进路径，并表明旅游者为实现"愉悦"的高峰体验状态会对情感进行一定的纠偏和自我调控。因此，情感控制理论为搭建在场阶段中游客情感体验的演变提供了可供借鉴的分析框架。

第三节 相关理论基础

一、情境理论

（一）核心观点

学术研究中的情境（Situation）概念最早由社会学家托马斯和兹纳涅茨基在《波兰农民在欧洲和美国》一书中提出，该书论述了情境在社会研究中的重要地位。后经心理学家勒温发展成为"物理—心理场"理论中的重要概念，继而成为心理学研究中的核心之一。

作为一个复杂的学术概念，对于情境及其含义的理解具有明显的学科导向性特征。有关情境理论及其分析框架、流派的概念化表述则主要集中在哲学、人类学、管理学及心理学等学科研究中。在哲学研究中，情境是某一个别人物和情节所产生或发展的具体情景（陈望衡，张黔，2003），情境被视为决定艺术形象的重要因素之一。在美学研究中，李波（2005）认为审美情境是由物品（客体）、场合（环境）和角色（人）组成的协调关系。在人类学视野中，情境是个体、部落或群族生命融合及建构的场域环境，仪式、行为等只能在情境中得到合理解释。与此同时，在心理学及消费行为研究中，情境是影响个体行为的各种刺激因素所构成的特殊环境，包括客观环境和心理环境。综上所述，有关情境理论及其分析框架的研究所涉及领域较为宽泛，相关理论观点的聚焦也有所不同。通过文献回顾，依据因研究问题不同所发展的情境理论来看，情境理论包括社会学视角下的情境社会论、管理学视角下的领导情境理论、消费行为视角下的情境分析框架等理论（Belk，1975；戴健林，2010；时惠荣，1996）。也正如此，不同学科视角下情境的内涵、构成及其要素之间的关联又限制了拟解决的具体问题（李波，2005）。作为关注个体行为建构及其影响的理论分析框架，基于心理学视角下的主体消费行为情境分析框架聚焦研究环境刺激与个体反应的交互关系，更加适用于对个体心理及行为的透析研究。因此，本节中所探讨的情感理论是消费行为视角下的情境分析框架，其中又以贝尔克（Belk）的情境分析框架为代表。

在情境分析框架中，已有研究认为情境包括时间和空间特征的某一点（Belk，1975）。进一步，从消费行为视角来看，贝尔克（Belk，1975）认为情境是一种行为环境（Behavioral Setting），即消费行为下的情境包含并超越了时间与空间的边界，是与主体行为及其模式相关的序列结果。作为补充，卢茨和卡卡尔（Lutz，Kakkar，1975）认为情境是个体在某一时空环境下对其内隐的心理过程及外显的行为表现做出反应和解释的影响因素。因此，在识别消费情境中的构成因素时，基于梅拉比安（Mehrabian）和罗素（Russel）的"刺激—机体—反应"理论，贝尔克（Belk，1975）认为刺激体作为主体行为及态度反应的"标的物"不仅仅局限于客观的外部环境，并将"客体"归纳为刺激物的涵盖范围中。贝尔克表示与产品或服务相关的行为只有在消费情境中才具

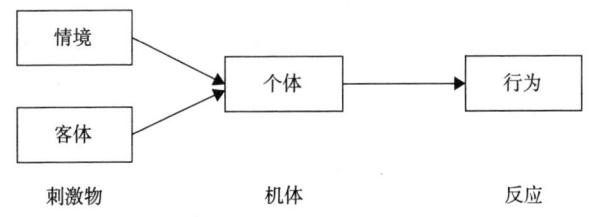

图4-6　修正后的"刺激—机体—反应"概念模型

资料来源：Belk, R.W. Situational variables and consumer behavior [J]. Journal of Consumer Research, 1975, 2（3）:157-164.

有意义,因此主体直接回应的某客体或标的物是影响顾客行为的唯一来源。

基于以上分析,贝尔克将情境定义为在特定时间和地点中对主体当前行为产生影响作用的因素,这些因素不是由个人或者刺激物长期特性发生改变而具有的特性(陈莹盈,2012)。情境理论认为主体行为是情境、标的物和个体相互作用及影响而产生的结果(王平,等,2012)。在这其中,影响个体消费决策的因素是复杂的,并没有一个本质的特质存在于心理内部控制决策,只有情境能够对消费决策产生深刻的影响。

在贝尔克的情境理论中,情境因素被分为物理环境(Physical Surroundings)、社会环境(Social Surroundings)、时间视角(Temporal Perspective)、任务定义(Task Definition)和先前状态(Antecedent States)五个类别。

物理环境是情境中显而易见的外部展示。在因素类型的列举中,贝尔克认为物理环境包括地理位置和机构位置,装饰、声音、香气、照明、天气以及围绕刺激物的商品或其他材料的可见配置。社会环境是对情境更为深入的描述,即场景中的其他主体、个体的特征、所扮演的角色及个体间的社会交互关系等都是对个体产生影响作用的因素。在时间视角因素上,贝尔克认为时间是情境中的一个重要维度。时间可以被再次细分为一天、一个完整的季节、一年乃至某一行为发生和结束的持续周期等相对尺度的分析单元。时间也可以是与情境参与者相关的过去或未来某一区间。在任务定义方面,情境中的任务定义包括主体选择、消费或获取某一消费行为信息的意图及要求。与此同时,任务定义可以反映消费行为中的个体角色。先前状态是构成贝尔克情境分析框架中的第五个因素。贝尔克指出主体的先前状态可以被称为瞬时情绪(Momentary Moods)或瞬时状态(Momentary

Conditions），其中瞬时情绪是涵盖愉悦、兴奋、焦虑等的个体情感状态，瞬时状态则是一种消费行为决策中的行为状态，如处于生病状态、在打电话等。瞬时状态被用来区别主体进入情境后和之前获得的状态。此外，在情境分析框架中，贝尔克进一步指出定义情境的各要素必须具有对主体当前行为的强有力的系统影响作用。

（二）应用现状

情境理论的研究主要应用在旅游体验质量、顾客消费行为决策等研究领域中（陈江涛，2005；陈莹盈，2012；代祺，等，2007；李华敏，崔瑜琴，2010；杨晶，等，2017）。陈莹盈（2012）以贝尔克的情境理论为核心提出情境因素与旅游体验质量的关系模型，分析了物理情境与社会情境对游客出游动机及体验质量的影响效应。研究结果表明，物理情境与社会情境对游客体验质量有显著的正向影响效应，其中物理情境下的"与人关系""与物关系"及"与场景关系"维度均对游客体验质量有正向影响作用。在分析在场体验阶段中游客体验影响因素的研究中，杨晶等（2017）基于情境理论和交互行为理论提出由刺激物、情境、媒介、以往旅游经历及游客参与所构成的交互作用模型，实证检验了以上因素对游客教育、逃逸和愉悦体验的作用程度。分析结果证实，旅游情境中的旅游氛围和时间因素对游客体验存在正向影响作用。在顾客消费行为研究方面，代祺、周庭锐及胡培（2007）在情境理论分析框架下提出"情境刺激—消费心理过程—行为结果"的概念模型，从情感与主体特质互动的视角分析了产品与他人"相异"、"相似"两类特殊情境下的主体消费心理过程。研究结果表明，以上两种情境均会导致主体产生认知失调行为。与此同时，李华敏和崔瑜琴（2010）认为情境是影响个体消费行为的重要因素。基于贝尔克的情境理论，该研究提出影响消费行为的六类 17 个因素，即心理、环境、物质、时间、营销及互动维度，研究结果表明情境因素对消费行为有显著影响作用。

（三）研究启示

情境是个体知觉的环境，是个体行为发生过程中与之相关的"环境"因素。从情境的结构组成来看，弗雷德里克森（Frederiksen，1972）认为主体行为情境包括物质环境、社会环境和任务定义三个方面，后经过贝尔克扩展为现有的五因素情境结构。情境是体现时空与环境因素的一个具体场域。就顾客消费行为而言，任何个体的行为决策必然发生于某一具体场景之中，而不同场景的结构因素必然会对主体情绪、反应及行为产生影响。旅游作为发生于"非惯常"环境中的一种主体行为，旅游景区、旅游目的地乃至旅游世界的氛围情境均会对游客出游行为及其决策产生一系列的直接作用（谢彦君，2005）。体验作为旅游过程中主体所获得的一种心理状态及主观感受，该种情绪状态的建构脱离不了物理环境、社会环境乃至旅游任务定义的系统影响作用。正如，谢彦君和屈册（2014）在分析情境对游客情感的影响研究中所表述的观点，旅游情境是为满足游客体验而设计出的体验轴，通过组织与游客间的共同作用进行旅游产品的生产，即情境是一个交流的舞台。情境是直接影响游客体验结果的重要前置因素。因此，贝尔克的情境分析框架为深入剖析旅游者在场情感体验状态建构要素提供了重要的理论基础和视角指引。

二、情感认知评价理论

(一) 核心观点

第二次世界大战结束后,心理学研究中兴起的认知革命将心理学研究带入"认知帝国主义"的境地(尹继武,2009)。认知心理学成为心理学理论研究的重要范式。其中,关于情感与认知的关系问题成为20世纪80年代以来心理学研究的焦点议题之一。在这之前,认知心理学并未对情感给予过多的学术关注,主要的议题集中在认知与情感的先后逻辑顺序上。扎伊翁茨(Zajonc,1984)认为认知与情感是相关独立的,且情感在时间上先于认知而存在。与扎伊翁茨的研究观点不同,拉扎勒斯认为认知是情感产生的必要条件,个体情感的产生必须经过认知的过程才能实现。此后,巴克(Bunk)对认知与情感先后关系问题的研究再一次将认知心理学研究的重点集中在二者关系上。至此,认知与情感的关系、相互作用及对决策影响的研究成为认知科学、神经科学及认知心理学关注的重点之一,进而衍生和发展出一系列相关理论,如情感的认知评价理论、动机分化理论等(孟昭兰,1985)。

情感认知评价理论(Cognitive Appraisal Theory of Emotions,CATE),又被称为情感认知理论,是20世纪50年代由美国心理学家玛格达·B.阿诺德(Magda B. Arnold)在情感心理学研究基础之上提出的一个有深远影响意义的情感理论学说(乔建中,2003)。后经理查德·S.拉扎勒斯(Richard S. Lazarus)扩展后形成重要情感理论,并在20世纪80年代成为情感研究中的一个活跃领域(尹继武,2009)。

阿诺德指出,由于科研条件的局限,认清情感在大脑中的产生机制则必须明白知觉到情感及行为的生理运作机制。阿诺德将认知因素融入"环境—生理—情感"的情感分析路径中，进而分析主体情感产生的调节过程，为情感研究提供了新的分析视角。因此，在情感理论发展史上，以阿诺德为核心的情感理论被视为第二代情感学说的代表（乔建中，2008），对现代情感心理学研究有着不可忽略的影响力。与此同时，拉扎勒斯对阿诺德的情感认知评价理论进行了进一步发展，从评价的不同层面对环境事件刺激与情感产生间的关系做出分析。综上所述，现代情感心理学研究认为，主体获得的情感受到认知过程、个体生理状态及外部环境事件三个方面的作用。其中，认知过程是决定主体情感质量或性质的核心要素。

以阿诺德为代表的情感认知评价理论的基本思想是将环境影响从外部客观刺激引向认知评价，将生理影响从自主神经系统的唤醒活动推向大脑皮层的高级认知活动（乔建中，2003）。该理论的核心观点有：刺激物必须通过主体的认知评价才能引起一定的情感；依托大脑皮层的认知活动对情感的产生具有重要作用。

阿诺德的情感认知评价理论从外部环境影响和生理影响两个层面对情感的产生做出解释。在环境影响层面，环境中的刺激事

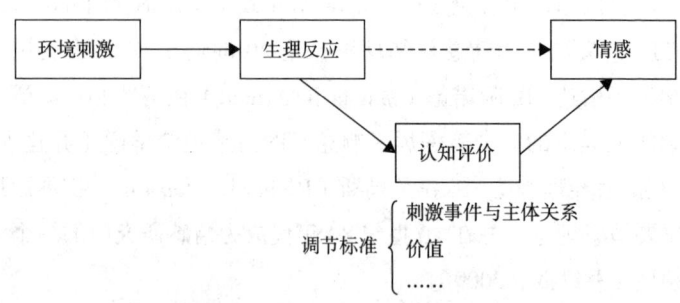

图 4-7　情感认知评价理论概念模型

资料来源：本文整理所得。

件不能直接导致情感的产生，只有经过认知评价过程才能确定情感。其中，认知评价是一个确定刺激事件与主体关系的过程，主要涉及"价值"的判断，即是主体对好与坏、满意与不满意的价值判断（乔建中，2003）。当个人认识到刺激事件与主体关系对人的意义后，情感及其体验才会产生。与此同时，阿诺德指出不同的个体对于刺激事件与主体的关系认知存在差异，进而产生不同性质和程度上的情感获得。

作为对阿诺德情感认知评价理论的扩展，拉扎勒斯的情感认知评价理论的核心观点是：在情感活动中，人是通过对刺激事件与自身"关系"的不断评价来获得情感的。这个过程是由初次评价（Primary Appraisal）、再次评价（Secondary Appraisal）和最终评价（Aeappraisal）三个阶段所构成的。具体为：（1）初次评价。初次评价表现为外部刺激事件与主体关系的价值评估与判断，其目的是个体对利害关系、好与坏、满意与不满意等的评判。（2）再次评价。再次评价是对主体为应对外部刺激事件而拟做出行动及其控制的评估与判断。（3）最终评价。最终评价发生在个体对外部刺激事件做出行为反应后，是主体对情感及行为反应适应性与有效性的评价。当个体认为对外部刺激事件的情感或行为反应是不恰当的，主体会对再次评价乃至初次评价做出调整，以获得符合自身合理解释的价值或意义结果。

综上所述，拉扎勒斯的情感认知评价理论认为外部环境刺激与主体的关系是动态演变的，即在情感的"环境—生理—情感"模式中，个体的认知评价活动并非一次完成，相反是经过初次评价、再次评价及最终评价的交互过程所共同实现的。与此同时，拉扎勒斯（Lazarus，1991）还认为个体情感的产生还受到社会文化、个体经验及其人格特征的影响。其中，社会文化对个体情感的影响主要通过引导社会关系及价值判断来发挥作用。

基于阿诺德和拉扎勒斯的情感认知评价理论核心观点可以得出，情感认知评价理论主张情感是个体根据自身的价值、目标等进行的评估结果（陈璟，等，2014），情感的产生是环境刺激、生理活动（主体行为）及认知过程所共同建构的个体反应。情感主要是由特定的认知评估所激发而产生的，在这其中价值判断是个体认知评价的核心。

（二）应用现状

情感认知评价理论广泛应用在消费者决策、情感意识、组织行为与健康以及国际关系的联盟信任等研究领域中（Bunk, Magley, 2013; Hosany, 2012; Ma Jianyu, et al., 2013; 樊建锋，费明胜，2014; 严瑜，等，2014; 尹继武，2009）。在旅游研究中，霍撒尼（Hosany，2012）以情感认知评价为理论框架检验了旅游目的地中游客情感反应的前置变量，研究结果表明目标一致和内在的自我相容是喜悦、爱和积极惊喜的主要决定因素。与此同时，马建宇等（Ma Jianyu, et al., 2013）等学者基于认知评价理论，以主题公园为研究对象，通过问卷调查收集645份游客样本实证检验了影响旅游体验中游客情感产生的前置影响因素。在组织行为与健康研究中，樊建锋和费明胜（2014）以情感认知评价理论为基础分析了消费者行业污名意识的形成路径，认为个体对事件或环境的认知评价及解释决定了消费者的情感质量。行业污名意识来自消费者对负面情感的评价，而负面情感直接受情绪维度及重要性维度的影响。在工作场所无礼行为研究中，巴克与曼格力（Bunk, Magley, 2013）以通过问卷调查获取的522名美国工人数据为样本，实证检验了情感认知评价的理论假设，并指出个体对无礼行为的认知评价直接影响其情感反应。与此同时，严瑜、吴艺苑及郭永玉（2014）以情感认知评价为理论框架，构建了工作场所无礼行为的"认知—情绪反应"模型。在该理论模型中，员工的认知和情绪反应为中介变量，并认为无礼行为中的认知评价直接影响受害者的情绪反应，而评价的差异会触发复杂的个体情感反应进而直接影响主观幸福感。

（三）研究启示

情感认知评价理论为个体决策研究提供了新的介入视角，认知内容的变化是判断个体情感的重要基础指标（Haithem, et al., 2009）。从情感认知评价的操作层面来分析，情感是主体在一定情境下依据价值、自身目标等标准进行评价所获得的"结果"（陈璟，姜金栋，汪为，李红，2014）。在这其中情境、价值及预计目标是主体情感激发的重要前置因素。在已有旅游体验研究中，在场阶段中的游客情感体验建构仅仅被视为各相关要素直接作用的结果，即游客的愉悦体验是旅游场景下外部环境刺激事件的直接作用结果。从认知心理学的研究视角来看，这种研究范式一方面忽略了游客情感体验的阶段性、连续性与累积性特征，另一方面则忽略了游客情感体验演变过程中的"调控"机制。正如阿诺德和拉扎勒斯的研究观点，情感的产生是外部环境、生理反应与认知评价的过程性结果。那么，在场阶段中，旅游者情感体验的产生与演变势必要经过主体的"认知评价活动"，即游客愉悦体验的获得是对其已获得情感价值、目标等评价而做出的"合理解释"。综上所述，阿诺德和拉扎勒斯的情感认知评价理论对于深入解析旅游体验过程中情感激发机制提供了重要的理论基础。

第四节　本章小结

基于对旅游体验的文献梳理、已有研究中存在的问题、本研究拟解决的研究问题及对体验的本体的溯源，本章对旅游体验中游客体验建构、认知及调控的理论背景进行阐述。根据文献回顾等，本研究选取社会建构主义理论、情感控制理论、情境理论和情感认知评价理论作为理论基础，对后续旅游体验要素的分析及模型建构提供理论指导。社会建构主义作为一种认识论及方法体系为旅游体验研究提供了全新的思路和视域。从社会建构主义所彰显的核心观点来看，即个体主动性、社会性及社会性过程、客观现实与主观现实、他人及关系、情境与互动等为理解主体心理活动及外在行为表现提供了观察视角。情感控制理论是以考察社会交互作用为内容的研究框架，可以用来调查印象形成、事件建构和评价的过程。情感控制理论的特点在于使用数学公式和方程来描述场景下主体情感反应的过程，阐明了人们维持和重建情感反应的基本路径，为全面探索社会交互过程中主体情感的演变提供了重要的指引。与此同时，作为重要的理论补充，情境理论和情感认知理论则从微观视角分析了个体行为及反应产生的机制与过程。贝尔克的情境理论认为主体行为是情境、标的物和个体相互作用及影响而产生的结果，物理环境、社会环境等会对个体行为建构产生直接影响。此外，阿诺德和拉扎勒斯的情感认知评价理论提出"环境—生理—认知—情感"的分析路径，认为人是通过对刺激事件与自身"关系"的不断评价来获得情感的。这一观点为全面理解游客情感体验的调节与修正提供了重要的理论支撑。

第五章
旅游体验要素释义

为了把握旅游体验要素的本质内涵，本章首先对旅游体验的概念特征、结构属性进行探讨。在此基础之上，本章对旅游体验要素的概念进行界定。同时，通过对旅游体验要素特征的不同视角解读，本章提出旅游体验要素识别的两个基本视角，即情感与过程。情感是刻画不同阶段中游客体验得以实现的元要素。

第一节 旅游体验要素的概念内涵

一、基本概念释义之旅游体验

体验是旅游研究领域中的重要基础概念。对于旅游体验概念的界定和解析，国内外学者有着不同的解释和认知过程。受限于旅游研究的学科背景差异，人类学、社会学、心理学、管理学乃至经济学视角下的旅游体验概念、定义及描述等相继被提出。各种旅游体验概念的出现，一方面丰富和扩展了旅游体验研究的视域，有利于打破纯粹的学科边界，进而实现旅游体验研究的"融合"；而另一方面也造成了现实的概念"冲突"，即不同旅游体验概念所承载的"意识"之间的矛盾。旅游体验究竟是一种类别行为，还是主体的情感状态？为了把握体验要素研究的"本质方向"，本节对旅游体验、旅游体验要素等概念进行分析和界定。

(一) 旅游体验概念

由于旅游体验定义的表述较为多样和丰富，本研究仅选择有代表性的部分概念表述展开阐述。谢彦君对旅游体验的定义有三种不同的表述。在第一版《基础旅游学》中，谢彦君（1999）将旅游体验的概念界定为"旅游个体通过与外部世界取得联系从而改变其心理水平并调整其心理结构的过程。"在该定义中，旅游体验是在经验活动中所获得的，是主体的心理活动与旅游资源等客体间交互后的结果，具有时序过程的显著特征。在第二版《基础旅游学》中，谢彦君（2004）对旅游体验概念进行部分修正，从时间维度将主体与旅游客体间的联系规定为"暂时性"的接触。在第三版的《基础旅游学》中，谢彦君（2011）对旅游体验的定义有较大的调整，将其定义为"旅游世界中的旅游者在与其当下情境深度融合时所获得的一种身心一体的畅爽感受。"通过对谢彦君旅游体验概念的分析可以发现，早期研究中的旅游体验是主体的一种心理状态。尽管对于心理状态的属性认识，谢彦君并没有给予清晰的界定，但不可否认的是，旅游体验的根本是游客的心理感知，是主体的内隐状态，而非属于显性的旅游类别。同时，在第三版的旅游体验定义中，谢彦君进一步界定了游客所获得心理状态的特征，即体验是畅爽感受。在该定义中，畅爽感受涵盖了世俗和审美愉悦这两种积极的属性状态。

基于服务质量和满意度视角，苏勤（2004）认为旅游体验是"旅游者在旅游过程中获得的旅游需要的满足程度，这种满足程度是旅游者动机和行为与旅游地所呈现的经过、产品及旅游设施与服务之间的相互作用的结果"。建构于体验视角下的旅游学科体系分析，龙江智（2005）认为"体验是个人以旅游场作为剧场所进行的一种短暂休闲体验活动"。旅游体验是一种心理平衡的调节方式，目的在于各种心理欲求的满足。旅游体验的本质是精神追求（龙江智，卢昌崇，2009）。孙根年和邓祝仁（2007）将旅游体验界定为"旅游者通过感觉器官与思维活动，对所处景观环境与过程经历的体会与感验"。同时，李耀珍（2010）认为旅游体验是"游客在旅游过程中，借由过去的经验与当时环境的影响，获得其生理与心理上的体验"。

在《旅游体验的性质与结构》一书中，陈才（2010）将旅游体验定义为"一种个人的、主观的且具有高度异质感的内心感受"。通过对旅游体验核心要素的识别，徐锐（2012）将旅游体验概括描述为"旅游体验指旅游者短期情境性的情感体验历程，这一历程实现了旅游者精神层面上的新陈代谢，是自我更新的过程"。从现象学视角入手，赵刘、程琦及周武忠（2013）对旅游体验的本体与意向进行描述及再构，认为旅游体验是"整个旅游过程带给游客的意识结果，是作为一条体验流而存在，里面蕴藏着综合而丰富的意识表现"。吴晋峰（2014）认为旅游体验的概念内涵可以进一步区分为"游客个体"和"人类"两个层面。其中，游客个体旅游体验是"游客个体从一次完整的旅游活动过程所获得的具体旅游体验，是非常丰富、多样化和个性化的"；人类旅游体验是"人类精神自由的最高境界'审美'"。此外，陈伟（2015）认为旅游体验是"个人在展开旅程的过程中产生的一种态度和感受，并在此基础上形成的情感体验"。陈再福和郭伟锋（2016）将游客体验界定为"在由各种旅游资源、旅游活动、事件和其他游客进行互动而构成的情景氛围中游客所获得的种种身心感受"。

在国外旅游体验定义方面。布尔斯廷、麦坎内尔、科恩等学者均从不同的学科视角给予旅游体验相关的看法和分析。例如，旅游体验是流行的消费行为、真实性的获取等。基于服务体验视角，奥托和里奇（Otto，Ritchie，1996）认为旅游体验是"参与者所感受到的主观精神状态"。瑞恩（Ryan，1997）进一步将旅游体验定义为是"旅游产业管理者为消费者创造出一个包括娱乐、学习等多功能休闲活动的体验平台，这种体验将给消费者深刻的记忆"。施密特（Schmitt，1999）认为旅游体验是"由于个体通过对事件的直接观察或参与而产生的个别化感受与个人心理状态之间相互作用的结果"。同时，李义平（Li Yiping，2000）将旅游体验概念化为"具有多重功能的游憩活动，包括娱乐和学习"。斯塔姆鲍里斯和斯盖亚尼斯（Stamboulis，Skayannis，2003）将旅游体验定义为"旅游者与目的地之间的交互，目的地是经验的场所，旅游者是经验的演员"。而作为一种存在形态，拉森（Larsen，2007）将旅游体验界定为"过去的个人旅游相关活动，能够被长期记忆"。此外，还有学者认为旅游体验是"一种可以带给消费者回忆的精神之旅，这种回忆可以是完成某些特殊的事情，学到一些东西或者获得乐趣"（Sundbo，Hagedorn-Rasmussen，2008）。

（二）旅游体验概念的特征分析

为了进一步探析和辨识旅游体验的概念内涵，本文使用文本挖掘方法对搜集到的旅游体验概念进行特征解析。文本挖掘是一种观察性的分析方法，其本质是对文本内容进行压缩、归类及简化（Stemler，2001），其主要分析过程包括词频分析和网络语义图建构。本研究采用RostCM5软件对所收集到的旅游体验概念进行字段分析，得到词频、社会语义及共现矩阵等方面的分析结果，并根据字段间的共现矩阵进行旅游体验定义中关键词的社会网络及其关系分析，为深入认识旅游体验概念的结构关系做出指引。

在旅游体验概念的词频分析中剔除重复及无意义词组，发现重复率在2以上的词条共计32个（表5-1）。其中，"过程""心理""获得""感受""个体"是旅游体验概念结构中重复率较高的五个词条。

表5-1 旅游体验概念的词频分析表

词条	词频	词条	词频	词条	词频	词条	词频
旅游体验	23	感受	5	功能	2	娱乐	2
旅游	13	个体	4	记忆	2	满足	2
过程	8	结果	3	水平	2	改变	2
旅游者	6	消费者	3	程度	2	意识	2
获得	6	经验	3	学习	2	主观	2
心理	6	精神	3	身心	2	休闲	2
游客	5	外部	2	环境	2	回忆	2
体验	5	调整	2	结构	2	相互作用	2

资料来源：本研究 Rost CM5 文本分析结果。

通过建立特征词的共词矩阵及分析文本的网络语义图，观察旅游体验定义中各词条间的社会关系（图5-1）。分析发现，"旅游体验"为一级核心词汇，"游客""获得""旅游""体验""过程""心理""行为""改变"为二级词汇，其中，"旅游体验"又以"过程""心理""获得""旅游者"为高频关联词汇。

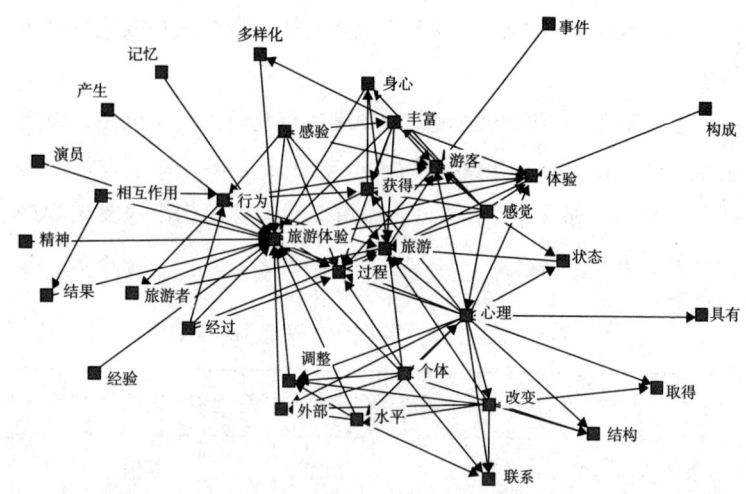

图 5-1　旅游体验概念的网络语义图

资料来源：本研究 Rost CM5 与 Netdraw 数据分析结果。

通过对旅游体验概念的量化分析，可以发现旅游体验的本质具有以下几个方面的特征。第一，旅游体验的目标是游客的"心理"状态获取。游客的心理状态或水平具有结构性的特点，并可以进一步改变和调整"感受"或"感验"。第二，旅游体验是一种行为过程。通过与外部世界的"交互作用"，旅游者获得丰富的身心体验。第三，旅游体验的结果形式是多样化的。旅游体验可以是一种精神结果，也可以是旅游者的经历，并且可以以记忆的形态进行长期存储。已有旅游体验的概念、定义及解释等已经能够满足与体验相关的延伸研究需求，因此本研究不再对旅游体验进行概念定义。与此同时，基于已有旅游体验概念及其特征分析，本文采用谢彦君在第三版《基础旅游学》中的旅游体验定义作为本研究的基础概念。

二、核心概念释义之旅游体验要素

(一) 要素

作为本文研究的重点与核心,在清晰界定旅游体验要素的概念边界之前,有必要对要素的分析边界做出释义。

在《说文解字》中,"要"为"身中也",象形,中间像人形,两旁为两手形,本义为人腰(许慎,徐铉,1972)。《汉语大词典》中,"要"同时具有18种词义内涵:纲要、要点;重要、主要;权柄;重要的地位或职位等。《商君书·农战》记载有"故其治国也,察要而已矣"。因此,从字源的出处来看,要是人体结构中的重要组成部分,具有不可或缺的基本特性。

要素作为一个近现代才出现的词汇,鲁迅在《书信集·致王乔南》中描述:"我的意见以为,《阿Q正传》,实无改编剧本及电影的要素。"在要素的释义方面,《汉语大词典》将其解释为"构成事物的必要因素"(汉语大词典编纂处,1991)。在《国语辞典》中,要素是"构成事物的原质"(中国大辞典编纂处,2011)。在《现代汉语词典》中,要素是"组成系统的基本单元"。其较为详细的解释是:要素具有层次性的特点,即要素与其所构成系统是相对存在的。相互独立的要素按照一定比例联系来组成系统,并决定系统的性质。同一要素在不同系统中其性质、地位和作用有所不同。与此同时,在《牛津英语大辞典》中,要素有两种不同的词义解释。首先,要素被定义为抽象事物的某个部分或方面,特指必不可少的或特有的部分、方面。其次,要素是基本物质单位,不能通过化学手段等转换或分解为其他物质,是构成事物的主要成分。因此,通过对要素原意的概念分析,本研究认为:要素是构成某一系统或事物所必备的基本元素。该元素属于事物的原质单元,具有不可再分解的结构特性。

同时，从系统建构的视角来看，要素是构成或组成系统不可或缺的结构单位，即要素是事物必须具有的实质或本质、组成部分。此外，与其他特征属性元素的本质区别在于，要素属于系统内部研究的范畴，应当从事物或现象"本身"来分解或识别其组成或结构单元，而非外部视域下的因果元素。

（二）旅游体验要素概念

综观前人研究成果，体验已然成为旅游学科体系中的重要组成部分。已有成果对旅游体验的外部影响因素等做出系列分析（刘红阳，2012；徐锐，2012）。但是，回归到体验概念的本身，从体验自身进行结构要素分析的理论及量化研究几乎未见。造成以上现状的根本原因在于，一方面旅游体验研究未能把握"情感"和"过程"两个基本理论特征，即旅游体验的概念泛化造成体验研究偏离其本质内涵；另一方面则是现有研究未能对体验要素做出清晰的概念界定与边界识别，从而造成旅游体验要素与影响因素间的用词"错乱"。

综合已有文献及学者们对旅游体验和要素的概念界定与分析，本研究尝试对旅游体验要素做出研究界定及概念表述。本研究认为：旅游体验要素是建构游客情感体验过程完整性的结构元素，其目的是描述不同体验阶段下游客所获得的心理感受。

具体而言：（1）旅游体验要素属于情感要素范畴。在旅游体验的本质探讨及概念分析中，众多学者给出不同学科背景下的属性解释。总结而言，旅游体验是游客所获得的情感、畅爽感受、痛苦与快乐或是记忆。与此同时，从游客体验的实现过程与阶段性成果来看，游客体验前的"心"之向往、在场阶段下的情感投入与愉悦获取、后期体验阶段中的回味与触"景"生情等都表现出强烈的心理特质，即建构游客体验过程与结果的要素均属于情感元素。(2)旅游体验要素具有结构性特征。由游客情感体验获取的过程来分析,旅游体验的建构呈现由高到低递进的阶段性趋势。在不同阶段中,建构游客畅爽感受的要素具有唯一性,不能跨阶段使用。例如,在场旅游体验阶段中,属于情感认知层面的体验要素不能被用于进行体验价值的评价。另一方面,旅游体验要素的结构性又表现为要素的不可或缺或必备性。作为建构游客体验的基本单位,要素的缺失将不能确保游客体验的完整性。(3)旅游体验要素贯穿于游客体验过程中。已有研究证实,游客体验是具有不同阶段属性的动态演变过程。例如,阿霍(Aho, 2001)将情感体验识别为导向、依恋、游览、评价、存储等七个演化阶段;龙江智(2005)将体验分为形成、进行、评价与影响三个阶段;瓦罗(Volo, 2009)认为体验过程包括感觉、感知和记忆三个阶段。尽管不同视角下的旅游体验过程有显著区别,但作为情感体验获取的基本单位,旅游体验要素存在于不同的体验阶段中。旅游体验要素是建构游客体验过程完整性的基本结构元素。

此外,从游客情感体验获取及实现的历程来解读,"情感"与"过程"也可以被理解为是构成旅游体验的两个"元要素"。旅游体验的获取和实现途径有着不同视角的众多解释,但游客体验的情感结果却离不开"情感"的投入及其阶段性演变过程。

三、旅游体验要素与影响因素的区别:内隐与结构

在《国语辞典》中,因素是"构成事物发展的原因"(中国大辞典编纂处,2011)。在《汉语大词典》中,因素被释义为"决定事物成败的原因或条件"(汉语大词典编纂处,1991)。《牛津英语大辞典》解释因素为"引起某结果的情况、事实或影响"。与此同时,《国语辞典》将影响解释为"如影之随行,响之随声",

即"一方发生一种动作而引起他方发生或行动的作用"(中国大辞典编纂处，2011)。因此，影响因素可以理解为引诱或造成某行为发生的原因与条件。

尽管已有研究对于影响因素的结构属性(内部或外部)未能有清晰的认定，但基于文献梳理发现，旅游体验影响因素的研究均未能回归到体验的"本身"。旅游体验影响因素的识别忽略了体验的情感特质。从表象层面来看，旅游体验影响因素研究已经演变成为具有外显特征的客观元素研究事实。例如，有学者从游客因素(知识和旅游经历)和目的地因素(资源、产品、设施、环境及市场营销)两个层面来分析茶文化旅游体验影响因素。此外，还有学者分析旅游产品价格、配套服务设施等对游客体验的影响程度。正是由于未能把握旅游体验的本质内涵进而造成旅游体验要素与影响因素用词的错乱，而这一"现实"也有助于我们清晰地识别旅游体验要素与影响因素之间的本质区别。如上文所述，旅游体验的内核是情感体验。旅游体验要素是具有主体特征的情感元素，而非外部客观元素。此外，从属性层面来看，要素是建构游客体验的结构性元素，如有缺失则必然不能保证游客情感体验的完整性及体验获取。与之相反，旅游体验影响因素则主要突显外部因果关系，仅会调节游客体验质量的高低。

基于以上分析，本研究从旅游体验的概念定义、旅游体验要素与影响因素的属性特征等方面提炼关键词进行对照和区别(表5-2)，有助于理解本研究的研究基础。

表5-2 旅游体验要素与影响因素的特征区别

指标	旅游体验要素	旅游体验影响因素
视角	属于系统内部范畴 强调体验"自身"	外部范畴

续表

指标	旅游体验要素	旅游体验影响因素
属性	结构关系 唯一性	因果关系
特性	不可分解 基本单元	可分解
类别	情感要素	主客体、环境、服务设施等综合要素
应用阶段	贯穿于旅游体验全过程	在场体验阶段中

资料来源：本文分析所得。

第二节　旅游体验要素的过程性认识

一、旅游体验的基本特征：过程

旅游体验是由主观世界主宰、客观世界构筑的连续综合体（谢彦君，2005），情感状态则是旅游体验连续综合体的本质。在情感体验的获取历程中，游客经历着具有不同属性特征的连续阶段。在这其中，过程是描述和彰显旅游体验的基本特征单位（Aho，2001）。

对于旅游体验的过程性认定，学者们也有着不同的解释。谢彦君（2005）认为旅游体验是由游客个体赋予其特殊存在意义的主观心理过程。同时，体验还是对生活及其意义建构的过程（谢彦君，2005）。旅游体验也可以被视为是主体心理过程的函数（Larsen，2007）。拉森和莫斯伯格（Larsen，Mossberg，2007）认为体验是与社会文化及各类系统相关的主观、个性化过程。姜海涛（2008）认为旅游体验是场的交互过程，是游客期望场与旅游地食宿场、游览场、娱乐场及购物场四个情境场之间的交互，其实质是建构于场互动基础之引发上的主体心理过程（武虹剑，龙江智，2009）。基于游客体验真实性诉求的动机，陈兴（2010）认为旅游体验是"虚拟真实"的过程。在探索旅游体验研究的新视角中，陈才和卢昌崇（2011）将体验视为主体"认同"的心理过程。

正如谢彦君和谢中田（2006）所言："旅游体验既是一个心理过程，也是一个物理过程。"不可否认的是，游客体验的实现离不开时空交换的物理演变过程，但是更为本质的理解是：旅游体验是精神追寻的旅程（龙江智，卢昌崇，2009）。作为体验外壳的时空关系与旅游产品等是维护游客体验系统运行的基本或是必然发生条件，而建构游客体验意识或存在意义的却是以情感为载体的元要素及其所属操作要素。综上所述，过程是旅游体验的基本特征。旅游体验的过程性是主体的心理状态演变，是对游客累积情感历程的描述。

二、旅游体验的过程分解

（一）时空维度视角下的体验过程结构

"时空外壳"是体验乃至旅游发生的基本要求，也是解构旅游体验物理发生过程的基本视角。对于旅游体验发生的时空过程及其演化阶段，已有研究主要从旅游体验发生的准备阶段（Pre-travel）、在场阶段（On-site）和后体验阶段（Post-travel）三个方面进行体验过程的研究（Aho, 2001; Borrie, Roggenbuck, 2001; Quinlan Cutler, Carmichael, 2010; Vittersø, Vorkinn, Vistad, Vaagland, 2000；马天，谢彦君，2015）。例如，阿霍（Aho,

2001）描述了旅游体验发生的前中后三个阶段，并进一步根据游客体验的情感变化历程，将体验发生的三个物理阶段细分为七个阶段属性。马天等（2015）将旅游体验的建构过程分为预期体验、在场体验与追忆体验三个阶段。与此同时，在场体验阶段中的建构、认知及评价要素等也是旅游体验过程结构研究的重点（陈兴，2010；佟静、张丽华，2010）。通过对旅游体验发生过程的时空维度分解发现，已有体验过程的研究几乎集中在旅游者的在场体验阶段中，有关后旅游体验阶段的研究则相对较少。例如，桑森垚（2016）通过质性编码方法解构了后体验阶段下影响体验记忆形成的要素（时间点、情感和认知）。潘澜等（2016）量化分析了旅游体验记忆的影响因素等。

（二）存在状态视角下的体验过程认识

存在状态本质内涵是主体自我建构的旅游意识及其深度、层级状态。作为一个复杂的心理过程，在借鉴现代意识谱理论分析的基础之上，龙江智和卢昌崇（2009）认为游客的体验过程可以区分为以下五个阶层：感官体验、认知体验、情感体验、回归体验及灵性体验。各体验过程代表着不同阶段主体意识的展示，而意识也在不断地发展和演变，即由浅发展到深、由分裂演变为"天人合一"的精神境界。其中，感官体验属于潜表层意识感受，是通过感觉器官对旅游世界接触而产生的普通经验，与精神中心完全分离。认知体验是基于感官体验基础之上对所获取信息的评价与判断，受到信息丰度、真实性程度影响。情感体验则是主体的情感感受。回归体验和灵性体验则分别表示主体意识进入深度层面，与其精神中心产生高度或完成融合的境界。龙江智等从游客意识演进（主体存在状态）的视角分析了旅游体验的阶段属性，为深入认识游客体验的建构要素提供了重要理论基础。但从实践层面来看,对于如何区别不同属性的体验过程仍然存在困难。情感、回归及灵性体验所代表的是主体与其精神中心的链接程度,对于如何区别以上三种体验过程仍然存在主体认知的不确定性。

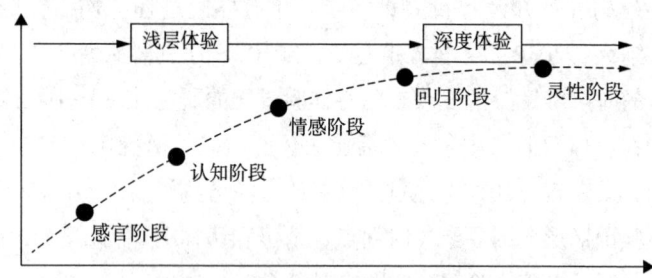

图 5-2　旅游体验过程的情感演变阶段
资料来源:本文整理所得。

(三)游客认知视角下的体验过程分析

麦金托什与普伦蒂斯(McIntosh,Prentice,1999)在分析真实性体验的过程中指出,游客真实性体验的认知包含三个不同的心理阶段。第一个阶段是增强同化(Reinforced Assimilation),即通过与过往生活经历等的比较所获取的新信息、看法等,并被游客赋予其新的主体意义;第二个阶段是认知感觉(Cognitive Perception),即基于以往经历的移情、投入的经验学习过程;第三个阶段是追溯关联(Retroactive Association),即游客将新的体验改变或同化为熟知体验的一种行为。值得注意的是,以上三个阶段的真实性体验心理认知过程均发生在游客在场体验中。

瓦罗(Volo,2004)认为游客体验的认知过程还可以特征化为以下四个维度:(1)可达性,获取旅游体验的便利程度;(2)情感转移,获取情感体验的程度;(3)便利性,获取旅游体验的努力程度;(4)价值,旅游体验的价值。通过对旅游体验概念的再次建构,瓦罗(Volo,2009)进一步认为,游客体验是一个从"感性认识"到"理性认识"的心理过程。在这一过程中,游客体验的认知过程先后经历感觉(Sensation)、知觉(Perception)和记忆(Memory)三个阶段。游客通过感觉器官获取最初的心理感知,对其进行感觉解释,并以记忆的形式进行存储。此外,从游客的心理认知视角出发,拉森和莫斯伯格(Larsen,Mossberg,2007)还将游客体验过程划分为期望(Expectation)、知觉(Perception)和记忆(Memory)三个认知阶段。

三、旅游体验过程属性分析

通过对旅游体验不同视角、阶段的过程解构分析,本研究认为旅游体验的过程具有如下属性。

首先,体验过程是时空与情感的同一性和融合。时空关系是游客体验发生的必备物理条件,并由此衍生出体验前、体验中/在场体验、体验后/后体验行为三个体验阶段。但是,基于游客存在状态及认知视角下的体验过程解读发现,不同体验阶段所运载的"实质"是游客的心理情感状态。正如阿霍(Aho,2001)、龙江智等(2009)的研究,不论是在场阶段还是游客体验的全过程阶段,能够展示和彰显游客体验之所以存在意义或价值的只有主体的情感归属。因此,时空关系与主体情感是相辅相成的,共同建构游客体验过程的完整实现。

其次,在场体验阶段中的主体情感具有差异性,并可进一步分解。在场体验阶段中的主体心理状态及其情感所属一直以来是旅游体验研究的重点,并受到学界的广泛关注。龙江智等(2009)从主体意识层面将在场体验中的游客心理感知区别为五个连续阶段,为深入认识游客的体验建构提供了理论基础。但不可否认的是,已有研究从意识层面来解构体验过程仍然存在主体自我认知的模糊性,即如何量化"我"与"精神中心"的实际距离。相反,从主体的情感视角来看,在场体验阶段中的游客情感具有累积特征或阶段属性。从主体的情感投入、获取及价值评价等层面分析在场体验阶段中情感所属则可以清晰认识体验建构中的诸要素及其动力机制。因此,在场旅游体验阶段中要重视主体情感的累积特征。

最后,后体验阶段是旅游体验过程的重要组成部分。通过文献梳理与回顾,体验过程的研究几乎集中在游客在场体验阶段中(Borrie,Roggenbuck,2001;陈兴,2010;佟静,张丽华,2010;谢彦君,徐英,2016)。在场体验是游客情感体验发生和获取的主要阶段,但后体验阶段是维系主体稳定情感体验的重要演变阶段。范梅南(Van Manen,2016)认为尽管旅游体验具有在场和现时两个特性,但游客对以往体验经历的"反省"却是建立在回忆的后体验行为之上的。因此,有必要加强对后体验阶段中的游客体验建构、行为及影响等的完整体验过程研究。

四、旅游体验要素与体验过程的关系思考

在哲学定义中,过程是物质运动在时间上的持续性和空间上的广延性,是事物及其矛盾存在和发展的形式。从经济学视角来看,过程是输入转化为输出的完整系统,其目的是为了实现转换增值。作为一个广义概念载体,过程还是一种手段,通过集成来实现预期的结果。从系统结构观来看,要素是构成系统或事物所必备的基本元素。如前文所述,旅游体验过程是主体心理状态的演变,是对游客累积情感历程的描述。旅游体验要素是建构游客

情感体验过程完整性的结构元素。因此，本研究认为旅游体验过程与体验要素间呈现并列与演进的结构关系（图5-3）。一方面，过程是体验要素存在的前提；另一方面，要素是体验过程实现的基础，两者相辅相成。旅游体验要素存在的根本目的是建构游客的心理情感状态。旅游者的情感状态是各阶段下主体情感累积的结果，是以体验过程的连续演变为存在前提的。与此同时，旅游体验过程是由前中后三个连续阶段所构成的。为确保旅游体验过程的完整实现，需要各体验要素集共同建构各自体验阶段，即体验要素是旅游体验过程实现的基础。

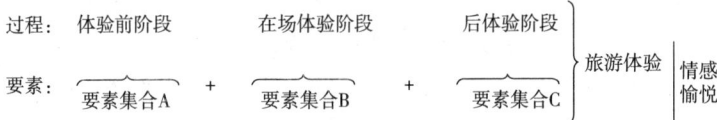

图5-3　旅游体验过程与要素的结构关系

资料来源：本文分析所得。

五、过程视角下的旅游体验要素解析

为了更加清晰地认识不同体验阶段或过程视角下体验要素的特征差异与类属区别，本研究尝试从旅游体验的预备、在场体验及后体验阶段三个连续体中分析各自要素的特征所属，为后续体验要素的深入挖掘与识别提供理论基础。

（一）建构过程视角下的体验要素分析

基于体验认知过程，谢彦君（2005）将旅游体验解释为主客观共同建构的连续综合体。在这个综合体中，旅游体验是由一系列不同类型的"场"要素所建构的，主要包括：依托物理环境的物理场和主体心理环境的心理场两类。其中，物理场体现为旅游世界中的行为情境，由提供旅游服务的设施、资源等组成；心理场则是概念性的氛围情境，表现为无形的心理环境，具体表现为旅游者的动机、期望等。

以体验真实性为研究视角，陈兴（2010）认为旅游体验是游客完成或实现"虚拟真实"的过程。在旅游者的在场体验阶段中，游客体验通过主观和客观两个方面的真实性要素进行体验建构。客观要素方面包括旅游目的地文化的原真性和旅游体验的过程真实性两个类属，如服饰、生产生活方式、表演、进入过程的交通工具及旅游项目设计等。主观要素则是符号的真实性，是旅游者对意象符号及其象征的理解和解析。同样，在场体验阶段中，陈才和卢昌崇（2011）将主体的心理"认同"纳入旅游体验的建构过程中。认同是建构在"我"与"他者"之间是否拥有共同信念、分享特质及起源基础之上的心理状态（Hall，1996）。在游客体验的在场阶段中，旅游体验由目的地认同、角色认同、文化认同和自我认同四个心理状态构成，其中目的地认同直接受到目的地意象、旅游动机和游客旅行经历等要素影响；角色认同受到社会期望作用；文化认同由情结构成；自我认同则由与他人互动等要素建构。

此外，基于现实的旅游体验社会建构视角，马天和谢彦君（2015）提出体验是旅游者与其建构主体通过多次（初次、再次）建构共同实现的产物。在预期体验阶段中，依托表征物（如游记、宣传片、文学作品等）建构出游客的意象（Image）/想象（Imagination）；在场体验阶段中则通过导游与从业人员来建构主体的意象（Image）；追忆体验阶段中主要通过游客的回忆（Recall）来完成后体验行为。从游客体验建构的全过程来分析，建构旅游体验的要素分别是：想象、意象和回忆。意象是感情被物化的表现，是主客体心灵融合而形成的意蕴与情调（汉语大词典编纂处，1991）。回忆其本质则是对以往经历的情感流露。

(二) 认知过程视角下的体验要素分析

在分析现象世界及其旅游世界中的游客体验过程中，谢彦君和谢中田（2006）再次强调游客期望的结构性及其主动性特征。在旅游体验过程中，游客通过努力实现预先建立的旅游期望，或是通过调整体验过程来实现原期望中的基本需求等来获取愉悦体验。

依托现象学研究的先验还原与本质直观，赵刘、程琦及周武忠（2013）提出旅游体验是以体验流状态存在的游客意识结果，进一步将游客的体验意识过程分为知觉体验、意义体验与情感体验三个过程。其中，知觉体验与龙江智等（2009）提出的感觉体验同属一个阶段，均由感觉器官来获取信息。意义体验是建构于符号意义之上的主体意识，情感体验则是不同情境下主体角色转换所产生的情感超越。对体验流的总结分析发现，游客体验认知过程中的要素主要包括主体对于符号意义的赋予和不同情境下的情感超越。可以看出，赵刘等（2013）对游客体验本体的描述与构造也是建立在主体意识层面上的，突出和强调游客的情感与意义给予在体验认知中的重要性及其基础作用。但不可否认的是，作者对于情感的属性状态没有做出清晰的界定。情感是游客体验的最终形式，不同体验阶段过程中的情感所属是不同的，且具有相互转化、演变等特征。仅将情感概为超越日常生活情境下的体验状态描述仍然是模糊的。

在分析在场体验阶段下的游客真实性体验认知过程中，可以发现麦金托什与普伦蒂斯（McIntosh, Prentice, 1999）所提出的三个心理阶段，即增强同化、认知感觉及追溯性关联均与游客以往经历（Past）有密切关联。游客体验认知是建立在当下经验与过往生活、经历比较所获得的信息认同和主观情感赋予。过往经历是真实性体验认知的重要要素。

（三）评价过程视角下的体验要素分析

在分析旅游体验的实现过程中，龙江智（2005）指出旅游体验过程分为以下三个阶段：旅游体验的产生和旅游期望的形成阶段；旅游体验的进行时阶段；旅游体验质量评价和影响阶段。尽管作者并未对不同阶段下游客体验评价的元素进行明确说明，但通过对评价过程的分析可以发现，在场体验阶段中的期望与后体验阶段下的质量评价体系或指标是游客体验评价的重要结构要素。

表5-3 典型旅游体验要素解析

发生阶段	观点	体验建构过程及要素分解	来源
在场体验	旅游体验是"我"与"精神中心"的意识距离	感觉器官获取经验信息； 对信息进行加工、评价，包括知觉、记忆、思维和判断等心理过程； "我"与"精神中心"发生联系，强调感受、情感、领悟； 重视象征和意义，强调情感认同； 自我实现，天人合一，达到灵性体验状态。	龙江智、卢昌崇（2009）
在场体验	旅游体验是虚拟真实	旅游地文化的客观真实是游客体验实现的基础； 通过旅游地文化符号的象征真实向游客传递体验； 旅游活动的过程真实。	陈兴（2010）

续表

发生阶段	观点	体验建构过程及要素分解	来源
在场体验	旅游体验表示为游客的意识结果	完整的旅游体验包括三个维度：知觉、意义和情感体验； 通过感觉器官获得纯粹形式的经验； 意义体验是对符号意义的赋予； 实现角色转换下的情感超越。	赵刘、程琦、周武忠（2013）
体验全过程	旅游体验是社会建构的主体意象	依托表征物建构出游客的意象/想象； 通过导游与从业人员来建构主体的意象； 通过游客的回忆来完成后体验行为。	马天、谢彦君（2015）

资料来源：本文整理所得。

六、过程视角下旅游体验要素识别的基本观点

基于不同过程视角下旅游体验要素的分析，本研究认为旅游体验要素的识别应当把握以下基本观点。首先，过程是旅游体验要素识别的核心基础。过程是旅游体验要素识别的物理基础和理论基础。物理基础是指游客体验的实现必须和必然符合旅游体验发展的阶段性演变趋势。在旅游体验过程中，游客会发生空间的位移与时间的渐变两个维度上的物理运动，不同物理阶段下游客体验建构的要素是不同的。体验整体过程中的时空关系及其不同阶段特征所属是旅游体验要素识别的基本前提。另一方面，从游客体验发生的心理状态来看，旅游体验的实质或载体是游客的心理状态，即旅游体验的"本原"是情感。游客在情感体验获取过程中，并不是一蹴而就的，相反，游客的体验情感是以一种累积的状态所存在的。这种累积的情感状态则是以体验过程的阶段形

态所存在的。进一步表明，不同阶段下建构游客"本原"体验的情感要素是明显不同的。可以想象，受自我调节或认知失调等作用机制的影响，建构游客在场体验阶段下的情感与后体验行为中所获得的情感要素是完全不同的。以上分析表明，游客体验要素的识别必须建立在过程这一基础属性之上。

其次，主体性（主观视角）是旅游体验要素建构与分析的出发点。通过文献梳理发现，不同过程视角下旅游体验要素的组成是有所区别和具有显著差异的。例如，龙江智等（2009）提出的感受、情感、领悟；陈兴（2010）提出的意象真实；马天等（2015）等提出的意象、想象与回忆等。值得注意的是，不同视角、体验阶段下的游客体验要素均是基于主体心理特质之上的解构与分析。正如摩根、卢戈西及里奇（Morgan, Lugosi, Ritchie, 2010）的观点：旅游体验是一个复杂的心理过程。因此，对于旅游体验要素的解读和认识必须把握过程和主体心理特质这两个基本观点，从心理学视角进行体验本原和要素的研究。

第三节 旅游体验要素的情感性内涵分析

一、情感的界定

（一）情感的内涵与特征

从词源结构来分析，情感（Emotion）由拉丁文"e"（外）和"movere"（动）组成，其本意是指从一个地方向外移动到另一个地方（徐锐，2012）。在《牛津英语大辞典》中，情感是"从情境、情绪或与他人的关系中产生的自然本能的心态"。与此同时，在《国语辞典》中，情感是"内心有所触发，而产生的心理反应"（中国大辞典编纂处，2011）。由此可见，从情感的字面解释来看，情感是主体与外部世界交互后的心理状态与行为反应。

作为心理学研究的重要概念，自19世纪以来，心理学家们对情感展开了深入而又长期的研究，对情感的载体提出了各种结论及不同的看法。彭聃龄（2004）认为较为通行的观点是将情感视为"人对客观事物的态度体验及相应的行为反应"，即情感是以愿望和需要为中介的主体心理活动。在认识和改造世界过程中，人与现实事物、环境等发生复杂的联系所产生的肯定或否定的态度，并以体验的形式表现出来的心理过程（徐厚道，2010）。樊洁（2011）认为情感是主体对客观事物是否符合自己的需要而产生的态度体验。从社会性需要的视角分析，罗永忠（2012）指出情感常与社会性或精神性的需要相联系，是人在社会化过程中产生的态度或体验。在消费行为领域方面，情感产生于顾客消费行为过程中，是对产品、服务属性与获取价值比较基础之上的情感性反应（Dubé，Menon，2000）。此外，基于哲学分析的视角，谭容培（2004）表明情感是对主体与对象世界间价值关系的感受和评价，介乎于需要是否得到满足而产生的情感体验。在情感的结构体系方面，伊扎德（Izard，1977）认为情感由主观体验（Subjective Experience）、情绪表现（Emotional Expression）和生理唤醒（Physical Arousal）三个部分构成。温柯尔曼等（Winkielman，et al.2007）认为情感是包含了主体可评估的效价的心理状态。因此，情感反应的结构包括效价和唤醒程度两个部分（罗盛锋，等，2011）。综上所述，情感是主体与情境间交互关系的态度，通过体验的途径来获得的心理感受。与此同时，从情感的结构解析来看，情感是由内隐的感觉、唤醒、体验和外显的表情所建构的心理整体。其中，自我体验、主观体验或是身体感受是情感得以实现的根本。可以认为,体验是情感产生的心理实体(孟昭兰,2000)。

(二)情感的涵盖范围

在情感与情绪(Mood)的区别与联系方面,已有研究都将其统称为感情。但就实际情况而言,情感与情绪属于同一概念范畴。情绪特指感情的发生过程,代表了感情种系发展的原始方面(彭聃龄,2004),而情感则用来描述具有稳定、深刻的感情,具有持久性的特征。二者之间相互依存,互为基础。因此,在心理学研究体系中,情感与情绪间可以相互代指。此外,在情感与感情(Affection)、心境(Mood)、情结(Complex)等词汇的区别与联系中,徐锐(2012)的博士论文也详细论证以上概念具有共同的属性特征,均可以用来描述主体的情感状态。因此,本研究所指的情感是涵盖情绪、感情、心境及情结等概念内涵的综合学术用语。

二、情感对旅游体验的影响:情感关乎旅游体验吗?

情感对人类社会和个体的重要性是无需置疑的(成伯清,2013)。甚至在一定意义上,涂尔干(1999)认为社会是由"理性"和"情感"所组成的二元结构。对于个体而言,情感是有机体适应生存和发展的一种重要方式,是动机系统的一个基本成分(彭聃龄,2004)。在进一步分析中,孟昭兰(2000)认为体验是由环境影响通过表情动作的复合内导刺激所引起的,表情、体验、认知及其生物学的全过程获得是情绪、情感社会化的完整机制,这其中体验起核心作用。因此,本研究认为情感与体验共同构建起一个共生系统,即情感是对主观体验的态度展示,体验是情感得以获取的"物理"途径。这里的物理途径特指主体态度的获得必须通过"亲自示范"才能实现。那么，情感关乎旅游体验吗？情感在游客体验中是以何种"身份"影响和建构体验过程的？

在情感的研究范畴中，情感是主体在认知和评价事物，或根据一定审美标准评价事物时所产生的情感体验，即情感包括认知情感和审美情感两个大的种类（彭聃龄，2004）。与此同时，在旅游体验研究中，谢彦君（2005）将游客情感体验状态分为世俗体验（愉悦）和审美体验（愉悦），其中作为高峰体验的审美体验是游客体验过程中所追寻的最高精神中心。通过比较彭聃龄（2004）和谢彦君（2005）两位学者的观点可以发现其中隐含的联系，即旅游体验的实质是游客对审美情感（愉悦）的心理状态的建构。旅游体验过程亦是情感的获取过程。以上事实充分佐证：情感关乎旅游体验，且情感是游客体验过程的"硬核"。与此同时，在旅游体验情感的研究实践中，罗盛锋、黄燕玲、程道品及丁培毅（2011）以印象刘三姐实景演出为例，分析了情感因素对游客体验质量及其后消费行为意图的影响。该研究将情感因素识别为消费前的情感（心情）和消费后情感（情绪）两个类型，通过结构方程模型检验了情感因素的旅游体验"地位"。研究结果证实，消费前情感对游客体验与产品属性评价产生积极显著的影响，并对消费后情感产生正向影响效应；消费后情感对游客体验认知（感知价值）产生显著正向的影响效应。进一步，在识别体验情感内容方面，有学者指出游客体验情感由对他人情感和对自我情感构成，王克军和马耀峰（2015）的研究进一步佐证以上两类情感是游客体验的主要动机。

此外，作为旅游体验两极情感模型中的一方，谢彦君和孙佼佼（2016）从情感和价值层面提出旅游体验的黑色愉悦概念。与一般性愉悦体验不同,在黑色旅游过程中所获得的黑色愉悦是对紧张情绪的宣泄并可用于满足个体欲望。本研究认为:情感亦是体验,情感是体验的核心构成部分。在这其中,情感与旅游体验是紧密相连的(刘丹萍,金程,2015),情感离不开旅游体验的动态过程,而体验也不可能不涉及情感。情感在旅游体验研究中具有"承上启下"的结构地位与"总揽全局"的身份,亦可理解为没有情感的体验不能称之为体验。

三、旅游体验情感的阶段性特征

(一)旅游体验情感过程的识别与量化

情感要素是旅游体验的重要结构变量。正如前文所述,旅游体验过程是时空演变的物理过程,受旅游情景、旅游场环境乃至体验氛围的连续转变及交互作用,游客体验过程中的情感是以动态变化的"过程状态"所呈现的。可以认为:旅游体验中的情感是一个连续变化的过程(黄潇婷,2015)。研究回顾发现,有关游客体验情感过程的识别与量化分析仍然处于起始阶段,即对于如何识别旅游体验下的情感过程仍存在一定的困难。在为数不多的研究中,黄潇婷(2015)借鉴时间地理学的研究视角和方法,提出旅游情感路径(TEP)概念模型,通过勾勒游客体验的时空路径来描述体验的情感过程。在该项研究中,黄潇婷(2015)认为旅游情感路径是主体在体验历程中随时间流逝和空间位移而发生的情感波动过程,即游客体验的情感过程可以由游览时间、旅游地空间位置和主体情感三个要素进行量化分析及视觉表达。在旅游情感路径概念模型中(图5-4),横坐标代表游客在旅行过程中发生的时空变化,是一个涵盖时间维度和空间位置的概念数字;纵坐标则用来度量游客情感的力度,可以使用不同的量表尺度进行度量。

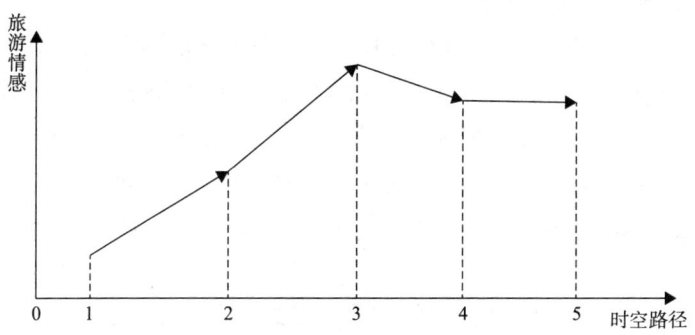

图 5-4 旅游情感路径概念模型

资料来源：黄潇婷. 基于时空路径的旅游情感体验过程研究——以香港海洋公园为例 [J]. 旅游学刊，2015, 30 (6): 39-45.

黄潇婷（2015）的研究视角及思路为旅游体验情感过程的识别及不同阶段下体验情感要素的挖掘提供了可供参考的理论基础。但值得注意的是，该概念模型是建立在具有明显边界范围的旅游景区或游览区内，即是有限范围内的游客情感过程分解。从更加全面和旅游体验发生全过程视角来看，该理论模型的情感分析过程没有反映情感的因果关联及对后体验行为的影响作用。正如本研究在分析旅游体验过程中所提出的基本观点，过程是旅游体验要素识别的核心基础，而主体性（主观视角）是旅游体验要素建构与分析的出发点。其中，旅游体验的过程是对游客时空关系的描述（包括体验前、体验中和体验后三个阶段），主体性则是指旅游体验物理过程中对游客情感特质的视角把握。

因此，基于黄潇婷（2015）的旅游体验情感路径概念模型，本研究尝试对旅游体验情感的全过程进行建构，着重对在场体验和后体验行为中的情感过程进行描述与视觉刻画，并提出旅游情感全过程概念模型（图 5-5）。在该概念模型中，游客体验情感的全过程由体验的物理过程、情感过程及其建构过程三个要素构成。其中,物理过程用来描述游客体验发生的时空关系,由在场体验和后体验行为两个阶段构成。有关旅游体验物理过程的研究阶段或边界选取,本研究在第六章中做出分析。建构于体验的物理过程基础之上,游客的情感形态表现为由感知到认知再到回忆的"弱—强—弱"过程,并展示为对应的不同情感状态。与此同时,各体验阶段下游客所获取的情感存在因果关联和演变过程。

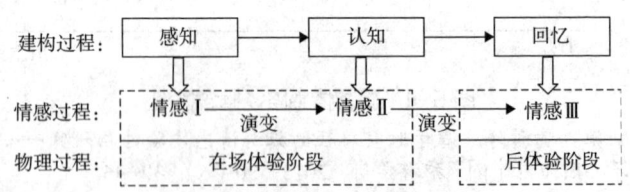

图 5-5　旅游情感全过程概念模型

资料来源:本文分析所得。

(二)体验情感的阶段性表现

从情感的社会性视角来分析,成伯清(2013)认为任何一个社会在特定时代都具有独特的情感韵律。时代特征或阶段是对具有明显差异的社会环境的概括。从这一视角来看,旅游体验过程是建构在不同旅游情境(场)之下的,每个旅游体验阶段均具有独特的情境特征和相应的情感韵律。在顾客消费行为方面,王潇和杜建刚(2013)认为情感是消费者在外部环境刺激下所产生的反应。随着外在刺激物的不同,个体情感具有动态变化的特征,会发生持续性的变化。霍撒尼、普拉亚格(Hosany, Prayag, 2013)的研究也证实游客对旅游地的情感呈现五种不同的反应模式,即平和、愉悦、负面、混合及热情五个类型。

由此可见,在旅游体验全过程的不同阶段中游客所获得的情感是不同的、有差异的。不同阶段下的体验情感具有阶段性特征。与此同时，在本研究所提出的旅游情感全过程概念模型中，游客在场体验与后体验阶段下的情感获取是不同的，并且在场体验阶段中的"情感状态"也可进一步根据主体的情感建构过程区别为情感Ⅰ和情感Ⅱ两种存在状态。因此，动态性是情感的一个重要特征，尤其是游客情感（刘丹萍，金程，2015）。旅游体验是游客的一种主动性过程，是情感的累积过程。游客通过不断的建构与重构过程来强化体验感知，其中所凸显的则是情感的差异和阶段属性。这一基本观点为后续旅游体验要素的建构与识别提供了支撑。

四、情感视角下的旅游体验要素分析

有关情感体验的研究主要集中在情感动机、情感类型、情感体验的能量动力学分析及目的地情感体验量表开发等方面（Hosany, et al., 2014；王克军，马耀峰，2015；谢彦君，2006；谢彦君，徐英，2016），而从情感视角进行旅游体验过程及其结构要素分析的研究成果则非常少（黄潇婷，2015；徐锐，2012）。

旅游体验是一个连续的过程，旅游情感也是一个连续变化的过程（黄潇婷，2015）。在以情感为内核的旅游体验要素分析中，徐锐（2012）根据仪式互动链理论质性分析了游客在场体验阶段下的情感动态要素及其结构属性。该研究认为游客在场体验下的情感状态由移情、认同及共鸣三个要素构成。其中，移情来自主客体之间交互而产生的情感结果，是主体对客体的"情感渗透"。作为"情感偏好"的指向，认同是涵盖了游客对目的地、文化及自我三个层面的情感认同，是建立在非惯常环境对比之上的情感状态。共鸣则是由于思想上的"融合"而产生的情感共振，是游客体验的忘我状态和高峰体验获得。从徐锐（2012）所提出的三个体验情感要素来看，旅游体验的情感状态建构于主客体间的互动，是建构于移情和认同之上的情感共鸣。此外，通过对游客在场体验情感状态的分析，可以认为体验情感建构的核心是游客情感的"主动性"，即旅游体验情感是游客情感的主动性投入。因此，本研究认为旅游体验要素是以游客主动性为内核的情感要素。这一观点也体现在徐锐（2012）提出的旅游体验情感历程模型中，即旅游体验过程中的"情感流"由情感唤醒、情感渗透、情感感染、情感内化、情感累积五个阶段构成。同时，以上情感历程的五个阶段及其间的因果联系又进一步证实情感发生、演化的过程性和连续性属性。

此外，在旅游体验自由本质的分析中，赵刘等（2013）从现象学的先验与还原的视角提出旅游体验流的主体意识状态。尽管该研究未明确地指出体验的结构要素，但"体验是主体在与客体直接关系中产生的意识结果，表现为感受、情感、意义、回忆等"。从其研究观点中可以得知，作为情感的形态和类别载体，感受、情感、意义和回忆是游客在场体验和后体验阶段中的建构要素，要素间呈现"知觉—认知—价值"的意识转换和建构过程。

表5-4　情感视角下的旅游体验要素分析

发生阶段	要素	要素结构	来源
在场体验	移情是情感与客体对象的互动，是"推己及物"和"由物及我"	联想与想象； 睹物思人； 触景生情	徐锐 （2012）
	认同是关系定位，是与期望意象比较后形成的认识与态度	目的地认同； 文化认同； 自我认同	

续表

发生阶段	要素	要素结构	来源
在场体验	共鸣是情感体验的最高阶段	熏，忘记自我；浸，时间消逝；刺，共情	徐锐（2012）
在场体验和后体验阶段	感受 情感 意义 回忆	—	赵刘、程琦、周武忠（2013）

资料来源：本文整理所得。

五、旅游体验元要素：情感

通过对旅游体验过程视角下的要素分析与旅游体验情感内涵的特征解析，本研究认为情感是建构游客体验得以实现的元要素，即旅游体验的基础要素是情感（Aho，2001）。

在《康熙字典》中："元，始也"，也可释义为"本也"，"元者，气之始也"（康熙字典，2006），即元是对某一领域中所涵盖万物始源的描述。那么，元要素则是对构成某一系统或事物所必备基本元素始源的概括和描述。元要素是对基本要素共同属性或特征的概括，可以根据系统或事物的类属特征进行分解。因此，本研究认为：旅游体验元要素是对建构游客体验结构要素始源的描述，是对不同体验阶段下游客心理感受的总体概括，可进一步从旅游体验时空关系的过程视角、建构与认知视角等进行基础元素分解。

正如前文所述，在深入分析旅游体验"本原"及其特征内涵的基础之上，研究发现"情感"是唯一能够把握体验本真内涵和体现旅游体验要素类属特征的元要素。一方面，从旅游体验的全过程视角来看，即整体观来分析，体验是游客情感建构和延续的一个缜密过程。其中，情感是旅游体验的实质和核心载体并且贯穿于游客体验的全部历程中。阿霍、拉森、谢彦君、谢中田、武虹剑及龙江智（2001，2007，2005，2006，2009）等的研究观点也证实，在旅游体验全过程中能够清晰识别的只有游客的心理感受，即主体的情感特质。进一步，从情感与旅游体验的互动关系来分析，情感与体验共同构建起一个共生系统，情感是对主观体验的态度展示，体验是游客情感得以获取的"物理"途径。可以认为，旅游体验是基于时空关系的情感过程。另一方面，从旅游体验情感的阶段性表现来看，即从情感连续变化的视角来分析，旅游体验情感是一个类属演变的结构形态。已有研究已经证实，在旅游体验全过程的不同阶段中游客所获得的情感是不同的、有差异的。在这其中，情感贯穿于整个体验过程中，与旅游体验的时空关系融合为一个严密的整体，并充分体现在在场体验阶段和后体验行为阶段中。可以认为，情感是彰显旅游体验不同阶段特征的唯一类属要素。

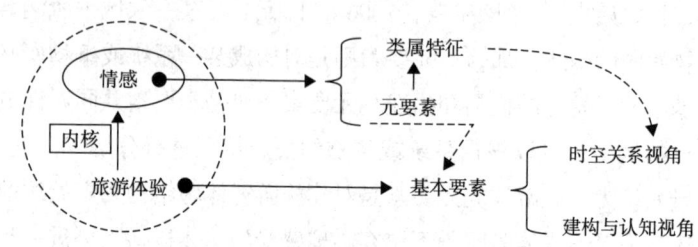

图 5-6　旅游体验要素概念模型

资料来源：本文分析所得。

因此，情感是游客体验过程的"硬核"。旅游体验要素是以游客主动性为内核的情感要素。情感在旅游体验研究中具有"承上启下"的结构地位与"总揽全局"的身份，亦可理解为没有情感的体验不能称之为体验。

第四节　本章小结

　　本章主要对旅游体验要素的概念、内涵及其特征属性进行理论分析。基于对旅游体验概念特征的分析，本研究认为体验是游客的"心理"状态获取。作为一种行为过程，体验是外部世界的"交互作用"结果，表现为旅游者获得的身心体验。与此同时，通过表征及其象征意义的分析，本章对旅游体验要素的概念做出界定，认为旅游体验要素是建构游客情感体验过程完整性的结构元素，其目的是描述不同体验阶段下游客所获得的心理感受。在区别旅游体验要素与影响因素方面，本研究认为要素是建构游客体验的结构性元素，如有缺失则必然不能保证游客情感体验的完整性及体验获取。与之相反，旅游体验影响因素则主要突显外部因果关系，仅会调节游客体验质量的高低。与此同时，本章从时空维度、存在状态、游客认知等视角分析了旅游体验要素的类属特征，认为过程是旅游体验要素识别的核心基础，主体性（主观视角）是旅游体验要素建构与分析的出发点。此外，通过对旅游体验、体验要素的概念内涵溯源分析，本研究认为情感是游客体验过程的"硬核"，旅游体验要素是以游客主动性为内核的情感要素。情感是建构游客体验得以实现的元要素。

第六章
旅游体验要素识别

基于第四章情感的表现方法和第五章中对旅游体验本质的概念推导分析，本章主要对在场阶段和后体验阶段中的旅游体验结构要素进行解析与识别。依据社会建构主义和情境理论，本章分析了在场阶段中建构游客情感体验的结构要素。同时，结合情感控制和情感认知评价理论，本章对在场阶段中控制游客情感体验的结构要素进行分析与识别。最后，从游客情感在后体验阶段中的记忆形态出发，本章对后阶段中游客情感体验的存续要素进行分析与识别。

第一节 在场阶段中的情感体验建构要素识别

一、旅游体验要素的过程特征与阶段分解

要素是构成某一系统或事物所必备的基本元素。正如在第五章中本研究对旅游体验要素的概念界定，即旅游体验要素是描述游客情感体验完整过程的结构性要素，此类要素具有明显的情感属性特征，并贯穿于游客体验的不同阶段中。因此，本研究认为在旅游体验要素的解析中，"过程"与"情感"是识别旅游体验

要素的两个基本出发点。

旅游体验是由不同阶段所构成的一个时间概念框架（Unger, et al., 2016）。也正如此，旅游体验具有明显的过程性特征，时空关系是游客体验发生的必要条件。在已有旅游体验研究中，体验前、体验中和体验后是描述游客完整体验时空过程的三个物理阶段。例如，马天和谢彦君（2015）将旅游体验建构过程分解为预期体验、在场体验和追忆体验三个阶段。对于旅游体验要素而言，不同时空阶段下支撑和建构游客体验的要素集是不同的。正如谢彦君和谢中田（2006）在分析生活世界与旅游世界构成中所表述的观点，世界是由各种具体的"情境集"所构成的。

与此同时，在体验要素、情感属性与过程认识的交互关系上，一方面过程是体验要素存在的前提，另一方面要素是体验过程实现的基础。而在这其中，情感作为旅游体验的本质属性则以要素为载体而存在于游客体验的不同阶段之中。这一过程即表现为旅游体验的"物理"过程，又可以理解为游客体验的"认知建构"过程，进而体现为游客情感的阶段性特征。与此同时，考虑到游客前体验阶段具有明显的不稳定性特质，即个体期望的随机变动性，如谢彦君和吴凯（2000）认为体验发生前游客期望在总体上是"片面的""模糊的"且是"可转移"和"替代的"；此

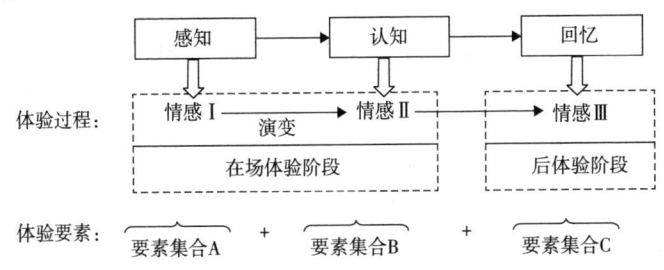

图6-1 旅游体验要素的阶段分解

资料来源：本文分析所得。

外，考虑到旅游体验研究的现实性和可操作性问题，本研究中的旅游体验要素过程及其识别主要关注以下两个阶段：在场体验阶段和后体验阶段。

二、情境理论下的旅游体验要素分析

（一）旅游体验中的"情境"

情境是哲学、人类学、心理学和管理学研究中的重要概念，同样，情境也是旅游体验研究中的重要概念之一。同一事物或现象在不同情境中有着不同的意义和相应的"解释"。因此，情境是进行文化解释和意义分析的重要前置条件。

在对游客体验发生的场景分析中，谢彦君、谢中田等（2005，2006）先后从生活世界和旅游世界的二元结构中分析了游客体验发生的演变路径，并从氛围情境和行为情境的场域结构中刻画了游客体验发生的理论环境。姜海涛、武虹剑和龙江智（2008，2009）提出旅游体验的实质是发生在具体旅游场及其交互过程中的主体身心状态。进一步，在分析旅游体验的"共睦态"情感关系中，谢彦君和徐英（2016）也指出"场"或"场域"是互动性群体体验得以实现的首要维度。由此可见，在旅游体验中，情境是游客情感体验得以实现的基础要素，同样也是主体不同情感体验状态解释的重要前提。与此同时，就旅游体验发生的情感建构过程而言，游客情感体验产生于在场体验阶段这一具体旅游情境之中，一方面，游客依托旅游世界中的各种客观环境要素，如旅游目的地、景区、自然与文化资源、旅游服务及相关旅游产品等建构旅游场域情境；另一方面，游客基于旅游场来获得主体与客体之间的心灵交互与身体感知。此外，从旅游体验发生的物理过程来看，基于情境之下的游客在场体验是后体验阶段中情感回忆得以延续的关键与前提。由此可见,情境是在场体验阶段中游客情感体验建构的关键概念元素。

(二)旅游体验中的情境概念要素:物理情境与社会情境

情境是在场体验阶段中游客情感体验建构的基础。有效识别在场体验阶段中情境元素的类属关系及其结构对于旅游体验要素的识别具有重要的理论意义。贝尔克的情境理论为识别在场阶段中旅游体验要素的构成提供了较好的分析框架与切入视角。在贝尔克的情境理论分析框架中,贝尔克(Belk,1975)认为情境是在某个时空点中对主体行为、态度等产生直接影响的因素,情境因素包括物理环境、社会环境、时间视角、任务定义及先前状态五个类属。在这其中,每一类情境又可以细分为其他具体的、可描述的客观"标的物"。

从游客体验发生的时空特征来分析,游客体验是在"非惯常"环境中的主体行为,即旅游体验是主体在一定物理情境下的情感反应行为,例如在黄山景区中对大自然的感叹、在西江苗寨体验中对民族文化的仰视等。旅游世界中的具体物理情境是对非惯常环境的表达,也是建构游客情感体验的充分必要要素。可以理解为,游客情感体验必然发生于某一地理空间范围内。与此同时,贝尔克(Belk,1975)认为社会环境是对场景中其他主体、主体特征及主体间社会关系的描述,即主体的情境行为必然建构于某种社会关系网络之中。在旅游研究中,旅游体验的发生是基于交互行为的身心感受,这一行为必然要求旅游者与旅游目的地(物理情境)中的其他主体产生行为、情感等方面的"交流"。行为主体与人、物和场景的关系是影响游客体验质量的重要维度(陈莹盈,2012)。因此,从旅游研究的视角来看,旅游体验不可能脱离情境中的社会要素而独立产生。旅游社会情境中的当地居民、服务提供者及同行游客的态度、行为等关系均是游客体验建构的基础要素。

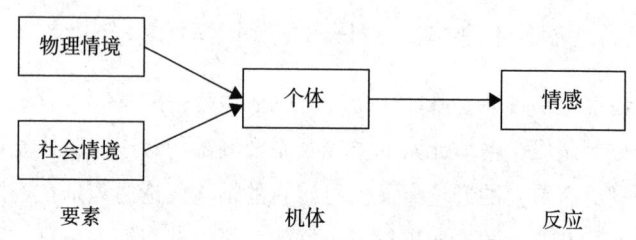

图6-2 旅游体验中的情境要素
资料来源：本文分析所得。

需要指出的是，贝尔克在其情境理论中认为时间、任务定义和先前状态也是搭建主体行为情境的元素。如前文所述，在游客体验过程中，本研究主要关注在场阶段和后体验阶段中的旅游体验要素集，任务定义和先前状态作为一种预先意图或情感，主要体现在旅游研究中的体验前阶段中。此外，情境中的时间视角则体现在旅游体验物理过程之中。基于以上分析，根据贝尔克的情境分析框架，本研究认为物理情境与社会情境是建构游客情感体验的基础概念结构要素。

三、社会建构视角下的体验要素关系

建构是对事物结构及其构成的个体主导过程描述。作为一种认识论，社会建构主义的理论观点为刻画旅游体验过程中的要素集及其协作与会话关系提供了可以借鉴的视角，并被广泛应用于游客体验意义的建构研究中（马凌，2011；马天，谢彦君，2015）。

在社会建构主义理论中，格根（Gergen，1985）认为真理是在情境和关系中所形成的，并以一种相对主义的状态所存在。作为一种过程描述，社会建构以没有终点的持续建构的运行形式所存在，其中个体与他人、社会的动态互动是维系建构过程持续运行的根本。在对情感的社会建构研究中，格根（Gergen，1985）和哈雷（Harré，1986）也指出情感的内容和表达是人们在社会文化系统中获得的，受到特定文化、社会规范及情境的影响。在旅游研究中，旅游体验是"游客主动建构出的主观感受"这一观点已经成为共识（马凌，2011）。在解析体验建构要素方面，依据前文情境理论分析视角得出的结论，旅游体验要素由物理情境和社会情境两个概念要素所构成。与此同时，在旅游体验的情感建构中，游客情感体验进一步通过社会建构理论中的"交互"这一核心功能将人与物理情境、社会情境交织在一起，即旅游体验的意义建构于一定情境下主体与客体之间的"协作"与"会话"。情境、关系与互动是在场阶段中游客情感得以存在的结构性要素。在分析博物馆游客体验中，法尔克和德尔肯（Falk，Dierking，2016）也明确指出个体、社会及物理情境及其之间的交互是构成游客体验的根本要素。因此，基于以上分析可以得出，

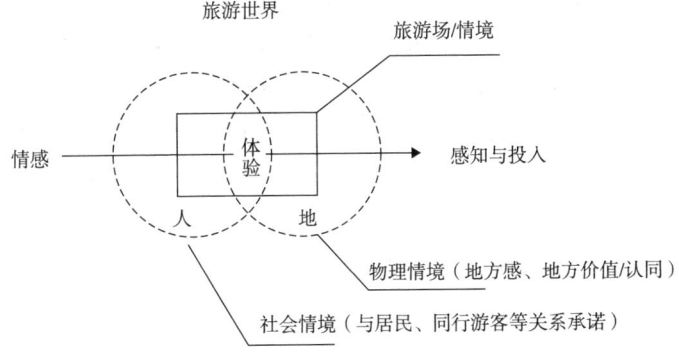

图6-3　在场阶段中的情感体验建构要素推导模型

资料来源：本文分析所得。

在旅游体验的情感建构分析框架中,游客情感体验是在旅游者主导下的个体与物理和社会情境交互关系中产生的,即旅游体验是在旅游场域中主体与旅游地和他人关系的总和。在这其中,旅游者在物理情境和社会情境下的"情感关系"是旅游体验建构的核心结构要素。

(一)物理情境下的旅游者与目的地的关系:地方感

根据情感的社会建构主义分析观点,旅游者的情感体验来自情境、关系与互动的结构组合。作为一种主客交互的结果,交互关系必然受到物理情境与社会情境的"环境约束"。

在物理情境中,旅游者与旅游目的地的交互关系是情感建构中主客互动的决定要素。本研究认为物理情境中的地方及主体对地方的情感赋予是联系旅游者与旅游地情感关系的关键。原因在于,地方及其所组织的各种事件具有独特的社会意义,这种社会意义能够影响主体对交互发生地的选择,进而影响主体及周边人对恰当态度及行为的选择(Smith-Lovin,1979)。在描述游客与旅游地的关系中,李义平(Li Yiping,2000)指出地理意识(Geographical Consciousness)是主体精神中心与旅游地之间的交互反映,其本质是个体情感、自我及思想的融合。同样,在分析个体与旅游地的亲密关系中,特劳尔和瑞恩(Trauer, Ryan, 2005)认为地方是旅游体验中情感交换的中心,人们只有依托某个"地方"及其关系才能创造出美好的回忆。由此可见,地方感是主体对特定地理场所的情感、信仰及其关系的描述(唐文跃,2007)。地方感是人以地方为媒介而产的特殊情感,是"自我"的一个重要组成部分(朱竑,刘博,2011)。综上所述,本研究认为地方感是对物理情境下的旅游者与目的地关系的精准概括,是在场体验阶段中建构旅游者情感体验的结构性要素。

（二）社会情境下的旅游者与当地居民、同行游客的关系：关系承诺

作为概念要素，社会情境是对场景中的其他主体、个体的特征、所扮演的角色及个体间的社会交互关系的概括和描述，其本质是对主体与他人关系的反映。李邦古和谢弗（Lee BongKoo, Shafer, 2002）在休闲体验研究中认为情感来自于参与者自身与场景中其他人、他物间的交互过程。在旅游体验管理的概念框架中，班格旦尔（Bagdare, 2016）指出旅游体验是一种合作共创的过程，具体而言，体验是旅游者与他人、客体及其他环境要素交流后所形成的独特的个人感受（Aho, 2001）。进一步，在分析顾客体验的情境因素中，莫斯伯格（Mossberg, 2007）在其提出的概念模型中明确指出在旅游体验的物理场景中，旅游者自身与同行游客是建构旅游体验的关键要素。同样，彭丹（2013）在"旅游者互动的社会关系"中认为旅游中的"人与人"关系对建构体验质量有着不可或缺的作用。因此，本研究认为，在社会情境中旅游者与旅游目的地居民、同行游客间的交互关系也是情感建构中主客互动的决定要素。作为对旅游者与同行游客、旅游地居民情感关系的概括，关系承诺是对主体间心理意象的描述（黄文彦，蓝海林，2010）。旅游体验作为社会情境下的交互及协作关系，旅游者与他人的社会关系则表现为一种情感性的关系承诺。综上所述，本研究认为关系承诺是对社会情境下旅游者与当地居民、同行游客"关系"的精准描述，是在场体验阶段中建构旅游者情感体验的结构性要素。

四、真实性感知的体验建构作用

(一) 游客真实性感知的发生"时间"

真实性感知与旅游体验研究有着紧密的关系。作为最初用于描述博物馆展品"真实"的概念,旅游体验中的真实性感知已经成为游客判别体验成功与否的关键变量。一方面,真实性是游客体验的动机与前置变量,而另一方面真实性又是旅游体验的结果表现。

在游客真实感知发生的时间或阶段方面,尽管已有研究鲜有明确界定,但通过文献回顾仍然可以得出推断。基于符号感知视角,杨骏与席岳婷(2015)认为旅游体验经历了体验动机、体验之旅和体验质量三个阶段。其中,体验之旅作为一种主客符号互动过程是旅游者依据对目的地的"真实性"感知来进行的意义解读和建构。在分析真实性认同的归属上,魏雷等(2015)的研究也表明旅游者与摩梭人对真实性的认知均发生于旅游体验过程之中。与此同时,在旅游者个体真实性研究中,刘晶晶(2017)认为个体真实是游客在旅游过程中的内心感知及行为态度表现。由此可见,不论是布尔斯廷(Boorstin,1964)和麦坎内尔(MacCannell,1973)提出的客观真实性、舞台真实性,还是王宁(Wang Ning,1999)认为的存在真实性与建构真实性,乃至尤瑞(2009)提出的旅游凝视中符号真实性,旅游体验中的真实性均发生在旅游体验过程中,即游客真实性感知发生于旅游体验在场阶段中。

(二) 在场阶段中的真实性感知作用

旅游体验中的真实性概念已经超越了"展品真实"的表征含义。正如王宁(Wang Ning,1999)在分析真实性感知的类属关系中指出，旅游体验中的真实性实质是一种主观感知的"真实"。因此，真实性是旅游体验中主观感知到的一种"存在意义"。

作为旅游体验研究中的重要概念，游客真实性感知发生于在场阶段的游客体验建构过程中。前文所述，旅游体验要素是对物理情境和社会情境中旅游者与旅游地、当地居民及同行游客的交互关系概括，其中地方感和关系承诺直接影响游客情感体验的建构。真实性作为发生于在场体验建构阶段中的主体感知意义，能够从客观符号感知、社会关系认同乃至旅游地价值判断等切入点对主客体之间的关系建立产生影响作用。可以认为，游客真实性感知能够通过影响旅游者与目的地及其社会关系的关联程度而对旅游者体验建构产生影响作用。因此，本研究认为真实性感知也是在场体验阶段中建构旅游者情感体验的结构性要素。

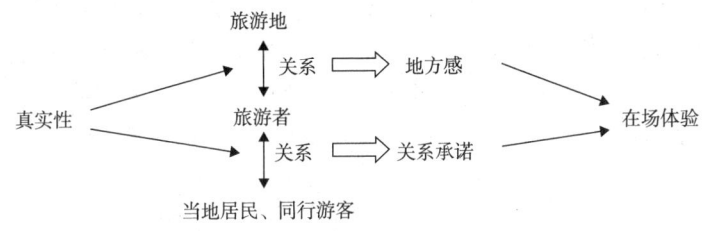

图 6-4　在场阶段中的真实性感知作用

资料来源：本文分析所得。

五、要素识别与概念推导模型

基于以上分析，本研究认为旅游体验是社会建构产物下的游客情感获取。在场体验阶段中，游客情感体验是建构于旅游世界中物理情境与社会情境下的主客关系互动。在这其中，物理情境中描述旅游者与旅游地关系的地方感、社会情境中概括旅游者与他人及同行游客关系的关系承诺是建构情感体验的结构性要素。可以认为，如果不能实现旅游者与目的地、他人的关系互动，旅游体验则不复存在。与此同时，旅游者真实性感知作为发生于在场体验阶段中调节旅游者与地方、他人关系的要素，必然会影响地方感和关系承诺在建构情感体验中的作用强度。因此，基于社会建构主义理论和情感理论的研究视角，本研究认为地方感、关系承诺、真实性及情感投入是在场阶段中游客情感体验的建构要素。

进一步，根据图6-3在场阶段中的情感体验建构要素推导模型，本研究提炼出在场阶段中游客情感体验建构的概念模型，用于概括在场阶段中建构旅游体验的各要素间的结构关系。需要做出说明的是，在图6-5概念模型中有关"情感体验"与"情感投入"的替换关系将在图6-7情感体验控制推导概念模型的论述部分中做出说明。与此同时，为了进一步验证各体验要素的现实关系，本研究将通过第七章的实证分析来验证旅游体验要素及其影响关系。

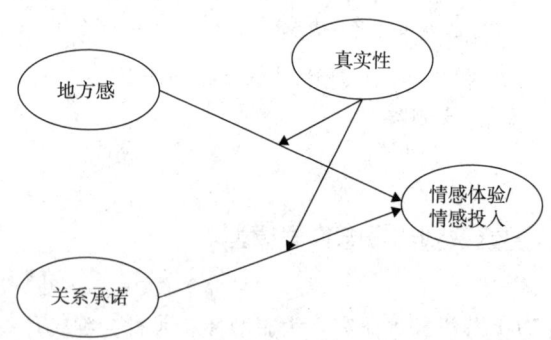

图6-5　在场阶段中的情感体验建构概念模型

资料来源：本文分析所得。

第二节 在场阶段中的情感体验控制要素识别

一、情感控制视角下的在场情感体验阶段再分解

（一）旅游体验场景下的情感控制理论扩展

情感控制理论认为情感意义来自于构成情境中各种元素的"激发"。主体在对各种刺激物进行解析中，从评价、效能和活动三个层面进行情感意义的分析。在情感的控制机制中，情感控制理论指出当个体进入某一场景中，首先会建立起一种符合自身特质的初始情感，即基础情感。与此同时，在场景的社会交换中，受到各种元素的影响，个体会再产生一种临时的情感意义，即暂时情感。作为控制的核心，个体基于评价、效度和活动三个维度来对比基础情感与暂时情感，从而实行主体的情感控制目的。

情感控制理论为旅游体验结构要素研究提供了一个新的分析框架。旅游体验是集过程性与情感性等特征于一体的综合概念，其中情感是贯穿旅游体验全过程的核心元要素，并表现为情感的阶段属性。因此，认清在场阶段中游客情感演变的不同阶段及其特征对于识别旅游体验要素有着重要的前提意义。情感控制论中的基础情感和暂时情感则为识别在场阶段中的游客情感状态提供了可以借鉴的分析框架。

值得注意的是，情感控制论是建立在独立事件（Event）基础之上的社会交互分析。相比在旅游场景中，游客体验是若干连续事件的集合，即游客情感体验是众多旅游事件（Events）交互影响作用下的结果。这一集合交互过程必然导致游客的基础情感会发生连续的调整，例如在一次旅行过程中旅游者进入不同景区均会形成各种不同的基础情感，进而导致游客基础情感状态的"模

糊"并影响游客对暂时情感的判断。与此同时，这一缺陷也会导致基础情感与暂时情感间必然会发生较大的比较偏差。就旅游体验的现实情况而言，任何一次旅行过程中几乎都会发生情感偏差。进一步，情感控制理论也并未对发生较大偏差的两种情感比较后的状态做出明确的界定，即重新定义后的情感是一种怎样的获得状态。

基于情感控制理论的思想，本研究认为旅游体验中的情感控制是随着旅游事件发生而不断循环比较的一个动态过程，并以旅游行程结束后的获得情感为最终体验情感。就旅游体验的一般过程而言，在场体验阶段中游客会建构一种总体的初始情感状态，即暂时情感，而通过情感的调控机制后（评价、效能和活动），形成最终所获得的一种情感体验状态。

基于以上分析，并考虑到旅游体验的复杂特征，本研究试图对情感控制论做一个旅游体验应用上的扩展，提出感情的第三种状态属性：获得情感（Confirmatory Sentiments），以表示旅游者在进行情感控制和修正后所最终接受的情感状态。

（二）游客情感体验的两个阶段特征：暂时情感与获得情感

旅游体验是基于情感的社会建构产物。正如前文所述，本研究认为情感是游客体验过程的"硬核"，是体验的核心构成部分。情感与体验共同构建起一个共生系统，即情感是对主观体验的态度展示，体验是情感得以获取的"物理"途径。与此同时，在第五章的旅游体验情感阶段性特征分析中，本研究也指出旅游体验中的情感是一个连续变化的过程。因此，受到时空关系、认知评价等的建构机制作用，旅游者在场体验阶段中的情感状态也表现为累积的阶段性特征。

基于以上分析并根据前文对旅游体验场景下的情感控制论延伸观点，本研究提出在场阶段中游客体验情感演变的两个基本状态：暂时情感与获得情感。本研究认为暂时情感与获得情感是在场体验阶段中描述游客体验情感演变的两个阶段性特征（图6-6）。暂时情感是旅游者在旅游场景的社会交互中，受到各种要素的影响而产生的一种临时体验情感状态。获得情感是旅游者基于评价、效能和活动维度对暂时情感比较后所确认的最终体验情感状态。从旅游体验建构的所属阶段来看，暂时情感和获得情感均处于在场体验阶段的时空关系中，是游客在场体验阶段的两种表现状态。从旅游体验情感状态的连续性关系来看，暂时情感是旅游者获得情感的前提，获得情感是经过"选择"后的暂时情感展示。从旅游体验建构的社会性视角来分析，暂时情感是在场阶段中游客对体验建构要素刺激的表征情感，是旅游者在场阶段中的情感投入。作为一种情感投入，暂时情感是个体在某一时间段上与旅游目的地、社区居民及同行游客等的交互关系中所产生的一种临时心理状态。获得情感则是经过评价后的主体身心感知，是旅游者在场阶段中的愉悦体验感受。愉悦体验表现为游客在体验过程中所获取情感的累积状态，是对积极、享乐、有趣及惊喜等情感特征的全面概括。

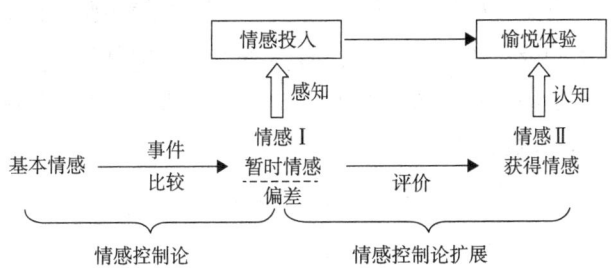

图6-6 在场阶段中情感体验的两个阶段特征
资料来源：本文分析所得。

二、情感认知评价视角下的体验控制要素分析

（一）价值在旅游体验中的作用

从发展观的视角来看，价值是客观世界中各事物对人类生存与发展意义的"认识"。就价值的实质而言，价值是人类社会的一种主观选择或判断。作为对价值概念的应用延伸，旅游体验中的价值则主要反映为主体的价值感知（李丽娟，2012）。张成杰（2006）认为旅游体验中的感知价值是主体的心理感知和认同，主要表现为旅游者对所获得总体利益的评估。李丽娟（2012）认为体验价值是游客在旅游消费过程中对感知利益与成本比较后的选择，旅游体验中的价值意义主要体现为功效和情感两个方面。与此同时，在旅游体验情境下，马凌和保继刚（2012）认为主体的感知价值本身亦是一种体验。在以西双版纳傣族泼水节为案例的实证研究中，马凌和保继刚（2012）认为节庆旅游中旅游者主要关注旅游体验中的文化认知价值、享乐价值、社交价值、服务价值、情境价值、功能价值和经济便利价值，以上感知价值进而对游客满意度等产生直接影响。此外，享乐价值、象征价值等在旅游体验中的地位和作用也相继得到证实（于锦华，张建涛，2015）。

由此可见，尽管学者们从不同视角提出旅游体验过程中的各种价值表现及其作用程度，旅游体验的实质可以理解为主体对所获得价值的判断与选择。具体而言，愉悦体验是在场阶段中游客基于某些价值标准对所获得暂时情感状态的"选择"与"确认"。因此，在旅游体验研究中，主体所感知到的价值对旅游体验及其意义评价有着重要的决定作用。

（二）旅游体验中的价值构成

在游客感知价值的分类方面，已有研究主要从价值层次、享乐、价值学说、本体价值论等视角（Babin, et al., 1994; Sheth, et al., 1991; Woodruff, 1997）对感知价值进行类属分析。在旅游体验研究中，派恩和吉尔摩（Pine, Gilmore, 1998）认为旅游体验中的价值主要体现为功能价值和情感价值两个类型。功能价值是旅游者对其旅游花费与获得功效的比较评价（Song Hak Jun, et al., 2015），情感价值是旅游过程中游客亲密关系的展示。李金洙等（Lee Jin-Soo, et al., 2011）认为价值是一个多维的复合概念，主要由享乐维度（情感价值）和功效维度（功能价值）构成，情感维度是提升顾客忠诚和满意度的关键。维特索、沃凯恩、维斯塔德及瓦格兰德（Vittersø, Vorkinn, Vistad, Vaagland, 2000）认为旅游体验中的情感或符号价值是旅游者对吸引物的"意义"的描述，具有重要的认知作用。综上所述，作为价值成分的两个基本类别，功能价值和情感价值能够较为全面地概括旅游体验中的游客价值。一方面，功能价值体现了旅游者对体验"功效"的态度；另一方面，情感价值反映了旅游者对体验"意义"的态度。

（三）在场情感体验中的价值要素：功能价值与情感价值

在情感认知评价理论中，阿诺德将认知因素融入"环境—生理—情感"的情感分析路径中，进而分析主体情感产生及调节的过程。该理论为识别在场阶段中的游客情感体验调控要素提供了新的视角。情感认知评价理论认为情感产生于外部环境影响和生理影响两个方面，而外部环境中的刺激事件不能直接导致主体情感的产生，相反主体所获得的情感是经过"认知评价过程"后的情感状态。因此，"认知过程"是决定主体情感性质的核心要素。

与此同时，在进行认知评价过程中，情感认知评论理论侧重对"价值"的判断与评估（乔建中，2003），自身价值、目标等是进行情感评价的主要依据（陈璟，等，2014）。这一观点与情感控制理论中的评价维度相一致。

根据阿诺德的情感认知评价理论及情感控制理论下在场阶段中游客情感体验的两个阶段特征，本研究认为旅游者在场阶段中所最终获得的情感体验状态（即愉悦体验），是主体对体验的功能性价值和情感性价值进行认知评价后的最终情感选择。

在场旅游体验阶段中，旅游者基于各种外在刺激的社会交互关系建构暂时的情感体验状态，这种情感体验是旅游者在地方感、关系承诺的交互作用中所建构出的临时情感投入。与此同时，基于情感认知评价过程，旅游者对暂时的情感投入从功能性视角和情感性视角进行再次"权衡"，以选择符合自身特质"合理解释"的最终情感，并将其确认为在场阶段中所获得的愉悦体验。

可以认为愉悦体验是旅游者对所获得情感投入进行认知评价基础之上的最终"解释"。这一评价过程是旅游者基于价值判断所做出的选择。其中，功能价值和情感价值是调控游客最终愉悦体验的关键要素。

基于旅游体验中的情感评价分析机制，本研究提出在场阶段中的情感体验控制推导模型。在图 6-7 中，情感投入和愉悦体验是在场阶段中游客情感体验的两种状态。其中，情感投入是在场阶段中旅游者与目的地、地方居民及同行游客等在交互关系中所建立的初始情感，即是一种暂时情感。因此，本研究将图 6-5 情感体验建构概念模型中的"情感体验"替换为"情感投入"，均为游客在场阶段中所建构的暂时情感。与此同时，愉悦体验是在场阶段中旅游者所最终选择和确认的获得情感，是旅游者对功能价值和情感价值认知评价基础之上的体验情感。因此，功能价值和情感价值是控制在场阶段中游客情感演变的关键结构要素。

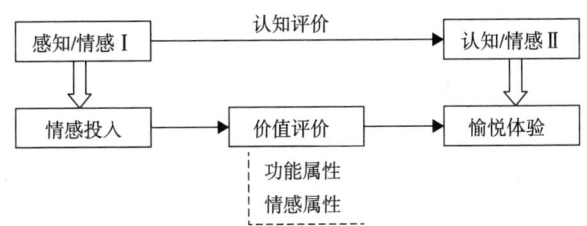

图 6-7　在场阶段中的情感体验控制要素推导模型

资料来源：本文分析所得。

三、在场体验阶段中的情感转换

依据前文情感控制与认知评价理论的融合观点，旅游者为实现"愉悦"的高峰体验状态会对情感进行一定的纠偏和自我调控。进一步，根据在场阶段中情感体验两个状态的识别结果，旅游者的情感体验状态具有明显的阶段特征属性。这一观点与本研究在第五章中对旅游体验情感特征的分析相一致。作为对在场阶段中游客两种情感状态演变和调控的描述，本研究认为在场阶段中的游客情感状态发生了转换，即从暂时的情感投入转变为获得的愉悦体验。如前文所述，情感体验状态的转变主要受到个体对体验价值的认知、评判与选择。但同样值得注意的是，在两个情感状态的转换过程中，受到旅游期望的预设影响作用，情感转换成本也会调节旅游者最终所获得的愉悦体验感受。

在分析期望与体验感知的交互模型中，谢彦君、吴凯（2000）指出期望在旅游体验中扮演着十分重要而又微妙的角色。在分析旅游期望的特点中，谢彦君和吴凯（2000）认为期望具有总体上片面性和模糊性的特点,即旅游体验中的期望只是以一种倾向性的观点所存在的。作为一种抽象的概念化表述,期望并非是具体的和可量化的。与此同时,在旅游体验过程中,期望又作为一个心理"标尺"在不断地度量着旅游者所获得的情感体验。可以认为,在旅游者"确认"愉悦体验之前期望一直在发挥着调控的标尺作用。在对休闲旅游体验结构过程的描述中,瑞恩也明确指出旅游者期望与实在感受之间的偏差会影响旅游体验的满意程度。那么,在旅游者情感投入向愉悦体验转换的过程中,期望与现实的匹配必然会影响游客最终所获得的情感体验。作为对期望与现实匹配的成本考虑,旅游者是要回归到初始的旅游期望,还是要转向全新的获得体验?即,在体验的价值认知评价过程中,基于期望的情感转换成本会调节旅游者最终的愉悦体验感受。基于以上分析,本研究认为情感转换成本也是在场阶段中调控旅游者情感体验的结构要素之一。

四、要素识别与概念推导模型

基于以上分析,本研究认为在旅游体验全过程的不同阶段中游客所获得的情感是不同的、有差异的。动态性是旅游者情感的一个重要特征(刘丹萍,金程,2015)。旅游体验是游客的一种主动性过程,是情感的累积过程。从旅游者情感体验状态建构的过程来看,在场体验阶段中的"情感状态"可进一步区分为情感Ⅰ(暂时情感)和情感Ⅱ(获得情感)两种存在状态。与此同时,以上两种情感状态并非是等同的,而是经过主体价值评价后所选择的最终情感状态,即是游客在场体验阶段中的愉悦体验感受。此外,受限于情感转换过程中主体期望的不确定性影响作用,情感转换成本会调节旅游者的情感体验认知评价过程。因此，基于情感控制理论和情感认知评价理论的研究视角，本研究认为功能价值、情感价值、情感转换成本和愉悦体验是在场阶段中游客情感体验的控制要素。

进一步，根据图 6-6 和图 6-7 在场阶段中的情感体验控制推导模型，本研究提炼出在场阶段中游客情感体验控制要素概念模型（图 6-8），用于概括在场阶段中各控制旅游体验要素间的结构关系。与此同时，为了进一步验证各体验要素的现实关系，本研究将通过第八章的实证分析来验证旅游体验要素及其影响关系。

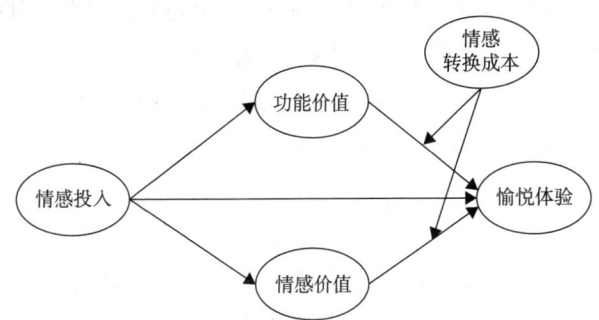

图 6-8　在场阶段中的情感体验控制要素概念模型
资料来源：本文分析所得。

第三节　后阶段中的情感体验存续要素识别

一、体验记忆的解读

（一）记忆的内涵

记忆作为一种心智活动，是人们对过去的活动、行为和经验进行回想的一种能力（Schacter, et al., 1993；潘澜，林壁属，王昆欣，2016）。在记忆的定义方面，《辞海》将记忆解释为"人脑对经验过事物的识记、保持、再现或再认"（舒新城，1948）三个连续过程。其中，识记是识别和记住事物或现象的特点与联系，保持是将特点与联系暂存在大脑中，再现或再认是对特点或联系的再激活。与此同时，从信息加工的视角来看，刘桂春等（2014）认为记忆是主体对输入大脑中信息的编码、存储及提取的过程，这一过程分别与识记、保持和再现三个阶段相对应。与身体感知不同，感知是基于感觉器官的感性认识。记忆则同时兼顾对过去经验的感性与理性认识（刘桂春，等，2014）。正如周瑛和胡玉平（2007）的观点，记忆也是对体验过的情感和情绪的保持与重现。

（二）记忆的结构属性

在记忆的结构与类型方面，周小军（2012）认为记忆是非单一结构的。依据记忆存储时间的长短，记忆可以被区分为长久记忆和短时记忆两个类别。在沃（Wo）和诺曼（Norman）的两种记忆学说中，短时记忆是受到刺激作用而产生的一种初级记忆。作为一种"次级"记忆的形态，长久记忆则是对初级记忆进行"复述"基础之上的信息存储。进一步，在记忆信息的三级存储模型中，斯腾伯格·R·J和斯腾伯格·K（Sternberg, R. J., Sternberg, K., 2016）认为记忆是由感觉记忆（Sensory Store）、短时记忆（Short-Term Store）和长时记忆（Long-Term Store）三个部分构成的。其中，感觉记忆被称为瞬时记忆，是以感觉映像形式所保留的对外界刺激的信息。短时记忆则具有两个功能，一方面，短时记忆是感觉记忆和长时记忆的缓冲期（沈德立，白学军，2004），另一方面感觉记忆信息会在此阶段中进行信息再加工。长时记忆则是永久的记忆储存。此外，内隐记忆与外显记忆、情绪记忆、形象记忆、运动记忆等也是常见的记忆类型。由此可见，从记忆概念描述和结构分类来看，记忆自身也是一个动态演变的连续性过程。在主体的记忆过程中，以情感、形象或运动等为特质的记忆从"现时"形成到"永恒"保存的整个期间是一个再加工的交替过程。不同时空阶段下的记忆内容及其表现形态是有差异的，均是基于主体认知视角下的"自我选择"结果。

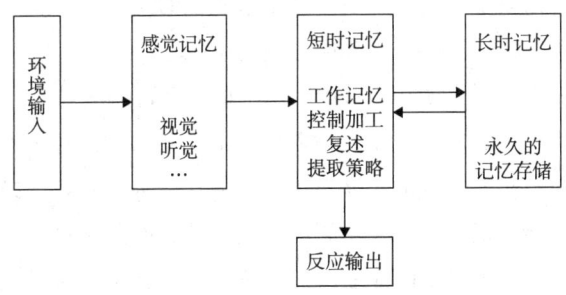

图6-9　记忆信息的三级存储模型

资料来源：沈德立，白学军. 实验儿童心理学［M］. 合肥：安徽教育出版社，2004.

（三）体验记忆的概念解析

在旅游体验研究中，关于体验的记忆属性观点已经得到广泛认同（Clawson，Knetsch，2013；Pine，Gilmore，1998；Schmitt，1999；Tsai Chen-Tsang Simon，2016）。例如，在旅游体验经济现象的分析中，派恩和吉尔摩（Pine，Gilmore，1998）认为记忆是旅游体验的关键结果。派恩和吉尔摩（Pine，Gilmore，1998）将体验消费视为一种经济产品，在消费过程中能够通过环境所提供的配套服务和场景为消费者提供难忘的回忆。与此同时，施密特（Schmitt，1999）认为体验是一个复杂的过程，在这一过程中能够为消费者提供与所消费产品相关的感知、感受、思考及行为等。在旅游体验中主体所"接触"的感受越多，相应的记忆和情感也越深。进一步，在以食品体验为案例的旅游体验概念化结构分析中，全帅与王宁（Quan Shuai，Wang Ning，2004）认为总体旅游体验记忆可以强有力地转变为高峰体验状态，进而对旅游者目的地选择及行为等产生诱导作用。由此可见，体验是被记忆的（Hung Wei-Li，et al.，2016）。记忆是旅游体验载体的表现形式之一。只有当旅游者能够记得或回忆起旅游的往事，体验才是有价值和有意义的（Clawson，Knetsch，2013）。

在旅游体验记忆的概念界定方面，金正熙等（Kim Jong-Hyeong，et al.，2010）是最早对体验记忆做出定义的学者。在体验记忆的定义上，金正熙等（Kim Jong-Hyeong，et al.，2010）认为旅游体验记忆是事件发生后能够被旅游者记住和回忆的积极体验。金正熙等（Kim Jong-Hyeong，et al.，2010）认为当旅行结束后，旅游者可能会忘记曾经游览过的目的地、位置及游览时间，但几乎不能忘记旅游体验过程中的情感或情绪表现。蔡辰曾西蒙（Tsai Chen-Tsang Simon，2016）认为旅游体验记忆是旅游者基于体验评价的主观建构，是指旅游者轻松回忆体验过程中各种事件的能力。进一步，从旅游体验记忆所属的结构类型来看，在主流的记忆模型中，迈尔斯（Myers，2003）将长期记忆分解为内隐记忆和外显记忆两个类别，外显记忆用来存储个体所经历的事实和一般知识，旅游体验属于外显记忆中的情节记忆（Kim，2014）。此外，与顾客体验领域中的记忆结构相同（Meiser，Bröder，2002），潘澜等（2016）认为旅游体验也主要由叙述推理、情绪化、再现性和生动性四个方面构成。基于以上分析可以得出，旅游体验记忆的核心是旅游者对难忘体验的记忆表现，是旅游者对旅游过程中积极、有意义的事件、活动及其相应情感的信息存储。正如金正熙等（Kim Jong-Hyeong, et al., 2010）对体验记忆的解释，作为一种长期的情节记忆形态，旅游体验记忆是旅游者对在场体验期间所经历事件的一种心理态度。

二、情感体验的存续要素分析

（一）后阶段中的情感体验存续形态

正如本书在第五章及本章关于在场阶段中游客情感建构与控制要素分析中陈述的观点一样，情感是游客体验的"硬核"。情感作为旅游体验的"元要素"串联着游客体验的不同时空阶段，如体验前、体验中与体验后。不论是旅游体验前的期望预设、在场阶段中的体验感知与评价获得，还是后体验阶段中的回忆与分享，情感始终贯穿于旅游体验的全过程，并以不同的载体或形态呈现在体验的不同时空演变阶段中。

本研究认为体验记忆是后体验阶段中刻画游客情感体验形态的核心载体。

从记忆的本质属性来看，情感思维是记忆的关键组成部分。布鲁尔（Brewer, 1988）认为与情感相关的外部刺激物或事件最容易被主体所记住。罗宾逊（Robinson, 1976）在检验诱导主体记忆产生的各类提示性信息中发现，客观词和动词只能引起中立情绪或微弱的情感记忆，相反，情感性词汇则是旅游自传体记忆的重要组成部分。进一步，旅游者认知评价后的情感"意义"能够有效提升记忆的能力（Tsai Chen-Tsang Simon, 2016）。由此可见，旅游体验记忆是对在场体验阶段中游客所获得体验情感的长时信息存储。从体验记忆的形成过程来看，基于现场体验要素建构的情感是后体验阶段中体验记忆强化和形成的前提（桑森垚，2016）。此外，从记忆的构成类型来看，情感投入和愉悦体验分别是在场阶段中游客情感的感觉记忆和短期记忆状态表现，体验记忆则是游客情感的长久记忆状态，主要存在于旅游者后体验阶段过程中。

与此同时，基于社会认知视角，拉森（Larsen，2007）将旅游体验视为主体心理过程的函数。具体而言，旅游体验是主体感知下的认知与记忆过程（Larsen，2007），即旅游体验是与旅游者个人经历相关的长久体验记忆。作为一种情感"再现"途径，游客在后体验阶段中的情感再确认则是通过对体验记忆的唤醒来实现的。综上所述，作为情感体验的一类存续形态，体验记忆从时空关系的层面上（即在后体验阶段中）承载着游客情感体验演变的形态，使得旅游者在场阶段中的获得情感得以长久保存。正如派恩和吉尔摩（Pine，Gilmore，1998）的观点，旅游体验亦是一种记忆。因此，本研究认为体验记忆是后体验阶段中游客情感得以存续的核心要素。

（二）体验记忆在后体验阶段中的存续作用

基于以上分析，作为一种个体心理过程，游客情感体验存在两种不同的表现形态：愉悦体验与体验记忆。体验是无形的，会衰减或增强（Ooi，2005）。作为一种心理认知过程，旅游体验是一种记忆状态，产生于个体的建构或再建构过程之中（Larsen，2007）。在后体验阶段中，体验记忆是以记忆形态保存的主体情感状态。由此可以得出，旅游体验具有记忆的属性。从旅游体验记忆的记忆属性来看，麦坎内尔（Marschall，2012）强调记忆对旅游目的地选择有着重要的影响作用，原因在于人们非常怀念并会再次游览那些曾经有过美好回忆的旅游地。因此，蔡辰曾西蒙（Tsai Chen-Tsang Simon，2016）认为游客体验是否得到满足的关键在于记忆，进而对旅游者后消费行为意图产生影响作用。综上所述，本研究认为体验记忆是旅游体验后行为阶段中的重要结构要素。一方面从情感体验的阶段形态来看，体验记忆是以长时记忆形式对旅游者在场阶段中所获得情感体验的存续与再现，是旅游者愉悦体验感受在后体验阶段中的记忆展示形态，会随着时间的消逝和个体认知选择而减弱或强化；另一方面从旅游者消费行为的视角来看，体验记忆是后阶段中建构旅游者消费行为意图的结构变量，即在场阶段中所获得情感体验的"强度"会影响旅游者的满意度及行为意图。

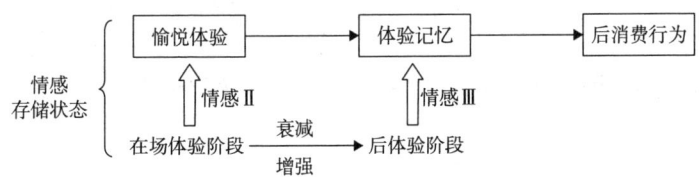

图 6-10　后阶段中的情感体验存续要素推导模型

资料来源：本文分析所得。

三、要素识别与概念推导模型

基于以上分析，本研究认为旅游体验具有记忆的属性，体验记忆是经过自我修正后的游客最终确认情感，是后体验阶段中情感体验的长时存储形态。与此同时，作为兼顾情感体验存续和游客后消费行为建构的结构要素，体验记忆能够更为稳定地对游客后消费行为产生影响作用。因此，基于体验记忆的概念解析与游客情感体验演变的状态识别，本研究认为体验记忆是后阶段中游客情感体验的存续要素。

进一步，根据图 6-10 后阶段中的情感体验存续要素推导模型，本研究提炼出后体验阶段中的情感体验存续要素概念模型

（图6-11），用于概括后体验阶段中体验记忆的情感存续和建构作用。与此同时，为了进一步验证体验记忆要素的现实关系，本研究将通过第九章的实证分析来验证旅游体验要素及其影响关系。

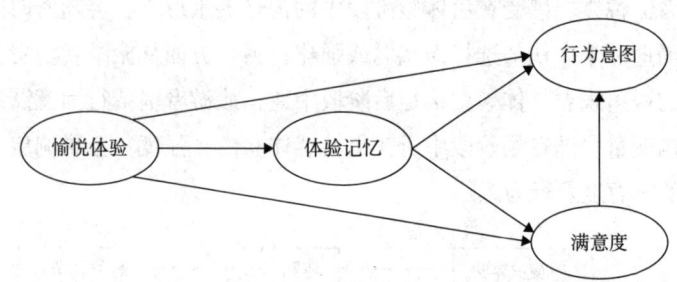

图6-11　后阶段中的情感体验存续要素概念模型
资料来源：本文分析所得。

第四节　从瞬间愉悦到永恒美好的要素转换

基于对旅游体验核心本质的概念推导结果，并结合内感与情感表现方法的四个理论基础，本章主要对旅游体验的结构要素进行解析与识别。

根据旅游体验概念及其内涵的解析结果，研究发现情感与过程是刻画旅游体验的两个基本切入点。第一，就情感而言，情感是个体在一定情境中或者在与他人的互动关系中所产生的一种"本能心态"。如前文所述，在情感与体验的交互关系中，情感与体验共同构建起一个生态系统。从这一角度看，情感是对主观体验的态度展示，体验是情感得以获取的"物理"途径或手段。对谢彦君（2005）、彭聃龄（2004）等学者观点的比较分析，进一步表明旅游体验的实质是游客对审美情感（愉悦）的心理状态的建构。由此可见，旅游体验过程是情感的获取过程。情感亦是体验，且情感是游客体验的"硬核"。第二，从过程视角来看，如前文所述，过程是旅游体验要素识别的物理基础和理论基础。在旅游体验过程中，游客发生空间位移与时间演变两个维度上的物理变化，而不同物理阶段下的游客体验建构要素是完全不同的。前体验阶段、在场体验阶段及后体验阶段中的构成要素间存在前因后果的逻辑联系。由此可见，体验整体过程中的时空关系及其不同阶段特征所属是旅游体验要素识别的基本前提。进一步，从情感的过程视角来分析，游客在情感体验的获取过程中，并不是一蹴而就的，相反体验情感是以一种累积的状态所存在的。而这种累积的状态又表现为在体验的不同阶段中刻画游客情感特征要素的类别差异，即不同阶段下建构游客"本原"体验的情感要素是不同的。基于以上分析观点，本研究认为从情感与过程两个视角对旅游体验进行结构要素解构是探究旅游体验本原的关键，也是本研究后续开展的基础。最后，通过对过程视角下的旅游体验与体验情感内涵特征的深入解析，研究发现"情感"是唯一能够把握体验本真内涵和体现旅游体验要素类属特征的元要素。从旅游体验情感的阶段性表现来看，即从情感连续变化的视角来分析，旅游体验情感是一个类属演变的结构形态。在这一结构形态中，情感是旅游体验的内核，是元要素；可以进一步从时空关系视角和建构、认知视角对以情感为内核的旅游体验要素进行基本要素的解构与识别。因此，本研究认为情感是游客体验建构得以实现的元要素，是旅游体验要素解构的基础。

在旅游体验要素的过程特征与阶段分解中，本研究重点关注在场体验阶段和后体验阶段中的结构要素。已有研究均证实，旅游体验建构过程可以分解为预期体验（前体验）、在场体验和追忆体验（后体验）三个阶段。旅游体验整体过程可以被理解为"情境集"（谢彦君，谢中田，2006），各阶段是旅游者体验发生的具体情境，而不同情境下建构游客体验的结构要素是不同的。因此，对于旅游体验结构要素的解析势必包含以上三个体验阶段，但考虑到游客前体验阶段具有明显的不稳定性特质，即个体期望的随机变动性，如谢彦君和吴凯（2000）的观点，"体验发生前游客期望在总体上是片面的、模糊的，且是可转移和替代的"，而期望是前体验阶段中主导游客体验情感的重要结构成分；此外，考虑到前体验阶段研究中数据收集复杂等客观原因，本研究主要从在场体验和后体验两个阶段对旅游体验进行结构要素解析与识别。

在场旅游体验阶段中，根据情境理论的应用分析结果，本研究提出旅游体验的两个基础概念结构要素：物理情境和社会情境。旅游世界中的物理情境是对非惯常环境的表达，即游客情感体验必然发生于某一地理空间范围内。物理情境是建构游客情感体验的充分必要要素。社会情境则是对旅游活动中旅游者与当地居民、服务提供者及同行游客的态度、行为等关系的描述。因此，基于情境分析观点，旅游者在场情感体验产生于物理情境与社会情境之下的机体反馈。与此同时，结合社会建构主义理论观点，本研究分析了物理情境和社会情境中主体与地方和他人的交互关系，并分析了游客真实性感知发挥的建构作用。研究认为，游客情感体验是在旅游者主导下的个体与物理和社会情境交互关系中产生的，即旅游体验是在旅游场域中主体与旅游地和他人关系的总和。在这一关系中，地方感是对物理情境下的旅游者与目的地关系的精准概括，关系承诺是对社会情境下旅游者与当地居民、同行游客关系的精准描述。此外，通过分析游客真实性感知发生的时间及其对旅游者个体与旅游地、当地居民及同行游客间关系的建构作用，研究提出地方感、关系承诺、真实性感知和情感投入是在场体验阶段中建构旅游者情感体验的结构性要素，并推导出情感体验建构要素的概念模型。

进一步，依据情感控制理论在旅游体验场景中的应用和扩展，本研究将在场情感体验区分为暂时情感与获得情感两个阶段特征。如前文所述，旅游者在场体验阶段中的情感状态表现为累积的阶段性特征，这一累积特征即表明游客情感体验表现为阶段演化的逻辑过程，旅游者在不同阶段所获得的体验情感是有所差异的。在这其中，暂时情感是旅游者在旅游场景的社会交互中，受到各种要素的影响而产生的一种临时体验情感状态，是个体在某一时间段上与旅游目的地、社区居民及同行游客等交互关系中所产生的一种临时心理状态。而获得情感则是旅游者基于评价、效能和活动维度对暂时情感比较后所确认的最终体验情感状态，是经过评价后的主体身心感知，是旅游者在场阶段中的愉悦体验感受。与此同时，结合情感认知评价视角，本研究论述了价值评价在暂时情感和获得情感之间的控制作用，并分析了在场体验阶段中情感转换成本的调控作用。研究认为，愉悦体验是在场阶段中游客基于某些价值标准对所获得暂时情感状态的"选择"与"确认"，而功能价值与情感价值从功效和意义两个不同视角涵盖了旅游者的价值评价。此外，在旅游者情感投入（暂时情感）向愉悦体验（获得情感）转换的过程中，期望与现实的匹配下的成本考虑必然会影响游客最终所获得的情感体验。基于以上观点，本研究提出情感投入、功能价值、情感价值、情感转换成本和愉悦体验是在场阶段中调控旅游者情感体验的结构要素，并推导出情感体验控制要素的概念模型。

体验是被记忆的。在后体验阶段中，本研究分析了游客情感体验的不同存在形态，认为体验记忆是旅游者对在场阶段中所获得情感的长时保存形态。作为一种长期的情节记忆形态，旅游体验记忆是旅游者对在场体验期间所经历事件的一种心理态度，是以记忆形态保存的主体情感状态。在后体验阶段中，作为兼顾情感体验存续和游客后消费行为建构的要素，体验记忆能够更为稳定地对游客后消费行为产生影响作用。因此，本研究提出体验记忆是后体验阶段中游客情感得以存续的结构要素，并推导出情感体验存续要素的概念模型。

基于以上分析，可以得出：在旅游体验的全过程中，旅游者的情感体验发生了转变，这一转变过程包括体验情感状态的转换及其构成要素间的转换。就体验情感而言，在场旅游体验阶段中，旅游体验由暂时的情感投入转变为获得的愉悦体验，来描述旅游者经过价值评价后所最终获得的情感体验状态。在后体验阶段过程中，旅游体验中的情感状态从感觉记忆、短时记忆转变为永久的情感记忆，即表现为旅游者在场阶段中所获得的瞬间愉悦感受转变为美好的、永恒的体验记忆形态。与此同时，从结构要素的视角来看，在场阶段中游客所建构的暂时情感投入、获得的愉悦体验乃至永久的体验记忆均是由不同的结构要素所共变构成的。在这一过程中，在场旅游体验阶段中构成暂时情感投入的地方感、关系承诺及真实性感知转变为建构愉悦体验的功能价值、情感价值及情感转换成本等体验要素，并最终转变为体验记忆的结构要素。因此，从旅游体验发生的情感演变过程及其要素构成内容来看，旅游者的情感体验可以被视为是"瞬间愉悦"到"永恒美好"的转变过程。

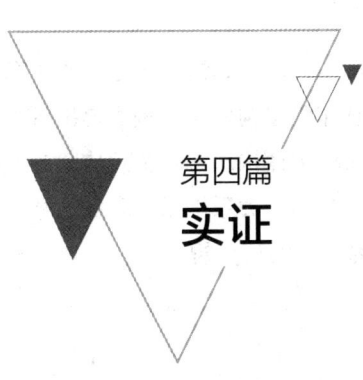

第四篇
实证

第七章
在场阶段中的情感体验建构要素验证

借鉴社会建构主义理论和情境理论，本研究在第六章识别出在场阶段中的情感体验建构要素，进而提出概念模型。为了进一步验证在场体验阶段中建构旅游者情感体验要素的现实关系，本章对概念模型中地方感、关系承诺、真实性感知及情感投入等潜变量间的作用关系进行实证分析。

第一节 研究假设与理论模型

一、地方感对情感投入、关系承诺的影响

基于环境视角，雷尔夫（Relph，1976）认为地方是现实生活环境中有"意义"的地理单元。只有当人们将某种价值赋予空间之上，该空间才能被称为地方（Tsai Chen-Tsang Simon，2016）。可以理解为，只有当人与空间进行交互后，空间自身才具有独特的内涵并能够转变为"地方"。因此，地方是一个涵盖地理区划、感知及个人价值的综合概念体（Nanzer，2004）。与此同时，麦健铭等（McIlvenny, et al.，2009）认为地方作为一个自然地理区域，是个体与环境交互或融合后而产生并获得的各种经历。个体对地

方的主观认知、感知及描述共同构建了地方感的边界（Tuan Yi-Fu, 1980）。

作为学术概念，地方感最早由人本主义地理研究引入人文地理及旅游研究视域中（朱竑，刘博，2011）。瞳逸夫（Tuan Yi-Fu, 1990）认为地方感是能够满足个体需求的一种普遍情感联系。唐文跃（2007）认为地方感是人们对特定地理场所的情感与信仰。从生产过程来分析，朱竑和刘博（2011）认为地方感是人以地方为媒介而产生的特殊情感体验，是"自我"的一个重要组成部分。

对于地方感的结构维度及其所属构念，已有研究仍然存在争议。瞳逸夫（Tuan Yi-Fu, 1980）认为地方感属于一维结构概念。雷欧和欧文（Low, Irwin, 1992）则认为地方感是由地方依恋、地方认同和地方依附所构成的三维结构概念。在对地方感研究脉络的分析中，黄向等（2006）认为地方依附从属于地方依恋，朱竑和刘博（2011）认为将地方感区别为地方依恋和地方认同更有利于厘清概念间的逻辑关系。与之不同，在分析地方依恋与地方认同的区别与联系中，有研究认为地方认同与地方依恋属于平行概念，均从属于地方感这一概念之下（Hernández, et al., 2007; Jorgensen, Stedman., 2001）。此外，瓦斯克和科布林（Vaske, Kobrin, 2001）认为地方认同是地方依恋的子维度。综上所述，作为一个包容性的概念，地方感是主体对特定地方的情感依附和认同（朱竑，刘博，2011）。此外，盛婷婷和杨钊（2015）的研究表明地方感结构维度的识别需要根据研究对象、视角及主题等进行区别。基于以上分析，本研究从旅游者视角来识别主体与旅游目的地之间的情感联系，认为地方感是以地方依恋为核心的主体与地方间的情感联系。地方依恋是旅游者与特殊环境的联系，强调其情感特征（Low, Altman, 1992）。与已有研究观点一致,本研究认为地方认同与地方依附是地方依恋的两个核心维度（Alexandris, et al., 2006; Lee, et al., 2012; Lee Tsung Hung, Shen Yen Ling, 2013; Prayag, Ryan, 2012; Tsai Chen-Tsang Simon, 2016）,分别从情感和功能两个视角对个体与地方间的关联进行概念化表述。已有研究认为,地方认同是指个体与地方间有意义的社会关联,突出情感属性。李宗雄和沈燕玲（Lee Tsung Hung, Shen Yen Ling, 2013）认为地方认同是对发生在游憩体验活动中的心理环境认同。地方依附是个体对地方的功能性联系（Gross, Brown, 2006）,反映的是旅游地在提供必需活动设施中的游客感知重要性。

从在场阶段中游客体验建构的过程及结构要素来看,旅游者对"地方"不同视角的"认同"或"联系"是游客所获得体验的始源。谢彦君（2005）在旅游体验情境模型的研究中指出,旅游体验是个体赋予意义的主观心理过程,以凸显情感与功能意义的"场"影响着游客体验质量的构建。"场"作为一个概念体其实质体现的是旅游者对目的地的"情感性"认同与"功能性"依附。也正如此,游客体验的获取是以地方感为根本基础的。因此,索伊尼等（Soini, et al., 2012）认为地方感与游客体验有着紧密的关系,即体验是通过主体对地方的关注和情感投入来获得的。与此同时,在旅游体验管理的概念模型分析中,班格旦尔（Bagdare, 2016）指出具有高度主观和个体特征的游客体验是旅游者与旅游地环境、居民及各种客体等交互的一个结果。在班格旦尔的 MTE 概念模型中,旅游目的地特征、环境、地方文化等都是游客情感体验建构的重要前置变量。与此同时,关系承诺作为旅游者与目的地居民及同行游客间的情感联系和协作关系,必然建构和发生于旅游目的地场域环境中。此外,已有研究认为地方感中具有情感属性特征的地方认同能够对功能性的地方依附产生直接影响作用。因此，在场体验阶段中的游客地方感能够对游客情感投入及旅游者的社会关系产生直接影响作用。

基于此，本研究提出如下研究假设：

H1：旅游者地方认同对旅游者情感投入具有显著的正向影响效应。

H2：旅游者地方依附对旅游者情感投入具有显著的正向影响效应。

H3：旅游者地方认同对旅游者地方依附具有显著的正向影响效应。

H4：旅游者地方认同对旅游者关系承诺具有显著的正向影响效应。

二、关系承诺对情感投入的影响

"承诺"一词作为学术用语最早由贝克尔（Becker，1960）引入社会学研究领域中。作为一个描述性的概念，承诺用来标记特殊个体或群体行为特征的范式（Becker，1960）。就承诺的内在属性而言，已有研究将承诺视为主体的心理意向，即描述个体保持关系或维持行动的心理现象（黄文彦，蓝海林，2010）。此外，有研究将承诺视为心理认同、心理依附或心理枢纽等（González，Guillen，2008；O'Reilly，Chatman，1986；Porter，et al.，1976）。

在关系营销中，关系承诺被认为是建立长期有效关系的关键因素（Hennig-Thurau，et al.，2002），并将其视为解释顾客忠诚的潜在构念（Bendapudi，Berry，1997）。在关系承诺的定义中，迈耶和赫斯科维茨（Meyer，Herscovitch，1984）认为承诺是联结个体与行为的"力量"。安德森与韦茨（Anderson，Weitz，1992）将承诺解释为某种关系终结的潜在损失。在关系承诺的结构维度上，尽管艾伦与迈耶（Allen，Meyer，1990）和富勒顿（Fullerton，2003）等提出关系承诺的两维度、三维度结构，但情感承诺仍然是关系承诺的主要结构维度。艾伦与迈耶（Allen，Meyer，1990）认为情感承诺是个体对组织的心理依恋。关系承诺的情感属性是主体基于偏爱态度、感知及情绪等所维持的一种关系。与此同时，作为关系维持的意象表现，情感承诺的实质是主体对某一"标的物"的偏爱及获取期望（Khal Nusair，et al.，2010）。

旅游体验是一种心理现象，是主体以情感或情绪表现出来的愉悦状态（马天，谢彦君，2015）。从在场体验阶段中游客愉悦体验状态建构的过程来看，在旅游世界中"旅游场"这一心理情境下，旅游者与当地居民、从业人员及同行游客间的"互动"（彭丹，2013；谢彦君，2011）是在场体验建构的重要元素，而这种"互动"则具体表现为人与人的某种情感关系。正如彭丹（2013）在"旅游者互动的社会关系"中所阐明的观点，旅游体验中存在"人与物"和"人与人"两种不同类型的关系，旅游者之间的互动和社会关系对体验质量有着很大的影响。作为一种交互及协作关系，人与人的社会关系则表现为一种情感性的关系承诺。从关系营销的视角来看，在场体验阶段中旅游者与某"人"关系的建构实质是一种心理认同、心理依附或心理枢纽。正如，摩根和亨特（Morgan，Hunt，1994）所述，顾客关系承诺是主体对商业关系积极态度的表现，是为维持某种价值关系的容忍意愿（Moorman，et al.，1993）。那么，作为一种概念延伸，在场体验阶段中旅游者与当地居民、同行游客之间的关系承诺则是个体为获得愉悦体验感受而积极建立的社会关系。这一交互关系会直接影响游客情感体验状态的获取程度及其质量评价。因此，旅游者与目的地居民、从业人员及同行游客之间的情感关系承诺必然会直接影响游客自身情感体验的建构。

基于此，本研究提出如下研究假设：

H5：旅游者关系承诺对旅游者情感投入具有显著的正向影响效应。

三、真实性感知对地方感、关系承诺与情感投入关系的调节作用

真实性（Authenticity）最初用来描述博物馆展品"真实"的概念，于20世纪70年代由社会学家麦坎内尔引入旅游研究体系中。已有研究认为，一方面真实性是游客体验结果的体现（Leigh, et al., 2006; Yeoman, et al., 2007）；另一方面真实性也是旅游体验的重要前置影响变量（Kolar, Zabkar, 2010; MacCannell, 1973），即真实性能够对旅游者动机及兴趣产生诱导作用。例如，麦坎内尔（MacCannell, 1973）认为旅游者出行的动机是对真实体验的追求；科拉尔和扎科尔（Kolar, Zabkar, 2010）的研究认为真实性能对游客忠诚产生积极的影响作用。因此，通过考察塑造游客真实性和体验的各种结构性倾向，可以更好地理解旅游体验的内涵（MacCannell, 1973）。

在真实性的结构类型上，客观主义真实性与存在主义真实性是真实性研究的两个主要方向。以布尔斯廷（Boorstin, 1964）和麦坎内尔（MacCannell, 1973）为代表的学者认为真实性作为旅游产品的内在特征，可以使用"绝对"标准进行度量。与之不同，周其楼等（Zhou Qilou Bill, et al., 2013）则认为现实中的真实性并非是绝对存在的，而是通过旅游者"个体"来判断和识别的。进一步，张捷等（Zhang Jie, et al., 2008）的研究认为真实性是动态和多变的，旅游体验研究中的真实性应该从主观视角展开。因此，真实性研究的主观性特质得到广泛支持（Reisinger,

Steiner, 2006; Robinson, Clifford, 2012; Zhang Jie, et al., 2008)。作为可以度量的、主观视角下的真实性类型,布莱斯等(Bryce, et al., 2015)认为存在真实性是有关活动或体验对象的"自由",即存在真实性是主体的一种情感。与此同时,王宁(Wang Ning, 1999)认为存在真实性包括人际间和个体内部两个方面的情感。

作为旅游体验研究中的重要概念,真实性对游客忠诚、投入、行为意向等后消费行为意图的直接影响作用已得到研究证实(Bryce, et al., 2015; Novello, Fernandez, 2016; Ramkissoon, Uysal, 2011; Zhou, Zhang, Edelheim, 2013; 刘晶晶, 2017)。例如,瑞蒙克桑恩和乌伊萨尔(Ramkissoon, Uysal, 2011)的研究认为游客真实性感知能够正向调节动机、信息搜寻行为、目的地印象对行为意图的作用关系。作为游客在场体验建构的重要支撑元素,真实性感知与游客情感体验有着不可剥离的紧密关联,它既是体验的目的,又是体验的前置变量。从存在真实性的视角来看,真实性是基于客体基础之上的主体情感联系。这种情感一方面建构于旅游地客观真实的基础之上,另一方面是游客与旅游地及当地居民等交互基础之上的情感关系状态。作为在场体验阶段中游客情感建构的重要结构元素,地方感与关系承诺对游客体验的前置驱动作用必然受到主体存在真实性感知的影响。可以认为,游客真实性感知能够对地方感、关系承诺与游客暂时情感建构起到调节的作用。

基于此,本研究提出如下研究假设:

H6:旅游者真实性感知程度越高,地方认同对游客情感投入的影响越强。

H7:旅游者真实性感知程度越高,地方依附对游客情感投入的影响越强。

H8：旅游者真实性感知程度越高，关系承诺对游客情感投入的影响越强。

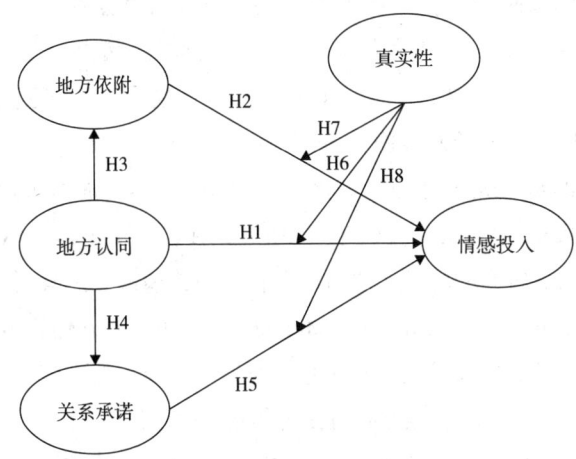

图 7-1　理论模型图

第二节　研究设计

一、量表来源

（一）题项设计

1. 地方感：地方依附与地方认同

文献回顾表明，已有研究对于地方感及其子维度测量问项的选择仍然存在争议，而量表选择的关键则在于如何界定地方感的概念内涵与边界。例如，布里克与凯尔斯坦德尔（Bri Cker, Kerstetter, 2000; Kerstetter, 2002）的两次研究结果均将地方感识别为三维度和五维度测量结构。

　　本研究认为地方感是以地方依恋为核心的旅游者与旅游目的地间的情感联系，其中地方认同与地方依附分别从情感层面和功能层面来度量游客与地方间的"关联"。因此，对于在场体验中游客地方感的地方认同和地方依附度量，本研究选取亚历桑迪斯、寇桑斯及蔓丽蒂（Alexandris, Kouthouris, Meligdis, 2006）的短量表进行测量。该量表最初来源于威廉姆斯和瓦斯克（Williams, Vaske, 2003）的研究，并经过凯尔等（Kyle, et al., 2004）研究的验证。之所以选择亚历桑迪斯、寇桑斯及蔓丽蒂（Alexandris, Kouthouris, Meligdis, 2006）地方感的短量表，一方面是考虑到该量表能够完整地对地方认同和地方依附进行测量；另一方面短量表能够有效提升问卷回收的比例。

　　量表中地方认同和地方依附均属于一阶结构的潜变量，分别包含4个、3个测量问项。例如，"相比其他旅游地，我非常享受在该旅游地的旅行""对我来说，在该地旅行所获得的体验是不能被替代的""我非常认同（认可）该旅游地""对我来说，该旅游地意义重大"等。

2. 关系承诺

　　已有研究文献中没有度量旅游体验中游客社会关系的量表，关系营销中的顾客关系承诺量表也不适用于旅游体验过程中不同社会关系的度量。但，顾客关系承诺及其情感承诺维度的内涵解释、测量问项等为开发在场体验阶段中旅游关系承诺量表提供了重要的参考和指引。因此，本研究根据丘吉尔（Churchill, 1979）提出的量表开发步骤进行测量问项的开发。（1）文献回顾。凯尔等（Kyle, et al., 2004）将旅游者与某地或某物的社会关系定义为社会纽带（Social Bonding），并借鉴组织承诺量表对旅游中的社会关联进行测量。摩根和亨特（Morgan, Hunt, 1994）认为关系承诺是主体对商业关系积极态度的表现,是为维持某种价值关系的容忍意愿(Moorman,Deshpande,Zaltman,1993)。因此,在采用归纳法收集量表测量题项时,重点关注旅游者与旅游目的地居民及同行游客间情感关系建构等方面的因素。(2)量表评定与修改。请大三在校学生对各题项所描述的内容进行评价,对表述不清楚、与现实情况不符的题项进行修正。再将量表提交给由3人组成的旅游专家组,对测量问项的科学性和适用性进行评价,最终得到由6个题项构成的测量工具。该量表的信效度质量评价,将通过预调查中的探索性因子分析和正式调查中的验证性因子分析进行综合评测。

基于以上分析,本研究使用旅游关系承诺来度量在场体验阶段中旅游者与当地居民、同行游客等之间的情感关系。该量表属于二阶构念的潜变量,包括当地居民和同行游客两个维度,共有6个测量问项。例如,有"在旅行过程中,我很重视与当地(社区)居民的关系""当地(社区)居民的态度会影响我的旅游体验感受""与我同行的伙伴很喜欢该旅游地(景区)""同行伙伴的建议有助于我获得更多的旅游体验感受"等测量问项。

3. 真实性感知

通过文献回顾,有关游客真实性感知的分类主要有客观真实性、建构真实性、存在真实性三个类别(Wang Ning,1999)。在游客真实感知量表的开发与选择方面,建构真实性作为一种"概念"真实,是游客、旅游服务提供者根据想象、游客期望及偏好等共同建构出的真实感受。建构真实性是对真实性概念的理论探讨。也正如此,有关游客真实性感知的测量主要从客观真实性和存在真实性两个视角进行度量。周其楼等(Zhou Qilou Bill, et al.,2013)认为客观真实性是旅游者对原真景观、文化的感知,存在真实性则是基于客观真实基础之上的游客情感获得。科拉尔和扎科尔（Kolar，Zabkar，2010）认为客观真实与存在真实的度量差异在于是否考虑到主体的情感特征。可以认为，客观真实与存在真实度量的核心分别在于功能与情感。

基于以上分析，考虑到旅游者在场体验建构的情感属性特征及存在真实性的内涵（Novello，Fernandez，2016），本研究借鉴布莱斯、柯伦、奥戈尔曼及塔赫里（Bryce，Curran，O'Gorman，Taheri，2015）的存在真实性量表对旅游者在场体验阶段中的真实性感知进行度量。该量表包括4个测量问项，如"在该景区中，我感受到了当地的历史、人物、故事等""在该景区中，我获得了精神上的体验""在该景区中，我感受到了人类历史及文化的变迁"等题项。

4. 情感投入

在情感投入的量表选择方面，翟赤坎赛（Zaichkowsky，1985）开发了个人投入量表（Personal Involvement Inventory），该量表属于单维度量表，主要应用于对实物产品的消费者投入程度测量。洛朗和卡普费雷尔（Laurent，Kapferer，1985）开发了顾客投入量表（Consumer Involvement Profile），该量表属于多维度量表，包括重要性、愉悦、符号、风险感知和风险后果五个维度，其中，愉悦维度主要反映主体对产品或服务的享乐或愉悦感受。与此同时，也有研究表明多维度的顾客投入量表在旅游和游憩研究应用中仍然存在争议（Funk，et al.，2004）。进一步，有学者对多维度的量表进行修正，如提出容忍投入、认知投入、情感投入等量表。也正如此，普拉亚格和瑞恩（Prayag，Ryan，2012）认为已有研究对个人或情感投入量表仍未能达成一致。

基于以上分析，考虑到旅游研究的实际情况及选择经过多方验证的量表，本研究借鉴普拉亚格和瑞恩（Prayag，Ryan，2012）游客投入中的情感投入维度量表对在场体验阶段中游客初始情感的投入与建构进行度量。该量表属于一阶构念的潜变量,共包括6个测量问项。例如,有"我对该旅游景区很感兴趣""在这里旅游感觉像是送自己一个礼物""我很乐意参与在这里开展的各种旅游活动"等测量问项。为了进一步确保所选择量表的稳健性,本研究将通过预调查及正式调查的样本数据对量表的信效度进行检验。

由于量表(表7-1)来自英语国家文献,因此,为了确保测量问项中文转译的准确性,本研究邀请两位英语翻译专业的博士进行交叉翻译和回译,以确保中文量表能够准确表述原测量问项。

表7-1 测量题项

构念	题项	编号
地方依附 PD	相比其他旅游地,我非常享受在该旅游地的旅行	PD1
	相比其他旅游地,我非常满意在该旅游地的旅行	PD2
	相比其他旅游地,在该地旅行是非常重要的	PD3
地方认同 PI	对我来说,该旅游地意义重大	PI1
	我非常喜欢该旅游地	PI2
	我非常认同(认可)该旅游地	PI3
	该旅游地独特的生活方式(地域文化、习俗等)吸引了我	PI4
关系承诺(居民)SRL	在旅行过程中,我很重视与当地(社区)居民的关系	SRL1
	当地(社区)居民很友好	SRL2
	当地(社区)居民的态度会影响我的旅游体验感受	SRL3

续表

构念	题项	编号
关系承诺 （游客） SRT	在旅行过程中，我很重视与同行伙伴的关系	SRT1
	与我同行的伙伴很喜欢该旅游地（景区）	SRT2
	同行伙伴的建议有助于我获得更多的旅游体验感受	SRT3
真实性感知 EA	这次旅行提供了深入了解该景区历史文化的机会	EA1
	在该景区中，我感受到了当地的历史、人物、故事等	EA2
	在该景区中，我获得了精神上的体验	EA3
	在该景区中，我感受到了人类历史及文化的变迁	EA4
情感投入 EI	我很高兴在这里旅游	EI1
	我非常重视在这里旅游	EI2
	我对该旅游景区很感兴趣	EI3
	在这里旅游感觉像是送自己一个礼物	EI4
	我很乐意参与在这里开展的各种旅游活动	EI5
	我会向其他人分享所获得的旅游体验	EI6

（二）问卷结构

调查问卷由两个部分的内容构成。问卷的第一个部分为地方认同、地方依附、关系承诺（居民）、关系承诺（游客）、真实性感知及情感投入五个变量的测量指标。在这一部分的题项布局上，各构念所属的测量问项间采用间隔设计，便于被调查者回答。第二部分为被调查者的人口统计信息，包括性别、年龄、受教育程度、职业以及平均月收入五个题项。

在各题项的度量选择方面，人口统计信息采用类别变量进行度量。此外，考虑到被调查者回答问题的便利性和兼顾度量的可靠性，地方认同、地方依附、关系承诺（居民）、关系承诺（游客）、真实性感知及情感投入量表的测量采用李克特五点量表进行度量（Dawes，2008），即，1分代表"非常不同意"、2分代表"不同意"、3分代表"一般"、4分代表"同意"、5分代表"非常同意"。

二、预调查与问卷质量评估

（一）数据收集

为了确保问卷的质量及量表的信效度，本研究于2017年9月28日在贵阳青岩古镇旅游景区进行预调查的问卷数据收集。采用自我主导式的便利抽样方法，在景区的出口处对结束旅游行程的游客发放问卷。本次调查中共计发放问卷70份，回收问卷63份，其中有效问卷为50份，问卷的回收率和有效问卷率分别为90%和71%。

人口学统计分析显示（表7-2），预调查中男性游客有16人，女性游客有34人，占比分别为32%和68%。在年龄结构方面，19岁至24岁、25岁至34岁的游客最多，分别为19人、15人，两者占比共计68%。在受教育程度方面，62%的游客有本科教育背景，28%的受访者接受过大学专科的学历教育。在游客职业分布上，学生和企业事业人员是本次调查对象的主体，占比为60%，共计30人。此外，在预调查的游客月均收入方面，38%的游客月均收入在2001元至5000元这个区间中；高收入群体（收入高于6500元）共计有7人，占比为14%。

表 7-2 预调查人口统计信息（N=50）

指标	类别	样本数	比重%	指标	类别	样本数	比重%
性别	男性	16	32	职业	学生	18	36
	女性	34	68		企事业人员	12	24
年龄	≤18岁	4	8		教师	2	4
	19~24岁	19	38		离退休人员	1	2
	25~34岁	15	30		公务员	5	10
	35~44岁	6	12		私营业主	5	10
	45~54岁	5	10		自由职业者	7	14
	≥55岁	1	2	月均收入	≤2000元	17	34
教育程度	高中及以下	3	6		2001~3500元	10	20
	大专	14	28		3501~5000元	9	18
	本科	31	62		5001~6500元	7	14
	硕士及以上	2	4		≥6501元	7	14

（二）信度分析

在信度分析中，本研究采用 Cronbach's Alpha（克隆巴赫阿尔法）值来测量量表的内在一致性程度，以确定各测量指标是否同属于同一维度或构念。根据以往研究经验，Cronbach's Alpha 的取值范围为 0.6 至 0.7 之间（Churchill, 1979），即表明量表具有相应的可靠性。此外，为了进一步确保量表的信度，本研究还对量表的校正项总计相关性（CITC）和已删除项的 Cronbach's Alpha 值进行分析。

表 7-3 的信度分析结果表明，预调查中量表的总体 Alpha

值为 0.904，表明量表的可靠性较高。构念"地方依附"的总体 Cronbach's Alpha 系数为 0.847，其所属的三个测量题项 PD1、PD2 和 PD3 的校正项总计相关性系数（CITC）均大于 0.65，表明各题项之间具有较好的相关性。在项已删除的 Cronbach's Alpha 指标方面，删除测量题项 PD3 后的信度指标为 0.860，大于该构念的总体 Alpha 系数。考虑到测量题项的完整性、CITC 的质量及删除该题项后信度系数仅提升 0.013 个单位，因此，予以保留该题项。构念"地方认同"的总体 Cronbach's Alpha 系数为 0.768，其所属的四个测量题项的 CITC 系数均大于临界值 0.4 的技术要求（0.487~0.673），说明各题项之间具有良好的关联性。需要说明的是，除去测量题项 PI4 外，删除各题项的 Cronbach's Alpha 系数（0.659~0.708）均小于构念的总体 Alpha 值（0.768）。同样，考虑到测量题项的完整性、校正项总计相关性及信度系数提升的幅度，对测量题项 PI4 予以保留。

表 7-3 量表信度分析（N=50）

指标	项已删除的均值	项已删除的方差	校正项总计相关性（CITC）	项已删除的 Cronbach's Alpha	Cronbach's Alpha
PD1	6.649	3.003	0.762	0.763	
PD2	6.580	2.616	0.757	0.746	0.847
PD3	6.750	2.472	0.661	0.860	
PI1	10.778	3.706	0.583	0.708	
PI2	10.716	3.871	0.654	0.666	0.768
PI3	10.535	3.937	0.673	0.659	
PI4	10.473	4.762	0.487	0.798	

续表

指标	项已删除的均值	项已删除的方差	校正项总计相关性（CITC）	项已删除的Cronbach's Alpha	Cronbach's Alpha
SRL1	7.420	2.085	0.408	0.644	
SRL2	7.540	1.723	0.660	0.569	0.702
SRL3	7.000	1.837	0.422	0.652	
SRT1	7.769	1.642	0.467	0.713	
SRT2	8.200	1.551	0.537	0.627	0.717
SRT3	8.209	1.488	0.612	0.536	
EA1	10.952	3.748	0.648	0.712	
EA2	10.921	3.870	0.640	0.716	0.790
EA3	10.880	4.292	0.595	0.741	
EA4	10.903	4.299	0.517	0.777	
EI1	18.169	12.346	0.614	0.867	
EI2	18.367	12.275	0.678	0.856	
EI3	18.273	12.160	0.774	0.842	0.928
EI4	18.371	11.774	0.688	0.855	
EI5	18.370	12.100	0.662	0.859	
EI6	18.045	12.264	0.689	0.854	

维度"关系承诺（居民）"的总体 Cronbach's Alpha 系数为 0.702，其所属的三个测量题项的校正项总计相关性系数均大于临界值 0.4，即表明三个测量题项之间具有良好的相关性。此外，删除各题项的 Cronbach's Alpha 系数分别为 0.644、0.569 和 0.652，

均小于构念总体 Alpha 值（0.702），分析表明该维度具有良好的信度。维度"关系承诺（游客）"的 Cronbach's Alpha 值是 0.717，其所属三个测量题项的 CITC 值均大于临界值 0.4，即题项间的相关性满足指标要求。同时，删除任一题项其 Cronbach's Alpha 系数也不会有较大改善，分析表明"关系承诺（游客）"的信度质量满足要求。构念"真实性感知"的总体 Cronbach's Alpha 系数为 0.790，其所属的四个测量题项的校正项总计相关性系数均大于 0.5，即表明测量题项之间具有良好的相关性。此外，删除各题项的 Cronbach's Alpha 系数分别为 0.712、0.716、0.741 和 0.777，均小于构念总体 Alpha 值，表明该构念具有良好的信度。情感投入的总体 Cronbach's Alpha 系数为 0.928，其所属的六个测量题项 EI1、EI2、EI3、EI4、EI5 及 EI6 的 CITC 系数均大于 0.6，表明各题项之间具有较好的相关性。此外，删除各题项的 Cronbach's Alpha 系数均小于变量总体 Alpha 值，进一步表明，情感投入量表具有较好的信度质量。

（三）效度分析

下面对预调查数据进行探索性因子分析以进一步检验量表的效度。根据探索性因子分析的技术要求，在进行分析前首先对样本数据的 KMO（Kaiser-Meyer-Olkin）统计量和 Bartlett 球度检验（巴特利特球度检验）及其显著性进行分析。KMO 是比较变量间的简单和偏相关系数的测量指标，其取值范围在 0 到 1 之间。根据已有研究经验，一般认为 KMO 系数大于 0.7 则适合做因子分析，大于 0.9 表明非常适合，最低临界取值为 0.5，否则不能进行因子分析（余建英，何旭宏，2003）。Bartlett 球度检验则用于判断变量之间是否存在相关性，要求伴随概率满足显著性水平（小于 0.001）（余建英，何旭宏，2003）。与此同时，采用主成分因子分析和最大方差正交旋转方法，并遵循降维分析的要求（Byrne，1998）进行探索性因子分析：因子特征根大于 1；测量指标的因子载荷大于 0.5（至少大于 0.4）；因子载荷间不存在交叉负荷；总方差解释度大于 60%；各因子题项不少于 3 个。

分析结果表明，量表的 KMO 值为 0.910，Bartlett 球度检验系数为 2560.398，显著性水平为 0.000，满足因子分析的要求。

主成分因子分析结果表明（表 7-4），除测量问项 PI4 外，各测量题项的因子载荷均大于 0.5。其中，问项 PI4 的因子载荷系数为 0.402；最高因子载荷为问项 PD2，其系数为 0.833，且不存在交叉项。进一步，样本的总体方差解释度为 69.332%，共分离出六个公因子，其中旋转后第一个因子的载荷为 14.858%，第二个因子的载荷为 13.260%，第三个因子的载荷为 12.916%，第四个因子的载荷为 10.743%，第五个因子的载荷为 8.841%，第六个因子的载荷为 8.714%。此外，根据周浩和龙立荣（2004）提出的共同方法偏差检验方法及要求，未经旋转的第一个公因子载荷为 40.773%，小于 50%，基本排除共同方法偏差。分析结果证实，经探索性因子分析所抽取出的六个公因子及其所属测量问项与原始量表结构一致。因此，该量表具有较好的效度。

表 7-4 量表探索性因子分析（N=50）

指标	因子 1	因子 2	因子 3	因子 4	因子 5	因子 6
PD1		0.754				
PD2		0.833				
PD3		0.662				
PI1				0.724		
PI2				0.623		
PI3				0.690		

续表

指标	因子1	因子2	因子3	因子4	因子5	因子6
PI4				0.402		
SRL1					0.637	
SRL2					0.716	
SRL3					0.761	
SRT1						0.744
SRT2						0.651
SRT3						0.757
EA1			0.729			
EA2			0.787			
EA3			0.684			
EA4			0.603			
EI1	0.627					
EI2	0.669					
EI3	0.756					
EI4	0.656					
EI5	0.723					
EI6	0.657					
方差解释度	14.858%	13.260%	12.916%	10.743%	8.841%	8.714%

三、正式调查

（一）数据收集

问卷样本量一直以来是进行数据分析的热点议题。已有研究认为大样本是确保统计分析获得稳定估计参数的必要保障

(Worthington, Whittaker, 2006)。对于结构方程模型而言，一些学者认为进行验证性因子分析或路径分析的最小样本量必须大于200，也有学者认为数据分析的最小样本量（可接受范围）介于100至200之间（Kline, 2015）。此外，还有学者认为，样本量应当根据观测变量的个数来设置，即按照观测变量个数的1∶5或1∶10进行抽样调查（Grimm, Yarnold, 1995）。特勒·皮特·M和周志平（Bentler Peter M, Chou Chih-Ping, 1987）认为问卷样本量的最低限度是估计参数的5倍或10倍。与此同时，根据沃辛顿与惠特克（Worthington, Whittaker, 2006）的建议，样本量与观测变量的比例至少为5∶1是足够的，10∶1的比率是最佳的。另外，他们不建议在小于100个的样本量上进行结构方程模型分析。因此，根据格林和亚诺尔德（Grimm, Yarnold, 1995）、克莱恩（Kline, 2015）以及沃辛顿与惠特克（Worthington, Whittaker, 2006）对问卷样本数量的建议，除人口统计学信息变量外，本次数据分析中的测量指标共计有23个，按照1∶10的最佳比率要求，本次调查中所需的最低样本量是230份。

在正式调查中，问卷发放采用自我主导式的便利抽样方法，分别于2017年10月5日至6日在贵阳市青岩古镇、2017年10月27日至29日在黔东南州西江千户苗寨等两个景区的出口处对结束旅游行程的游客发放问卷。在征询游客是否同意填写问卷后进行数据采集。本次调查中共计发放问卷500份，回收494份，其中有效问卷为479份，问卷的回收率和有效率分别为99%、96%。正式调查中有效回收问卷的数量超过230份，能够满足数据分析的需要。

（二）人口统计学分析

人口统计学分析显示（表7-5），正式调查中男性游客与女

性游客的比重基本持平，分别为 203 人和 276 人，占比为 42.4%
和 57.6%。在游客年龄分布方面，19 岁至 34 岁间的游客占比为
74.5%，表明在客源结构中青年游客是旅游主力军。此外，35 岁
至 54 岁的中年游客占比为 21.1%。在受教育程度方面，81.5% 的
游客有大专及本科教育背景，42 名游客接受过研究生及以上的
学历教育。在职业方面，学生和企业事业人员在本次调查中占比
最高，分别为 32.8% 和 30.7%，共计 304 人；私营业主、自由职
业者和国家公务员分别为 44 人、57 人和 33 人。与此同时，在本
次调查的游客月均收入方面，23.8% 的游客月均收入为 3501 至
5000 元；18.4% 的游客月均收入为 2001~3500 元；30% 的游客月
均收入高于 5001 元。

表 7-5 正式调查人口统计信息（N=479）

指标	类别	样本数	比重 %	指标	类别	样本数	比重 %
性别	男性	203	42.4	职业	学生	157	32.8
	女性	276	57.6		企事业人员	147	30.7
年龄	≤18 岁	38	7.9		教师	24	5
	19~24 岁	169	35.3		离退休人员	17	3.5
	25~34 岁	140	29.2		公务员	33	6.9
	35~44 岁	64	13.4		私营业主	44	9.2
	45~54 岁	37	7.7		自由职业者	57	11.9
	≥55 岁	31	6.5	月均收入	≤2000 元	133	27.8
教育程度	高中及以下	47	9.8		2001~3500 元	88	18.4
	大专	143	29.9		3501~5000 元	114	23.8
	本科	247	51.6		5001~6500 元	83	17.3
	硕士及以上	42	8.8		≥6501 元	61	12.7

第三节 数据分析

一、描述性统计分析

对各测量指标的均值、标准差、偏度及峰度进行描述性统计分析。

表 7-6 数据描述性统计（N=479）

指标	均值	标准差	偏度	峰度	指标	均值	标准差	偏度	峰度
PD1	3.514	0.808	0.104	0.615	SRT3	3.912	0.815	−0.486	0.202
PD2	3.495	0.830	−0.049	0.227	EA1	3.645	0.853	−0.234	−0.033
PD3	3.390	0.907	−0.158	0.028	EA2	3.566	0.895	−0.254	−0.035
PI1	3.456	0.948	−0.206	−0.120	EA3	3.653	0.844	−0.259	−0.045
PI2	3.558	0.889	−0.122	0.057	EA4	3.723	0.885	−0.203	−0.428
PI3	3.625	0.865	−0.178	−0.038	EI1	3.798	0.831	−0.372	0.210
PI4	3.729	0.861	−0.328	−0.007	EI2	3.585	0.853	0.067	−0.173
SRL1	3.670	0.864	−0.203	−0.035	EI3	3.685	0.861	−0.210	−0.100
SRL2	3.715	0.798	−0.055	−0.158	EI4	3.644	0.930	−0.339	0.042
SRL3	3.994	0.840	−0.626	0.341	EI5	3.685	0.874	−0.315	−0.003
SRT1	4.259	0.770	−0.938	0.894	EI6	3.911	0.829	−0.494	0.344
SRT2	3.824	0.810	−0.111	−0.550	—	—	—	—	—

根据已有研究经验，一般认为正面测量问项的均值大于 3，标准差大于 0.5，则数据具有较好的波动性。此外，为了确保数

据符合正态分布并进行后续路径分析,根据黄芳铭(2005)的建议,偏度和峰度指标分别小于 3 和 10 以下,则认为数据符合正态分布。由表 7-6 统计数据可知,所有测量题项的均值、标准差、偏度和峰度均在可接受范围内,各测量指标的均值范围在 3.390 和 4.259 之间,标准差均大于 0.7。因此,正式调查所获取的样本数据拟正态分布。

二、信度分析

正式调查中量表的总体 Alpha 值为 0.948,表明量表的可靠性较高。与此同时,在 CITC 分析中(表 7-7),各测量指标的校正项总计相关性系数均大于 0.5,取值范围在 0.517 和 0.780 之间,说明各题项之间具有良好的关联性。

表 7-7 量表信度分析(N=479)

指标	项已删除的均值	项已删除的方差	校正项总计相关性(CITC)	项已删除的 Cronbach's Alpha	Cronbach's Alpha
PD1	6.885	2.474	0.780	0.778	0.865
PD2	6.904	2.414	0.778	0.778	
PD3	7.008	2.387	0.678	0.876	
PI1	10.912	4.980	0.658	0.813	0.844
PI2	10.811	5.004	0.722	0.784	
PI3	10.743	5.004	0.753	0.771	
PI4	10.639	5.520	0.594	0.838	

续表

指标	项已删除的均值	项已删除的方差	校正项总计相关性（CITC）	项已删除的Cronbach's Alpha	Cronbach's Alpha
SRL1	7.708	1.863	0.560	0.559	0.703
SRL2	7.664	1.974	0.588	0.530	
SRL3	7.385	2.181	0.521	0.732	
SRT1	7.737	2.081	0.517	0.731	0.749
SRT2	8.172	1.902	0.566	0.678	
SRT3	8.084	1.753	0.652	0.575	
EA1	10.942	4.847	0.705	0.790	0.843
EA2	11.020	4.761	0.681	0.800	
EA3	10.934	4.948	0.683	0.800	
EA4	10.864	4.914	0.645	0.816	
EI1	18.510	12.730	0.713	0.878	0.896
EI2	18.723	12.595	0.714	0.878	
EI3	18.623	12.266	0.771	0.869	
EI4	18.665	12.071	0.729	0.876	
EI5	18.623	12.578	0.694	0.881	
EI6	18.398	12.826	0.697	0.881	

地方认同、关系承诺（游客）与情感投入变量各测量题项删除后的 Cronbach's Alpha 系数均小于各构念、维度的总体 Alpha 值。需要指出的是，在地方依附和关系承诺（居民）量表中，删除题项 PD3 和 SRL3 后的 Cronbach's Alpha 值分别为 0.876 和 0.732，均大于该变量的总体 Alpha 值，但考虑到各构念或潜变量至少需要三个观察题项，且删除该问项后信度质量仅提升了 0.011 和 0.029 个单位，故保留这两个测量题项。

三、效度分析

（一）探索性因子分析

本研究采用主成分因子分析和最大方差正交旋转方法，并遵循降维分析的要求进行探索性因子分析。分析结果表明：量表的 KMO 值为 0.949，Bartlett 球度检验系数为 6277.007，显著性水平为 0.000，满足因子分析要求。数据分析显示（表 7-8）：各测量题项的因子载荷均大于 0.5，且不存在交叉项。样本的总体方差解释度为 69.988%，共分离出六个公因子。其中，第一个公因子的载荷为 15.933%，第二个公因子的载荷为 13.366%，第三个公因子的载荷为 13.096%，第四个公因子的载荷为 9.757%，第五个公因子的载荷为 9.372%，第六个公因子的载荷为 8.464%。探索性因子分析的结果与问卷初始量表及预调查分析结果相一致。

与此同时，根据图 7-2 的探索性因子分析碎石图结果可以得出，在降维析出第六个公因子之后，成分数趋势线也进一步变平缓，符合六因子的结构特征。根据周浩和龙立荣（2004）的共同方法偏差检验建议，进行 Harman（豪斯曼）单因素检验，未经旋转的第一个公因子载荷为 45.270%，小于 50%。因此，基本排除共同方法偏差。

表 7-8 量表探索性因子分析（N=479）

指标	因子1（情感投入）	因子2（地方认同）	因子3（真实性）	因子4（地方依附）	因子5（游客关系）	因子6（居民关系）
PD1				0.643		
PD2				0.731		
PD3				0.534		
PI1		0.726				
PI2		0.701				
PI3		0.713				
PI4		0.566				
SRL1						0.778
SRL2						0.730
SRL3						0.656
SRT1					0.762	
SRT2					0.631	
SRT3					0.743	
EA1			0.710			
EA2			0.753			
EA3			0.668			
EA4			0.657			
EI1	0.607					
EI2	0.641					
EI3	0.697					

续表

指标	因子1（情感投入）	因子2（地方认同）	因子3（真实性）	因子4（地方依附）	因子5（游客关系）	因子6（居民关系）
EI4	0.720					
EI5	0.695					
EI6	0.638					
方差解释度	15.933%	13.366%	13.096%	9.757%	9.372%	8.464%

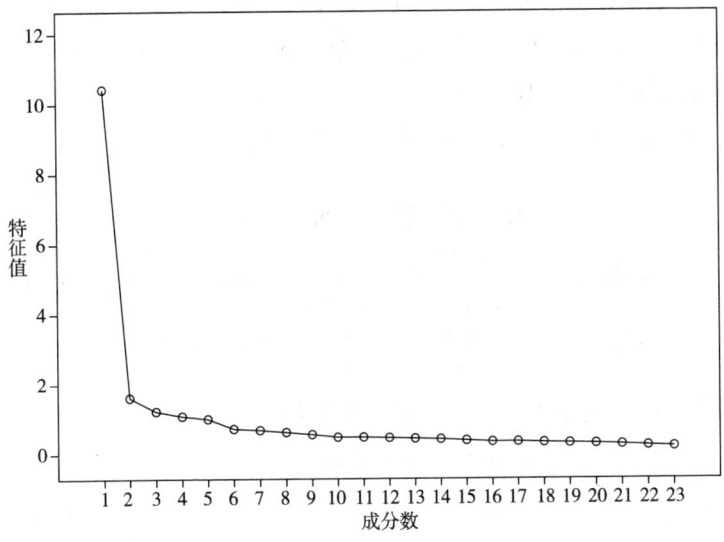

图7-2 探索性因子分析碎石图

（二）验证性因子分析

为进一步验证量表的适应性，对所有构念进行验证性因子（CFA）分析。与探索性因子分析不同，验证性因子分析用来检验建构效度的适切性和真实性（吴明隆，2009）。根据巴戈与易友杰（Bagozzi Richard P, Yi Youjae, 1988）、拜恩（Byrne, 1998）和吴明隆（2009）建议的模型匹配度指标，在验证性因子分析中模型的卡方与自由度比值（χ^2/df）在1~3之间，代表模型适配良好，当该系数值大于3时则表示假设模型无法反映真实观察数据；良性适配指标（GFI）大于0.9；增值适配指标（IFI）大于0.9；非规范适配指标（TLI）大于0.9；比较适配指标（CFI）大于0.9。此外，模型匹配度还要求渐进残差均方和平方根（RMSEA）小于0.08，以进一步观察模型的适配度。

数据分析结果显示（表7-9）：χ^2/df系数是2.221，其中模型的卡方值为477.512，自由度为215，显著性水平小于0.000；模型的适配指标系数均大于0.9，RMSEA系数为0.051，小于0.08的标准，即理论模型与数据有较好的拟合度。

表7-9　模型拟合度（N=479）

χ^2	df	χ^2/df	GFI	IFI	TLI	CFI	RMSEA
477.512	215	2.221	0.919	0.957	0.950	0.957	0.051

接下来进行聚合效度和区别效度评价。

聚合效度是测定同一构念时观测结果的关联程度（Clark-Carter, 1997），要求各观测指标的标准化因子载荷大于0.5且为统计显著（Fornell, Larcker, 1981），并小于0.95（吴明隆，2009），因子载荷值越大指标变量能被构念解释的变异越大，即表明具有较好的聚合效度。表7-10的验证性因子分析结果显示：各观测指标的标准化因子载荷集中在0.500~0.886，均大于0.5的标准，指标变量能够有效反映所有测得构念的特质。同时，各潜变量的组合信度值均大于0.7，进一步表明模型内在质量较佳。

表 7-10 验证性因子分析（N=479）

构念	观测指标	标准化因子载荷	组合信度	平均方差抽取
地方依附 PD	PD1	0.886	0.873	0.697
	PD2	0.864		
	PD3	0.748		
地方认同 PI	PI1	0.736	0.850	0.587
	PI2	0.813		
	PI3	0.823		
	PI4	0.684		
关系承诺（居民）SRL	SRL1	0.718	0.720	0.470
	SRL2	0.803		
	SRL3	0.500		
关系承诺（游客）SRT	SRT1	0.589	0.753	0.507
	SRT2	0.755		
	SRT3	0.777		
存在真实性 EA	EA1	0.780	0.844	0.575
	EA2	0.742		
	EA3	0.782		
	EA4	0.728		
情感投入 EI	EI1	0.778	0.897	0.591
	EI2	0.763		
	EI3	0.819		
	EI4	0.767		
	EI5	0.734		
	EI6	0.749		

区别效度是表明不同构念间的差异程度（Clark-Carter, 1997），通过观测各构念间的相关系数和平均方差提取量指标

(AVE)进行判断。吴明隆(2009)认为AVE用来代表潜在构念所解释的变异量有多少是来自测量误差,即平方方差抽取量越大,测量误差就越小。一般认为,AVE系数要大于0.5。与此同时,洪和彼得里克(Hung, Petrick, 2012)认为构念间相关系数小于0.85,且平均方差抽取量的平方根大于相关系数,则构念间具有较好的区别效度。

分析结果显示(表7-11),各维度间相关系数均小于0.85,且AVE平方根均大于相关系数。以上分析表明,正式调查数据具有较好的效度。需要指出的是,尽管维度"关系承诺(居民)"的AVE值小于0.5(该值为0.470),但该维度的组合信度大于0.7,仍具有较好的内部一致性(Kim, et al., 2015),因此,本研究认为该维度同样具有较好的效度质量。

表7-11 相关系数分析(N=479)

构念	PD	PI	SRL	SRT	EA	EI
PD	**0.835**					
PI	0.724**	**0.766**				
SRL	0.390**	0.440**	**0.686**			
SRT	0.457**	0.564**	0.506**	**0.712**		
EA	0.546**	0.650**	0.430**	0.513**	**0.758**	
EI	0.690**	0.690**	0.463**	0.543**	0.686**	**0.769**

注:***、**、* 分别表示0.1%、1%、5%的显著性水平;加黑字体为AVE平方根。

综上所述,根据Cronbach's Alpha系数、已删除项的Cronbach's Alpha、校正项总计相关性等分析,总体调查数据具有良好的可信度保证。与此同时,根据探索性因子和验证性因子分析的结果，总体调查数据在聚合效度和区别效度方面具有良好的表现。因此，整体样本数据质量符合要求，可以进行后续路径、中介及调节效应分析。

四、假设检验

本研究使用结构方程模型的极大似然法对概念模型进行检验并分析路径关系。模型匹配度指标显示（表 7-12）：χ^2 系数为 375.338，df 系数为 145，χ^2/df 为 2.589。由于卡方值较易受到样本量的影响，因此参考模型匹配的适合度和替代性指标：GFI 系数为 0.921，IFI 系数为 0.954，TLI 系数为 0.945，CFI 系数为 0.954，均符合巴戈和易友杰（Bagozzi Richard P，Yi Youjae，1988）、拜恩（Byrne，1998）提出的模型拟合度要求。

表 7-12　假设检验的模型拟合度（N=479）

χ^2	df	χ^2/df	GFI	IFI	TLI	CFI	RMSEA
375.338	145	2.589	0.921	0.954	0.945	0.954	0.058

假设检验结果显示（表 7-13），假设 H2、H3、H4 和 H5 得到支持，假设 H1 不被支持。具体有，假设 H2 表明，旅游者地方依附对旅游者情感投入具有显著的正向影响效应，标准化路径系数为 0.381（$t = 5.038$，$p < 0.001$）。假设 H3 表明，旅游者地方认同对旅游者地方依附具有显著的正向影响效应，标准化路径系数为 0.823（$t = 12.924$，$p < 0.001$）。假设 H4 表明，旅游者地方认同对旅游者关系承诺具有显著的正向影响效应，标准化路径系数为 0.807（$t = 7.706$，$p < 0.001$）。假设 H5 表明，旅游者关系承诺对旅游者情感投入具有显著的正向影响效应，标准化路

径系数为 0.370（$t = 3.487$，$p < 0.001$）。

表 7-13　假设检验分析

研究假设	标准化路径系数	标准误	t 值	结论
H1：地方认同 → 情感投入	0.175	0.130	1.480	不支持
H2：地方依附 → 情感投入	0.381	0.072	5.038***	支持
H3：地方认同 → 地方依附	0.823	0.073	12.924***	支持
H4：地方认同 → 关系承诺	0.807	0.054	7.706***	支持
H5：关系承诺 → 情感投入	0.370	0.225	3.487***	支持

注：***、**、* 分别表示 0.1%、1%、5% 的显著性水平。

进一步，从影响路径来看，尽管地方认同对游客情感投入未能产生直接影响作用，但地方认同通过地方依附和关系承诺对游客情感投入产生间接影响作用。在间接影响强度方面，地方认同对情感投入的总间接影响效应为 0.613，其中，通过地方依附对情感投入产生的间接影响效应是 0.314，通过关系承诺对情感投入产生的间接影响效应是 0.299。

五、中介效应分析

该部分进一步验证地方依附和关系承诺的中介效应，即中介路径为：地方认同→地方依附→情感投入；地方认同→关系承诺→情感投入。根据已有研究经验和中介效应分析的技术要求（Baron，Kenny，1986；Lu Lu，et al.，2015；Sobel，1982），分别检验不同模型分析中的卡方值 χ^2 是否存在差异，并要求中介效应满足以下三个必须条件：（1）自变量（IV）对中介变量（M）具有显著的直接影响效应；（2）中介变量对因变量（DV）具有显著的直接影响效应；（3）设置中介变量与因变量间的直接路径系数为自由估计，即为约束模型，并比较受约束模型与理论模型间的路径系数。当自变量与因变量间的直接路径系数减弱，则认定为存在部分中介效应；当路径系数不显著，则认定存在完全中介效应（Lu Lu，et al.，2015）。

分析结果如表7-14所示：在自变量与中介变量的显著性关系分析中，地方认同对地方依附具有显著的影响效应，系数为0.823，显著性水平小于0.001；地方认同对关系承诺具有显著的影响效应，系数为0.807，显著性水平小于0.001。在中介变量与因变量的显著性关系分析中，地方依附对情感投入具有显著的影响效应（0.381，$p < 0.001$），关系承诺对情感投入具有显著的影响效应（0.370，$p < 0.001$）。以上分析结果满足巴朗、肯尼（Baron，Kenny，1986）及索贝尔（Sobel，1982）提出的中介效应分析的前两个条件。与此同时，本研究通过设置约束模型A和B来检验第三个中介效应条件，即在约束模型中设置中介效应对因变量的路径系数为0，来比较约束模型与理论模型中自变量与因变量路径系数的变化情况。

分析结果表明，在地方依附的中介效应模型中，受约束模型A中地方认同对情感投入的影响效应由显著性的0.573（$p < 0.001$）变为不显著的0.175，即表明地方依附变量完全中介地方认同对情感投入的影响效应。此外，在关系承诺的中介效应模

型中,受约束模型 B 中地方认同对情感投入的影响效应由显著性的 0.530（$p<0.001$）变为不显著的 0.175,也说明关系承诺完全中介地方认同对情感投入的影响效应。

表 7-14 中介效应分析

	路径	约束模型 A	约束模型 B	理论模型
IV→M	地方认同→地方依附	0.850***		0.823***
M→DV	地方依附→情感投入	0		0.381***
IV→DV	地方认同→情感投入	0.573***		0.175
IV→M	地方认同→关系承诺		0.828***	0.807***
M→DV	关系承诺→情感投入		0	0.370***
IV→DV	地方认同→情感投入		0.530***	0.175

注:***、**、* 分别表示 0.1%、1%、5% 的显著性水平。

为了进一步检验地方依附与关系承诺中介效应的稳健性,本研究检验了约束模型与理论模型的卡方值 χ^2 是否存在显著差异。根据表 7-15 模型比较数据,理论模型与受约束模型间卡方值存在显著差异,约束模型 A 的卡方值变异量为 24.214,p 值小于 0.001;约束模型 B 的卡方值变异量为 17.283,p 值小于 0.001。与此同时,就模型拟合度指标来看,理论模型的拟合度指标均优于受约束模型 A 和 B 的拟合度指标,理论模型的 CFI、IFI、NFI 系数分别为 0.954、0.954 和 0.927。基于以上分析结论,本研究认为地方依附和关系承诺完全中介了地方认同对游客情感投入的影响效应。

表 7-15 表模型比较

模型	χ^2	df	$\triangle \chi^2$	$\triangle df$	CFI	IFI	NFI	RMSEA
理论模型	375.338	145			0.954	0.954	0.927	0.058
约束模型 A	399.553	146	24.214***	1	0.949	0.949	0.922	0.053
约束模型 B	392.621	146	17.283***	1	0.950	0.951	0.924	0.059

注:***、**、*分别表示0.1%、1%、5%的显著性水平。

六、调节效应分析

王中宇和吴立伟(Wang Chung-Yu,Wu Li-Wei,2011)认为调节效应的测量共计有四种验证方法,分别是基于结构方程模型的多群组分析(Multigroup Analysis)、产品类型分析(Product Terms Analysis)以及多群组回归分析(Regression Multigroup Analysis)、层次回归分析(Hierarchical Moderated Regression Analysis)。不同分析方法对于所分析变量的数据类型有着相应的技术要求(温忠麟,等,2005)。

考虑到作为旅游研究领域中惯用的分析方法(Han Heesup,

Hyun Sunghyup Sean，2012；Prebensen，et al.，2016）以及研究中使用分析软件的一致性和便利性，本研究采用基于结构方程模型的多群组不变性检验进行变量的调节效应分析。根据程清福和蔡孟欢（Chen Ching-Fu，Tsai Meng-Huan，2008）的数据分组建议，基于真实性感知变量并采用四分位法将全样本分为高低两组，其中高组有样本197个，低组有样本128个。根据前文研究假设，本研究主要分析真实性感知对地方认同、地方依附、关系承诺与游客情感投入的调节效应。与此同时，由于假设H1没有得到支持，即地方认同对情感投入影响的主效应不显著，因此，本研究不再分析游客真实性感知对地方认同与情感投入关系的调节效应，即假设H6不被支持。

根据多群组分析的要求，首先进行基础模型的模型拟合度分析，数据分析显示（表7-16）：该模型的卡方值为515.430，自由度为98，卡方自由度比值为1.777，小于3。同时，模型的基本适配、整体适配指标等都满足巴戈与易友杰（Bagozzi Richard P，Yi Youjae，1988）、拜恩（Byrne，1998）和吴明隆（2009）等提出的匹配度要求。进一步，进行约束模型的设置，即将高低组中地方依附、关系承诺对情感投入的路径关系设为一致，进而比较基础模型与约束模型的卡方值是否存在显著差异。如果有显著差异，则表明变量存在调节效应。

分析结果表明，约束模型的卡方值与自由度之比为1.790（卡方值为522.636，自由度为88），其值小于3；模型匹配度指标GFI、IFI、TLI、CFI、RMSEA等也均符合要求。此外，基础模型与约束模型的卡方值比较结果表明：高群组与低群组之间有显著差异（$\Delta \chi^2 / \Delta df = 7.206/2$），在0.05水平下显著。因此，可以认定旅游者真实性感知对地方依附、关系承诺与游客情感投入间的关系存在调节效应。

表 7-16 不变性检验及拟合度分析

模型	χ^2	df	χ^2/df	GFI	IFI	TLI	CFI	RMSEA	$\Delta\chi^2/\Delta df$
基础模型	515.430	98	1.777	0.857	0.911	0.893	0.910	0.049	7.206/2*
约束模型	522.636	88	1.790	0.856	0.909	0.892	0.907	0.049	

注：***、**、* 分别表示 0.1%、1%、5% 的显著性水平。

进一步，比较高低两个群组中的路径系数。数据分析结果表明（表 7-17），真实性感知对地方依附与情感投入、关系承诺与情感投入间的路径关系存在正向调节作用。在地方依附与情感投入的关系中，高群组中的标准路径系数（0.429，$p < 0.001$）大于低群组中的路径系数（0.390，$p < 0.001$）。可以认为，真实性感知越高，地方依附对情感投入的作用力度越强。同样，在真实性感知对关系承诺与情感投入变量间的调节作用方面，高群组模型的路径系数为 0.274（$p < 0.05$）大于低群组模型的路径系数（0.240，$p < 0.05$）。即，真实性感知越高，关系承诺对情感投入的作用力度也越强。

基于以上分析，假设 H7、H8 得到支持，游客真实性感知越高，地方依附、关系承诺对游客情感投入的影响越强。

表 7-17 路径差异分析

	高群组		低群组	
	标准路径系数	p 值	标准路径系数	p 值
地方依附 → 情感投入	0.429	***	0.390	***

续表

	高群组		低群组	
	标准路径系数	p 值	标准路径系数	p 值
关系承诺→情感投入	0.274	*	0.240	*

注：***、**、* 分别表示 0.1%、1%、5% 的显著性水平。

第四节 瞬间愉悦从何而来

一、研究结果分析

（一）主效应分析

基于第六章旅游体验要素的概念推导进行理论模型建构，本研究共计提出八个研究假设，分别对地方依附、地方认同、关系承诺及情感投入四个构念间的作用关系及游客真实性感知所发挥的调节作用进行推论和实证检验。

假设检验的实证分析结果表明，在主效应分析的五个研究假设中，除去假设 H1 没有被支持，其他四个假设均得到数据支持。作为游客地方感建构的重要结构变量，地方认同和地方依附分别从情感及功能两个视角对游客地方感进行评价。假设 H2 的分析结果说明，游客地方依附对情感投入产生正向的直接影响效应，其标准化路径系数为 0.381。在其他因素不变的情况下，游客地方依附每增加一个单位，旅游者情感投入相应地增加 0.381 个单位。在假设 H1 中，从游客对旅游地感知的情感属性来看，情感层面上的地方认同要素并未对游客初始情感的建构产生直接影响作用。值得注意的是，在游客地方感建构的内部机制中，游客情感层面上的地方感知直接影响功能层面上的地方感知，即假设 H3 是显著的，这一实证分析的结果也与以往研究结论相符合。进一步，从地方感的结构要素来看，这一研究结论可能揭示了情感层面上的认同是通过功能层面上的地方依附对游客体验情感建构产生影响的。在假设 H4 中，旅游者地方认同对关系承诺产生直接的影响作用。从游客在场体验阶段中情感建构的过程来看，地方认同和地方依附共同搭建了游客体验的"场域"环境，并在场域（地方感）的作用下影响旅游者与旅游地居民、同行伙伴等情感关系的协作与交互，共同建构了旅游者的初始体验情感。也正如此，在主效应分析中，假设 H4 和 H5 得到数据支持。值得注意的是，在地方感与关系承诺对游客情感投入建构的作用强度方面，地方依附影响情感投入的标准化路径系数为 0.381，高于关系承诺对游客情感投入的作用力度（0.370）。这一结果说明，地方感是游客对目的地情感的一种映射，是游客情感体验建构的核心要素。

（二）中介效应分析

尽管假设 H1 没有得到支持，即地方认同不能对游客情感投入产生直接的影响作用，但在概念模型分析中发现地方依附与关系承诺可能中介了地方认同对情感投入的影响。因此，为了进一步验证以上变量间影响路径的稳定性，本研究进行了中介效应分析。中介效应的分析结果证实：在地方认同与情感投入之间存在两条完全中介的路径，即"地方认同→地方依附→情感投入"和"地方认同→关系承诺→情感投入"。通过地方依附和关系承诺对游客情感投入的间接影响作用分别为 0.314 和 0.299。通过对变量中介效应的分析可以得出，情感层面上的地方认同是游客体验建构的第一要素。从社会建构理论的视角来看，情感是基于个体主动性基础之上的情境与他人及关系的互动结果。在这其中，物理空间情境下游客情感依托的地方感是游客初始情感体验实现的起始点。在物理空间方面，旅游地是游客实现旅游活动的客观基础；在游客情感依托视角方面，旅游地是游客建构在客观情感和个体内化之上的选择。可以认为，基于情感认同的游客地方感是旅游者在场体验阶段中初始情感建构的基础。

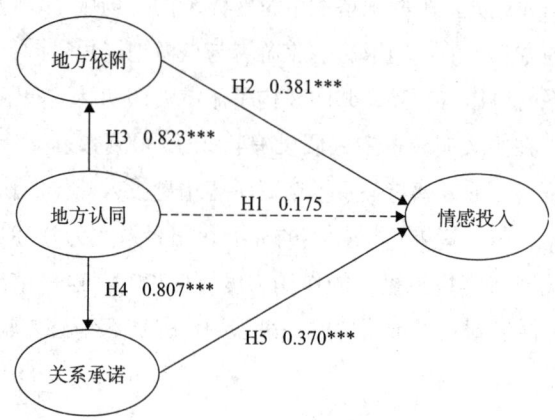

图 7-3　路径系数

注：***、**、* 分别表示 0.1%、1%、5% 的显著性水平。

（三）调节效应分析

由于主效应 H1 没有得到数据支持，因此，本研究仅分析了游客真实性感知对地方依附、关系承诺与情感投入间的调节作用。分析结果表明，假设 H7 和 H8 均得到支持。游客真实性感知能够正向调节地方依附和关系承诺对游客情感投入的作用强度。在调节地方依附与情感投入关系中，高群组的标准化路径系数比低群组高 0.039，在 0.001% 水平下显著。在关系承诺与情感投入关系的调节中，高低群组的标准化路径系数相差 0.034 个单位，在 0.05% 水平下显著。进一步比较真实性感知的调节力度，游客真实性感知在地方依附与情感投入之间的作用关系上更为有效。真实性是基于主体"自我解释"之上的评价，受限于环境、阅历等影响，其解释的深度与范围也是不同的，但与其所在环境和人际关系有着密切的关联。因此，从真实性的调节作用力度及结果可以发现，游客真实性感知是在场阶段情感体验建构的重要要素。

二、能说明的问题

（一）在场阶段中的情感体验（瞬间愉悦）是旅游情境下社会建构的产物

旅游体验是以旅游者为主体的社会建构下的产物。社会建构主义者认为：现实是由作为个体的社会成员所共同建构出的，以一种相对主义的状态所存在，受限于当时所处的情境。佩尔尼茨基（Pernecky，2012）认为旅游具有社会建构的特征，旅游的社会建构可以理解为在具体情景和文化背景下的主体解释和诠释。旅游体验的外在实现途径是游客与目的地的短暂接触，其本质是人与环境的情感互动。从游客体验的结构要素构成来看，不能脱离人对目的地环境的主动感知。相应的，谢彦君（2011）在其旅游体验的定义中也明确指出旅游体验是个体"与外部世界取得暂时性的联系而改变其心理水平并调整其心理结构的过程"。因此，可以得出结论：在场体验阶段中旅游者的瞬间情感体验心理状态建构于游客在旅游世界中与各要素的社会交互及其结果总和（马天，谢彦君，2015）。在对旅游体验要素的过程性解构中，不可忽视的是对旅游地、人际关系等情感属性的关注。

(二)旅游体验是以"情感"为内核的心理活动

在英语语境中,"体验"(Experience)一词的解释是中性的和模糊的,体验可以被概括为一个人所经历的所有事情,而在德语、芬兰语等语境中,体验则被解释为情感状态(Aho,2001)。在旅游研究中,科恩(Cohen,1979)认为旅游体验是一种精神状态,旅游体验是一种"真实"的感受(MacCannell,1973)。与此同时,谢彦君(2011)从现象学视角对旅游体验的概念内涵进行深入解读,认为旅游体验是游客心理结构状态或水平的表现。由此可见,旅游体验是游客的一种情感状态,情感(Emotion)是旅游体验的重要组成元要素(Ajzen,Driver,1992)。旅游体验的本质核心是情感获得(Aho,2001)。从旅游者在场体验阶段中愉悦体验初始状态建构的过程来看,地方感及游客和社区居民的关系承诺彰显着旅游者与地方、社会关系的情感联系。这两种情感联系在旅游世界中共同构筑了游客的初始情感体验。通过对在场阶段中建构游客初始情感体验要素的内涵及实证分析,可以佐证旅游体验是以情感为内核的心理活动。

(三)建构瞬间愉悦体验的结构要素识别

谢彦君(2005)以现象学和格式塔心理学作为研究切入点,提出体验的"旅游场"概念,指出旅游场是对旅游情境的综合描述。旅游场是承载着"自我—行为环境—地理环境"间动力交互的心物统一。作为对旅游体验中主体意识与物理环境间交互过程的概括,旅游场的实质是以情感为内涵所串联的交互关系体现,这也为在场阶段中情感体验的发生与形成提供了重要解释基础。在分析旅游世界与生活世界的二元结构中,以"关系"为载体的旅游者与时空、他人、吸引物、媒介及符号间的"互动"则成为搭建旅游世界中游客体验的重要结构要素（谢彦君，谢中田，2006）。此外，从游客体验生产的过程来看，真实性是基于客体基础之上的主体情感联系，体现着旅游者与地方感及社会关系间的"真实"程度。由此可见，在场阶段中以情感为内核的旅游体验是由地方感、关系承诺及真实性所共同建构的。在场阶段中的情感体验建构作用机制方面，地方感是人们对特定地理场所的情感与信仰。作为旅游体验活动开展的客观场所，旅游世界中旅游场所承载的即是个体与地方的情感，并基于地方感之上对游客体验中的社会关系及真实性感受进行再次的情感重构。作为一个交互系统，游客在场体验阶段中所建构的瞬间愉悦情感体验状态由地方感、关系承诺及真实性感受等体验要素共同作用形成。

第五节 本章小结

基于旅游体验要素分析及其识别的概念推理结论，本章对在场体验阶段中游客情感体验建构及调节要素进行实证分析。具体而言如下：首先根据在场体验阶段中游客情感体验建构的概念推导模型提出理论模型。该理论模型的主要目的是验证游客在场体验阶段中情感建构要素的作用。进一步依据概念模型理论推演了地方感（地方认同和地方依附）、关系承诺、真实性感知及情感投入五个潜变量间的因果关系。在随后的实证分析方面，本章通过预调查对问卷质量进行评估；同时，对正式调查中的问卷数据进行了信度效度检验，通过结构方程模型进行路径分析、变量的中介效应和调节分析等。实证分析的结果基本支持本章所提出的研究假设,地方感和关系承诺是在场体验阶段中游客情感体验建构的关键要素。此外,调节效应的实证分析结果也证实,真实性作为旅游场域环境中的协调要素对游客情感体验的建构产生影响。研究结果认为,在场阶段的情感体验状态是社会建构的结果;地方感、关系承诺及真实性感受是建构游客初始情感体验的关键结构要素。

第八章
在场阶段中的情感体验控制要素验证

基于情感控制理论、情感认知评价理论，本研究在第六章中识别出在场阶段中的情感体验控制要素，进而提出概念模型。为了进一步验证在场体验阶段中游客情感体验的调控机制，比较功能性价值和情感性价值对游客愉悦体验的影响强度，分析情感转换成本的调节作用，本章对概念模型中的情感投入、功能价值、情感价值、情感转换成本和愉悦体验五个潜变量间的作用关系进行实证分析。

第一节 研究假设与理论模型

一、情感投入对功能价值、情感价值的影响

有关旅游者投入的研究最早可以追溯到谢里夫（Sherif）等学者在1947年的研究（Yeh, 2013），研究被广泛地应用于市场营销、旅游、服务心理等研究领域。在概念定义方面，有关顾客投入的概念仍然存在争议。谢里夫和坎特里尔（Cantril）认为投入是个体对思维、事件或活动等的价值感受。翟赤坎赛（Zaichkowsky, 1985）则认为顾客投入是建构于兴趣与价值基础

之上的主体对某"刺激物"的感知联系。从顾客投入研究的结构视角来看,芬恩(Finn,1983)认为主体投入包含产品、主观和反应中心三个层次;拉克索宁(Laaksonen,1994)则认为认知、个体状态和反应图式是顾客投入研究的三个基本出发点。与此同时,基于不同的研究情境,有学者进一步将顾客投入区别为情境投入、容忍投入、反映投入、情感投入和认知投入等类别(Houston,Rothschild,1978;Park,Young,1986)。

作为概念的延伸,在旅游研究领域中,海威特等(Havitz,et al.,1994)认为旅游投入是个体在某一时间点上与游憩活动、旅游目的地等的交互关系中所产生的一种心理状态,这种心理状态表现为情感的觉醒或兴趣感受。在旅游投入或游客投入的结构维度方面,尽管仍然存在争议,但不可而忽视的是以情感为核心的一系列构念被相继提出并纳入游客投入评价的核心体系之中(Gursoy,Gavcar,2003;Madrigal,et al.,1992)。例如,在格索伊和加斯卡(Gurosy,Gavcar,2003)的研究中,快乐感受、风险可能性与风险重要性是旅游投入的关键结构要素。其中,快乐感受是游客旅行过程中获得的积极的、愉悦的情感价值。

在旅游者情感投入对其价值判断的影响关系方面,斯拉玛和塔斯驰(Slama,Tashchian,1985)的研究认为顾客投入能够影响主体的态度与行为。进一步,海威特等(Havitz,et al.,1994)提出旅游投入可以对主体评价、参与等行为产生积极的影响作用。与此同时,格索伊和加斯卡(Gurosy,Gavcar,2003)的研究认为在旅游者投入所涵盖的三个主要的结构维度中,凸显主体情感维度的快乐投入能够正向影响旅游者对目的地的感知和情绪。在旅游体验过程中,功能价值和情感价值是旅游者情感体验的重要组成部分。旅游者基于不同类型的价值属性对其"体验获得"进行评价和最终情感的控制与识别。情感投入作为游客在场体验阶段中的暂时情感,其情感的获得程度必然对体验价值的评价造成影响。正如,马德里加尔等(Madrigal, et al., 1992)的研究结论:游客投入的情感维度对主体意识或思想有积极的影响作用。

基于此,本研究提出如下研究假设:

H1:旅游者情感投入对旅游者功能价值感知具有显著的正向影响效应。

H2:旅游者情感投入对旅游者情感价值感知具有显著的正向影响效应。

二、情感投入对愉悦体验的影响

情感投入与愉悦体验是旅游体验过程中游客情感的两种存在状态。情感投入是旅游者在场阶段中与地方、社会关系等互动基础之上所建构的情感。从旅游者情感建构的视角来看,旅游者情感投入是旅游体验的暂时情感,是在场阶段中的初始情感。愉悦体验是旅游者在体验过程中忘记时间的消逝和放飞自我的一种心理状态。奥托和里奇(Otto, Ritchie, 1996)在旅游体验内涵的概括中认为:旅游体验是服务接触过程中由参与者所共同建构的主体情感状态。正如本研究在第五章所提出的核心观:情感是对主观体验的态度展示,旅游体验是情感的累积状态。在旅游体验的过程中,不同阶段中游客所获得的情感是不同的、有差异的。作为游客情感建构与自我调控的起点与终点,情感投入与愉悦体验之间表现为因果作用关系。海威特等(Havitz, et al., 1994)认为旅游投入可以正向影响游客对旅游活动的评价。此外,从情感控制论的视角来看,游客在场阶段中发生的情感控制与调节必然起始于情感投入并结束于愉悦体验的获得与确认。

基于此,本研究提出如下研究假设:

H3:旅游者情感投入对旅游者愉悦体验具有显著的正向影响效应。

三、功能价值、情感价值对愉悦体验的影响

感知价值是对产品或服务效用的顾客评价,是市场营销中用以评价竞争优势(Parasuraman,1997)、满意度和后消费行为意图的重要概念。有关感知价值概念的争议主要在于单维度概念还是多维度概念及其价值的构成上,核心区别在于价值组合是否累积(Sanchez-Fernandez,Iniesta-Bonillo,2007)。单维度定义中,感知价值被认为是"质量"与"付出"的权衡(Dodds,Monroe,1985)。其中,曼尔(Zeithaml,1988)认为感知价值是获得与付出感知下顾客对产品效用的总体评价,即产品或服务的"质量"与"价格"权衡之上的总体顾客评价。相比,有学者认为仅以质量和价格对感知价值进行评价过于狭窄,而多维度的衡量会提升感知价值的准确性及效用(Sweeney,Soutar,2001)。因此,有研究从顾客价值层次、享乐、价值学说、本体价值论等视角(Babin,Darden,Griffin,1994;Sheth,Newman,Gross,1991;Woodruff,1997)对感知价值进行概括和价值组合分析。斯威尼与苏塔(Sweeney,Soutar,2001)和霍尔布鲁克(Holbrook,1999)认为感知价值作为多维度的构念,包括享乐(情感价值)和效用(功能价值)两个维度,而情感价值是满足顾客需要的关键。由此可见,多维度的感知价值已经超越价格与质量的简单特性,从主观性、多面复杂性等视角(Lapierre,2000;Parasuraman,Grewal,2000)进行价值评价。

从感知价值的视角来看,功能价值和情感价值是旅游体验中的两个主要结构属性(Pine,Gilmore,1998)。功能价值是旅游者对其旅游花费与获得功效的比较评价。与此同时,对于旅游者个体而言,旅游体验又以一种内隐的形态存在于每个独特的主体之中,进而表现为对某事、人乃至旅游全过程的复杂情感存在状态。因此,情感价值主要体现为游客与旅游地之间的"亲密关系"(Song Hak Jun,et al.,2015)。在旅游体验过程中,每个人所获取的情感体验是独特的和唯一的。在功能价值和情感价值对愉悦体验的影响关系方面,李真秀、李钟基及崔仰俊(Lee Jin-Soo,Lee Choong-Ki,Choi Youngjoon,2001)认为情感价值是主体"需要"与"行为"之间的桥梁,能够激发满足主体情感需要的一系列活动。对于功能价值而言,同样存在这一作用机制。此外,认知评价理论认为情感是个体对相关信息进行处理或评价的结果,人的情感会受到其对某情境或事件的认知与评价的影响。功能价值和情感价值作为游客对旅游体验总体功效评价的指标对象,不同的价值偏好以及价值评价程度均会影响游客最终的愉悦体验感受。正如哈威纳与霍尔布鲁克(Havlena,Holbrook,1986)的研究观点,在功能特性与情感特性相等同的情况下,顾客会根据其情感价值评价来进行消费体验的抉择。因此,在旅游体验过程中,旅游者所感知到的功能价值和情感价值能够对游客的最终情感体验产生积极的影响作用。

基于此,本研究提出如下研究假设:

H4:旅游者功能价值感知对旅游者愉悦体验具有显著的正向影响效应。

H5:旅游者情感价值感知对旅游者愉悦体验具有显著的正向影响效应。

四、情感转换成本对功能、情感价值与愉悦体验关系的调节作用

转换成本已经成为顾客营销研究的重要议题。与传统顾客服务研究不同,以往研究过度注重顾客满意度对后消费行为意图和忠诚度的影响,进而造成服务管理的"满意度陷阱"困境(Burnham,Frels,Mahajan,2003)。基于以上研究事实,转换成本作为打破这一陷阱的理论与现实突破点进入服务营销研究的视域中。在转换成本的定义方面,颇特(Porter,1980)认为转换成本是一次性成本(One-time),而非服务或产品使用过程中的持续性成本(Ongoing-costs)。进一步,伯纳姆、弗雷尔斯及马哈詹(Burnham,Frels,Mahajan,2003)将转换成本定义为顾客从一个服务提供商转向另一个提供商过程中的一次性成本。

在分解转换成本的内在结构属性方面,福内尔(Fornell,1992)指出除去产品或服务的经济成本外,顾客转换成本会涉及搜寻成本、交易成本、学习成本以及顾客心理层面上的情感成本(Emotional cost)、认知努力(Cognitive effort)、心理风险(Psychological risk)等成本类型。与此同时,伯纳姆、弗雷尔斯及马哈詹(Burnham,Frels,Mahajan,2003)通过焦点访谈及实证检验等程序将顾客转换成本区分为涵盖三个维度八个子类的复合构念,其中"关系转换成本"维度则从个人关系和品牌关系视角来评价主体心理和情感上的成本付出。同样,金晓彤等(2010)认为转换成本实质上是主体所感知到的成本,由经济和非经济成本(Han,Ryu,2012)、客观层面和主观层面所构成(张初兵,陈亚峰,易牧农,2011)。就主观层面而言,转移成本是主体的心理成本。对于旅游体验而言,情感作为一种心理感受是旅游体验的基础要素,并贯穿于游客体验全过程中。旅游者以

建构、识别和获取情感体验为"标尺",而在发生必需的情感转换时则必然会对已获得情感及其预期进行全面评价和考量,进而形成以情感为载体的转换成本,并影响游客的情感评价。基于以上分析,在借鉴伯纳姆、弗雷尔斯及马哈詹(Burnham,Frels,Mahajan,2003)的关系转换成本定义和情感控制理论观点基础之上,本研究进一步明确情感转换成本的边界及内涵,将其定义为旅游者在体验过程中从一种情感状态转变为另一种情感状态过程中所付出的成本。

以上文献回顾说明,已有研究认为转移成本会调节消费者满意度与忠诚度之间的关系(金晓彤,陈艺妮,焦竹,2010)。尽管有关转换成本在顾客情感演变中的作用尚未被实证检验,但在已有研究中仍可以发现这一影响效应。在关系转换成本或情感转换成本方面,涂红伟等(2013)实证检验了情感转换成本对顾客消费渠道选择的影响。潘澜等(2016)分析了旅游 APP 持续性使用意愿,研究认为转换成本在顾客信任、感知有用性及满意度等对使用意愿的关系上有正向调节效用。对于旅游体验而言,游客体验过程中必然会发生各种"事件"进而造成主体已获得情感状态与预期心理感受存在落差的现实。这一现状会促发游客情感的认知修正行为,以确保游客获得符合自身"合理解释"的愉悦情感体验。那么,在这个修正行为过程中,基于情感特质的成本必然会影响游客情感状态的转换并调整游客总体愉悦体验感受的最终建构和获取。与一般服务产品中顾客心理转换成本所发挥的作用相同,游客情感转换成本越高,功能价值、情感价值对游客愉悦体验的影响越强。

基于此,本研究提出如下研究假设:

H6:游客的情感转换成本越高,功能价值感知对游客愉悦体验的影响越强。

H7：游客的情感转换成本越高，情感价值感知对游客愉悦体验的影响越强。

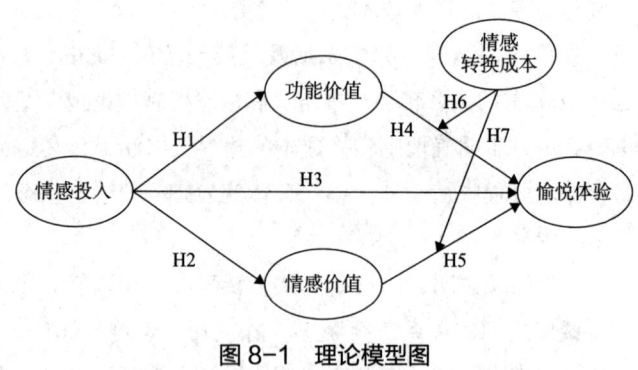

图 8-1　理论模型图

第二节　研究设计

一、量表来源

（一）题项设计

1. 情感投入

为了确保研究的连续性和一致性，本研究仍旧借鉴和选取普拉亚格和瑞恩（Prayag，Ryan，2012）游客投入量表中的情感投入维度量表对在场体验阶段中旅游者暂时情感的投入与建构进行度量。该量表属于一阶构念的潜变量，共包括 6 个测量问项。例如，有"我对该旅游景区很感兴趣""在这里旅游感觉像是送自己一个礼物""我很乐意参与在这里开展的各种旅游活动"等测量问项。

2. 功能价值与情感价值

在感知功能价值和情感价值的量表方面,斯威尼与苏塔(Sweeney, Soutar, 2001)开发出包含情感、社会、效用及价格的四维度量表,该量表主要用于对零售业中耐用品的顾客感知价值进行评价。在旅游感知价值评价方面,李宗基等(Lee choong-ki, et al., 2007)开发出用于测量旅游地游客感知价值的三维度量表,该量表包括15个测量问项,涵盖功能价值、情感价值和总体价值维度。进一步,基于旅游体验视角,宋鹤君等(Song Hak Jun, et al., 2015)研究了旅游体验与游客感知功能价值、情感价值的关系,对功能和情感价值量表的信效度进行验证。

基于以上分析,本研究采用宋鹤君等(Song Hak Jun, et al., 2015)的功能价值和情感价值量表来度量在场体验阶段中的游客情感价值评价与认知。两个量表都属于一阶构念的潜变量,每个量表均包括3个测量问项。例如,在功能价值量表中,有"本次旅游体验所付出的花费是值得的""相比其他旅游,本次旅游体验是高性价比的"等测量问项;在情感价值量表中,有"本次旅游体验的感觉很好""我很喜欢本次旅游体验"等测量问项。

3. 情感转换成本

有关转换成本的研究最早起源于经济学视角,并逐步延伸和扩展至管理学、营销学等领域。转换成本作为一种顾客"损失",不同学科视角下的解释是不相同的,如从金钱、时间、精力及心理感知上的度量。因此,对于转换成本类型及其所属量表的开发,仍未能达成一致。进一步,对于情感转换成本而言,相关量表只能从成本转换及其所属维度中来借鉴。已有研究文献中,伯纳姆、弗雷尔斯及马哈詹(Burnham, Frels, Mahajan, 2003)将顾客转换成本定义为涵盖程序转换成本(Procedural switching cost)、财务转换成本(Financial switching cost)和关系转换成本

(Relational switching cost)三个类别,其中关系转换成本特指由于认知损失所导致的心理和情感成本,可以用来度量旅游服务转换过程中的游客情感损失。

基于以上分析,本研究借鉴伯纳姆、弗雷尔斯及马哈詹(Burnham, Frels, Mahajan, 2003)的量表并参考潘澜等(2016)与涂红伟、杨爽及周星(2016)的研究成果,用转换成本中的关系成本维度来度量在场体验阶段中的游客情感转换成本。考虑到量表应用的适用性问题,在征求专家建议后对量表进行了部分修正。

该量表属于一阶构念的潜变量,共计包括3个测量问项。具体有:"相比现在的旅游活动,对于其他旅游活动能够带来更好的体验,我不太确定""如果放弃现在的旅游活动,我所获得的旅游体验情感是不完整的""相比现在的旅游活动,重新选择其他旅游活动会花费我更多的时间和精力"。

4. 愉悦体验

在已有旅游在场体验的量表中,受限于研究视角的差异,旅游体验量表的设计侧重点有所不同。如,布拉凯斯等(Brakus, et al., 2009)开发了四维度的品牌体验量表,包括感官、情感、行为和知识等二级维度。在旅游研究领域中,欧翰姆等(Oh Haemoon, et al., 2007)根据派恩和吉尔摩提出的体验经济四维度开发了应用于酒店和住宿业的体验量表,包括审美、教育、娱乐和逃逸等维度。

与此同时,基于流体验和最优体验的概念模型,布伦纳等(Brunner-Sperdin, et al., 2012)设计了游憩体验量表,该量表包括五个测量问项,从"技能—挑战"视角设计相关问项,如"能够掌控旅游活动中的任务"等。情感是贯穿旅游体验全过程的元要素。愉悦体验是旅游者在场体验阶段中对其所获取情感状态的总体概括和描述。可以认为,旅游体验是一种主体的情感体验。

因此，度量愉悦体验的核心在于是否有效地把控和度量了游客的情感状态。

基于以上分析，本研究选取霍撒尼、普拉亚格、迪赛勒瑟姆、卡西维齐及奥德（Hosany, Prayag, Deesilatham, Causevic, Odeh, 2014）与霍撒尼和吉尔伯特（Hosany, Gilbert, 2010）所开发和验证的情感体验量表来度量在场体验阶段中的游客愉悦感知。该量表是包括三个维度和15个测量问项的多维结构潜变量，包括喜悦（Joy）、爱（Love）和惊喜（Positive Surprise）。例如，有"我感到很愉悦""我感受到了热情""有令人惊讶的感觉"等测量问项。

由于量表（表8-1）来自英语国家文献，因此，为了确保量表中英文转译的准确性，本研究同样根据林知己夫（Hayashi Chikio, 1992）的建议对量表的转译进行质量控制，即邀请两位英语翻译专业的博士进行交叉翻译和回译。

表8-1 测量题项

构念	维度	题项	编号
情感投入		我很高兴在这里旅游	EI1
		我非常重视在这里旅游	EI2
		我对该旅游景区很感兴趣	EI3
		在这里旅游感觉像是送自己一个礼物	EI4
		我很乐意参与在这里开展的各种旅游活动	EI5
		我会向其他人分享所获得的旅游体验	EI6
功能价值		本次旅游体验的价格是合理的	FV1
		本次旅游体验所付出的花费是值得的	FV2

续表

构念	维度	题项	编号
功能价值		相比其他旅游，本次旅游体验是高性价比的	FV3
情感价值		本次旅游体验很有趣	EV1
		本次旅游体验的感觉很好	EV2
		我很喜欢本次旅游体验	EV3
情感转换成本		相比现在的旅游活动，重新选择其他旅游活动会花费我更多的时间和精力	ES1
		相比现在的旅游活动，对于其他旅游活动能够带来更好的体验，我不太确定	ES2
		如果放弃现在的旅游活动，我所获得的旅游体验情感是不完整的	ES3
愉悦体验	喜悦	本次旅游体验中，我感到很快乐	EE1
		本次旅游体验中，我感到很愉悦	EE2
		本次旅游体验中，我感到很享受	EE3
		本次旅游体验中，我感到很喜悦	EE4
		本次旅游体验中，我感到很高兴	EE5
	爱	本次旅游体验中，我感受到了情感	EE6
		本次旅游体验中，我感受到了关怀	EE7
		本次旅游体验中，我感受到了爱	EE8
		本次旅游体验中，我感受到了友好	EE9
		本次旅游体验中，我感受到了热情	EE10
	惊喜	本次旅游体验中，有令人惊讶的感觉	EE11
		本次旅游体验中，有不可思议的感觉	EE12

续表

构念	维度	题项	编号
愉悦体验	惊喜	本次旅游体验中，我对某物、某事或某活动很着迷	EE13
		本次旅游体验中，有受到激发的感觉	EE14
		本次旅游体验中，有惊喜的感觉	EE15

（二）问卷结构

调查问卷由两个部分的内容构成。问卷的第一个部分为情感投入、功能价值、情感价值、情感转换成本及愉悦体验五个构念的测量指标。在这一部分的题项布局上，各构念所属的测量问项间采用间隔设计，便于被调查者回答。第二部分为被调查者的人口统计信息，包括性别、年龄、职业、受教育程度以及平均月收入五个题项。

在各题项的度量选择方面，人口统计信息采用类别变量进行度量。此外，考虑到被调查者回答问题的便利性和兼顾度量的可靠性，情感投入、功能价值、情感价值、情感转换成本及愉悦体验量表的测量仍旧采用李克特五点量表进行度量（Dawes，2008），即，1分代表"非常不同意"、2分代表"不同意"、3分代表"一般"、4分代表"同意"、5分代表"非常同意"。

二、预调查与问卷质量评估

（一）数据收集

本章的旅游者情感控制研究与第七章游客情感建构研究均属于在场阶段下游客情感体验状态的分析。因此，为了确保问卷数据的一致性和连贯性,第八章中预调查数据的收集与第七章预调查数据收集一起完成。有关预调查问卷发放、收集过程及预调查人口统计信息等数据不再重复说明。具体过程与人口学统计分析请参见第七章第二节预调查与问卷质量评估内容。

(二)信度分析

1. 情感投入、功能价值、情感价值及情感转换成本

在信度分析中,本研究仍然采用Cronbach's Alpha值来测量量表的内在一致性程度,以确定各测量指标是否属于同一维度或结构,即量表的可信度。根据以往研究经验,Cronbach's Alpha的取值范围为0.6至0.7之间表明表具有相应的可靠性(Churchill,1979)。与此同时,本研究还对量表的校正项总计相关性(CITC)和已删除项的Cronbach's Alpha值进行比较分析,以确保量表有足够的信度。

信度分析结果表明,情感投入、功能价值、情感价值和情感转换成本量表的总体Alpha值为0.928,表明量表的可靠性较高。此外,在校正项总计相关性和已删除项的Cronbach's Alpha值方面,数据分析结果表明(表8-2):情感投入的总体Cronbach's Alpha系数为0.928,其所属的六个测量题项的CITC系数均大于0.6,表明各题项之间具有较好的相关性。此外,删除各题项的Cronbach's Alpha系数均小于变量总体Alpha值,即情感投入量表具有较好的信度。功能价值的总体Cronbach's Alpha系数为0.878,其所属的三个测量题项的CITC系数均大于临界值0.4的标准(0.691~0.828),说明各题项之间具有良好的关联性。需要指出的是,在删除各题项的Cronbach's Alpha系数指标方面,除题项FV3外其他测量指标的信度均小于总体信度0.878。考虑到构念测量的完整性及该量表校正项总计相关性指标均表现良好,

因此，保留该测量指标。情感价值的总体 Cronbach's Alpha 系数为 0.875，其所属的三个测量题项的校正项总计相关性系数均大于 0.7，即表明三个测量题项之间具有良好的相关性。此外，删除各题项的 Cronbach's Alpha 系数分别为 0.815、0.822 及 0.835，均小于构念总体 Alpha 值（0.875），分析结果证实，情感价值量表具有较好的信度水平。最后，情感转换成本的 Cronbach's Alpha 值是 0.771，其所属三个测量题项的 CITC 值均大于临界值 0.4，即题项间的相关性满足指标要求。同时，删除任一题项其 Cronbach's Alpha 系数也不会有较大改善，分析结果表明：情感转换成本的信度质量满足要求。

表 8-2 量表信度分析（N=50）

指标	项已删除的均值	项已删除的方差	校正项总计相关性（CITC）	项已删除的 Cronbach's Alpha	Cronbach's Alpha
EI1	18.169	12.346	0.614	0.867	0.928
EI2	18.367	12.275	0.678	0.856	
EI3	18.273	12.160	0.774	0.842	
EI4	18.371	11.774	0.688	0.855	
EI5	18.370	12.100	0.662	0.859	
EI6	18.045	12.264	0.689	0.854	
FV1	6.969	3.631	0.779	0.814	0.878
FV2	6.854	3.431	0.828	0.768	
FV3	7.031	4.010	0.691	0.890	
EV1	7.208	2.272	0.770	0.815	0.875

续表

指标	项已删除的均值	项已删除的方差	校正项总计相关性（CITC）	项已删除的Cronbach's Alpha	Cronbach's Alpha
EV2	7.236	2.271	0.762	0.822	0.875
EV3	7.216	2.196	0.748	0.835	
ES1	6.750	2.232	0.585	0.712	0.771
ES2	6.646	2.379	0.610	0.690	
ES3	6.750	2.000	0.626	0.669	

2. 愉悦体验

愉悦体验整体量表的 Cronbach's Alpha 值为 0.950，表明量表的可靠性较高（表 8-3）。与此同时，本研究分别对愉悦体验所涵盖的三个维度，即"喜悦""爱"和"惊喜"进行信度检验。分析结果表明，维度 1 "喜悦"的总体 Cronbach's Alpha 系数为 0.945，其所属的五个测量题项的 CITC 系数均大于 0.8，表明各题项之间具有较好的相关性。此外，删除各题项的 Cronbach's Alpha 系数均小于构念总体 Alpha 值，进一步表明，维度"喜悦"具有较好的信度。维度 2 "爱"的总体 Cronbach's Alpha 系数为 0.901，其所属的五个测量题项的 CITC 系数均大于临界值 0.4 的技术要求（0.652~0.802），说明各题项之间具有良好的关联性。与此同时，删除各题项的 Cronbach's Alpha 系数（0.868~0.900）均小于构念总体 Alpha 值，分析表明，维度 2 具有较好的信度保证。维度 3 "惊喜"的总体 Cronbach's Alpha 系数为 0.881，其所属的五个测量题项的校正项总计相关性系数均大于临界值 0.4，即表明五个测量题项之间具有良好的相关性。此外，删除各题项的 Cronbach's Alpha 系数分别为 0.860、0.824、0.863、0.874、0.854，均小于构念的总体 Alpha 值。因此,维度"惊喜"具有较好的信度。

表 8-3 愉悦体验量表信度分析(N=50)

指标	已删除项的均值	已删除项的方差	校正项总计相关性(CITC)	已删除项的 Cronbach's Alpha	Cronbach's Alpha
EE1	15.457	8.087	0.817	0.939	
EE2	15.317	7.368	0.865	0.930	
EE3	15.277	7.303	0.838	0.936	0.945
EE4	15.300	7.561	0.906	0.923	
EE5	15.357	7.490	0.842	0.934	
EE6	14.654	8.636	0.781	0.874	
EE7	14.753	7.955	0.776	0.875	
EE8	14.873	8.151	0.802	0.868	0.901
EE9	14.640	8.480	0.764	0.877	
EE10	14.573	8.913	0.652	0.900	
EE11	14.130	8.783	0.698	0.860	
EE12	14.000	7.837	0.842	0.824	
EE13	13.910	8.508	0.683	0.863	0.881
EE14	14.070	8.672	0.637	0.874	
EE15	14.011	8.313	0.720	0.854	

(三)效度分析

1. 情感投入、功能价值、情感价值及情感转换成本

下面对预调查数据进行探索性因子分析以进一步检验量表的效度。根据探索性因子分析的技术要求,样本数据的 KMO 统计

量要大于 0.7，或至少大于 0.5；Bartlett 球度检验的伴随概率在 0.001 水平下显著（余建英，何旭宏，2003）。与此同时，研究遵循因子降维分析的技术要求（Byrne，1998）进行探索性因子分析：因子特征根大于 1；测量指标的因子载荷大于 0.5（至少大于 0.4）；因子载荷间不存在交叉负荷；总方差解释度大于 60%；各因子题项不少于 3 个。

表 8-4　量表探索性因子分析（N=50）

指标	因子 1	因子 2	因子 3	因子 4
EI1	0.523			
EI2	0.733			
EI3	0.742			
EI4	0.583			
EI5	0.739			
EI6	0.652			
FV1		0.818		
FV2		0.809		
FV3		0.757		
EV1			0.656	
EV2			0.601	
EV3			0.755	
ES1				0.706
ES2				0.830
ES3				0.753
方差解释度	21.453%	19.089%	15.889%	15.092%

降维分析的结果表明：样本数据的 KMO 值为 0.849，Bartlett 球度检验系数为 840.349，显著性水平为 0.000，满足因子分析要求。进一步，采用主成分因子分析和最大方差正交旋转方法进行因子分析，分析结果表明（表 8-4）：各测量题项的因子载荷均大于 0.5，最低因子载荷为 0.523，最高为 0.830，且不存在交叉项。样本的总体方差解释度为 71.523%，共分离出四个公因子，其中旋转后第一个因子的载荷为 21.453%，第二个因子的载荷为 19.089%，第三个因子的载荷为 15.889%，第四个因子的载荷为 15.092%。此外，根据周浩和龙立荣（2004）提出的共同方法偏差检验方法及指标要求，未经旋转的第一个公因子载荷为 39.929%，小于 50%，基本排除共同方法偏差。分析结果证实，经探索性因子分析所抽取出的四个公因子及其所属测量问项与原始量表结构一致。因此，该量表具有较好的效度。

2. 愉悦体验

同样采用主成分因子分析和最大方差正交旋转方法，按照探索性因子分析的技术要求进行效度分析。分析结果表明（表 8-5）：愉悦体验量表的 KMO 值为 0.876，Bartlett 球度检验系数为 649.170，显著性水平为 0.000，满足探索性因子分析的要求。与此同时，未经旋转的第一个公因子载荷为 40.124%，小于 50%，基本排除共同方法偏差。样本的总体方差解释度为 76.496%，共分离出三个公因子，经旋转后各公因子的载荷分别为：27.344%、25.938% 和 23.214%。进一步，各测量题项的因子载荷均大于 0.5，且不存在交叉项。因此，愉悦体验量表具有较好的效度水平。

表 8-5　愉悦体验量表探索性因子分析（N=50）

指标	因子 1	因子 2	因子 3
EE1		0.871	
EE2		0.712	
EE3		0.654	
EE4		0.805	
EE5		0.802	
EE6	0.677		
EE7	0.889		
EE8	0.863		
EE9	0.738		
EE10	0.520		
EE11			0.576
EE12			0.845
EE13			0.854
EE14			0.556
EE15			0.714
方差解释度	27.344%	25.938%	23.214%

三、正式调查

（一）数据收集

根据格林和亚莫尔德（Grimm，Yarnold，1995）、克莱恩

(Kline, 2015)以及沃辛顿与惠特克(Worthington, Whittaker, 2006)对问卷样本数量的建议(观测变量与样本量的比例为1∶10),在正式调查中,除人口统计学信息变量外,本章数据分析中的测量指标共计有30个,按照1∶10的比率要求,本次调查中所需的最低样本量是300份。

在正式调查中,问卷发放仍采用自我主导式的便利抽样方法,分别于2017年10月在贵阳市青岩古镇、黔东南州西江千户苗寨等景区进行收集。

同样,本章的旅游者情感控制研究与第七章游客情感建构研究均属于在场阶段下游客情感体验状态的分析。因此,为了确保问卷数据的一致性和连贯性,第八章中正式调查数据的收集与第七章正式调查数据收集一起完成。有关正式调查中问卷发放、收集的详细过程及人口统计信息等数据不再重复说明,请参见第七章内容。

(二)人口统计学分析

请参见第七章第二节中正式调查中的人口统计学分析内容。

第三节 数据分析

一、描述性统计分析

对各测量指标的均值、标准差、偏度及峰度进行描述性统计分析。由表8-6的统计数据可知,所有测量指标的均值都大于3,标准差范围在0.759和0.952之间,均大于0.5的临界标准。与此同时,在数据的偏度和峰度数值方面,各测量问项的偏度都小于3、峰度也都小于10。因此,遵循黄芳铭(2005)的建议和要求,正式调查所获取的样本数据拟正态分布,可以进行结构方程模型的数据分析。

表 8-6 数据描述性统计(N=479)

指标	均值	标准差	偏度	峰度	指标	均值	标准差	偏度	峰度
EI1	3.798	0.831	−0.372	0.210	EE1	3.759	0.766	−0.017	−0.356
EI2	3.585	0.853	0.067	−0.173	EE2	3.802	0.783	−0.171	−0.142
EI3	3.685	0.861	−0.210	−0.100	EE3	3.819	0.800	−0.190	−0.108
EI4	3.644	0.930	−0.339	0.042	EE4	3.833	0.759	−0.095	−0.335
EI5	3.685	0.874	−0.315	−0.003	EE5	3.802	0.796	−0.138	−0.264
EI6	3.911	0.829	−0.494	0.344	EE6	3.721	0.806	−0.229	0.134
FV1	3.606	0.952	−0.613	0.452	EE7	3.594	0.844	−0.036	−0.156
FV2	3.668	0.889	−0.519	0.495	EE8	3.582	0.883	−0.316	0.257
FV3	3.528	0.893	−0.084	−0.131	EE9	3.680	0.855	−0.281	0.113
EV1	3.689	0.762	−0.034	−0.049	EE10	3.668	0.856	−0.305	0.322
EV2	3.718	0.787	−0.152	0.055	EE11	3.567	0.869	0.043	−0.298
EV3	3.736	0.830	−0.228	−0.016	EE12	3.526	0.903	0.006	−0.359
ES1	3.477	0.811	−0.327	0.348	EE13	3.642	0.864	−0.113	−0.237
ES2	3.449	0.794	0.066	0.015	EE14	3.525	0.851	−0.059	−0.079
ES3	3.492	0.897	−0.213	−0.248	EE15	3.586	0.900	−0.226	−0.049

二、信度分析

(一)情感投入、功能价值、情感价值及情感转换成本

情感投入、功能价值、情感价值和情感转换成本量表的总体 Alpha 值为 0.930,表明量表的可靠性较高(表 8-7)。与此同时,在 CITC 分析中,各测量指标的校正项总计相关性均大于 0.5,取值范围在 0.588 和 0.784 之间,说明各题项之间具有良好的关联性。情感投入、情感价值和情感转换成本变量测量题项删除后的 Cronbach's Alpha 系数均小于各构念的总体 Alpha 值。

需要指出的是,在功能价值量表中,题项 FV3 删除后的 Cronbach's Alpha 为 0.849,大于总体 Alpha 值 0.848,但考虑到各构念或潜变量至少需要三个观察题项,且删除该问项后信度质量仅提升 0.001 个单位,故保留该测量题项。

表 8-7 量表信度分析(N=479)

指标	项已删除的均值	项已删除的方差	校正项总计相关性(CITC)	项已删除的 Cronbach's Alpha	Cronbach's Alpha
EI1	18.510	12.730	0.713	0.878	0.896
EI2	18.723	12.595	0.714	0.878	
EI3	18.623	12.266	0.771	0.869	
EI4	18.664	12.071	0.729	0.876	
EI5	18.623	12.578	0.694	0.881	
EI6	18.398	12.826	0.697	0.881	
FV1	7.196	2.613	0.720	0.785	0.848

续表

指标	项已删除的均值	项已删除的方差	校正项总计相关性（CITC）	项已删除的Cronbach's Alpha	Cronbach's Alpha
FV2	7.133	2.669	0.784	0.722	0.848
FV3	7.274	2.949	0.648	0.849	
EV1	7.454	2.244	0.776	0.835	0.884
EV2	7.425	2.164	0.782	0.828	
EV3	7.407	2.073	0.767	0.844	
ES1	6.942	2.155	0.600	0.669	0.760
ES2	6.969	2.218	0.590	0.682	
ES3	6.927	1.962	0.588	0.687	

（二）愉悦体验

愉悦体验整体量表的 Cronbach's Alpha 值为 0.953，表明量表的可靠性较高（表8-8）。与此同时，本研究分别对愉悦体验所涵盖的三个维度，即"喜悦""爱"和"惊喜"进行信度检验。

分析结果表明，维度1"喜悦"的总体 Cronbach's Alpha 系数为 0.943，维度2"爱"的总体 Cronbach's Alpha 系数为 0.905，维度3"惊喜"的总体 Cronbach's Alpha 系数为 0.904。在 CITC 分析中，各测量指标的校正项总计相关性均大于0.5，说明各题项之间具有良好的关联性。此外，所有测量题项删除后的 Cronbach's Alpha 系数均小于各构念的总体 Alpha 值，进一步表明，该量表具有较好的信度水平。

表 8-8　愉悦体验量表信度分析（N=479）

指标	已删除项的均值	已删除项的方差	校正项总计相关性（CITC）	已删除项的Cronbach's Alpha	Cronbach's Alpha
EE1	15.255	8.172	0.833	0.932	0.943
EE2	15.212	7.913	0.880	0.923	
EE3	15.195	7.931	0.851	0.928	
EE4	15.181	8.149	0.849	0.929	
EE5	15.212	8.096	0.811	0.936	
EE6	14.524	8.908	0.729	0.891	0.905
EE7	14.652	8.514	0.779	0.880	
EE8	14.664	8.291	0.785	0.879	
EE9	14.566	8.430	0.787	0.879	
EE10	14.577	8.657	0.730	0.891	
EE11	14.279	9.253	0.739	0.887	0.904
EE12	14.320	8.948	0.768	0.881	
EE13	14.204	9.276	0.740	0.887	
EE14	14.321	9.230	0.766	0.882	
EE15	14.260	8.891	0.785	0.877	

三、效度分析

（一）情感投入、功能价值、情感价值及情感转换成本

1. 探索性因子分析

该部分采用主成分因子分析和最大方差正交旋转方法，并遵循降维分析的要求进行探索性因子分析。分析结果表明：情

感投入、功能价值、情感价值及情感转换成本量表的 KMO 值为 0.937，Bartlett 球度检验系数为 4284.051，显著性水平为 0.000，满足因子分析要求。数据分析显示（表 8-9）：各测量题项的因子载荷均大于 0.5，且不存在交叉项。样本的总体方差解释度为 72.128%，共分离出四个公因子，与问卷初始量表及预调查分析结果相一致。

探索性因子分析中，未经旋转的第一个公因子载荷为 41.409%，小于 50%，基本排除共同方法偏差。

表 8-9　量表探索性因子分析（N=479）

指标	因子 1（情感投入）	因子 2（情感价值）	因子 3（功能价值）	因子 4（情感转换成本）
EI1	0.707			
EI2	0.709			
EI3	0.793			
EI4	0.754			
EI5	0.725			
EI6	0.680			
FV1			0.874	
FV2			0.838	
FV3			0.627	
EV1		0.706		
EV2		0.750		
EV3		0.758		
ES1				0.794

续表

指标	因子 1 （情感投入）	因子 2 （情感价值）	因子 3 （功能价值）	因子 4 （情感转换成本）
ES2				0.765
ES3				0.680
方差解释度	26.079%	15.930%	15.488%	14.631%

2. 验证性因子分析

下面对所有构念进行验证性因子分析，进一步验证量表的适应性。根据巴戈与易友杰（Bagozzi, Yi Youjae, 1988）、拜恩（Byrne, 1998）和吴明隆（2009）建议：在验证性因子分析中模型的卡方与自由度比值小于3；增值适配指标（IFI）、非规范适配指标（TLI）及比较适配指标（CFI）均大于0.9；渐进残差均方和平方根（RMSEA）小于0.08，表示模型拟合度较好。数据分析结果显示（表8-10）：χ^2/df比值是2.324，其中模型的卡方值为195.215，自由度为84，显著性水平小于0.000；模型的适配指标系数均大于0.9，RMSEA系数为0.053，小于0.08的标准，即理论模型与数据有较好的拟合度。

表8-10 模型拟合度（N=479）

χ^2	df	χ^2/df	GFI	IFI	TLI	CFI	RMSEA
195.215	84	2.324	0.949	0.974	0.967	0.974	0.053

聚合效度评价：根据福内利和拉克尔（Fornell, Larcker, 1981）、吴明隆（2009）的建议，观测指标的标准化因子载荷大于0.5且小于0.95，表明各变量具有较好的聚合效度。表8-11的验证性因子分析结果显示，各观测指标的标准化因子载荷集中在

0.697~0.887，均大于0.5的标准，指标变量能够有效反映所有测得构念的特质。同时，各潜变量的组合信度值均大于0.7，进一步表明模型内在质量较佳。

表8-11 验证性因子分析（N=479）

构念	观测指标	标准化因子载荷	组合信度	平均方差抽取
情感投入 EI	EI1	0.771	0.900	0.591
	EI2	0.767		
	EI3	0.815		
	EI4	0.772		
	EI5	0.738		
	EI6	0.748		
功能价值 FV	FV1	0.802	0.855	0.664
	FV2	0.887		
	FV3	0.750		
情感价值 EV	EV1	0.864	0.884	0.718
	EV2	0.845		
	EV3	0.833		
情感转换成本 ES	ES1	0.697	0.761	0.515
	ES2	0.707		
	ES3	0.748		

区别效度评价：根据吴明隆（2009）对区别效度测量的指

标要求（＞0.5），Kline（2005）对变量间相关系数的测度建议（＜0.85），且平均方差抽取量的平方根大于相关系数，满足上述条件则表示构念间具有较好的区别效度。表8-12的分析结果表明，构念间相关系数均小于0.75，且AVE平方根大于相关系数。以上分析证实，该部分数据具有较好的区别效度。

表8-12 相关系数分析（N=479）

构念	EI	FV	EV	ES
EI	**0.769**			
FV	0.545**	**0.815**		
EV	0.724**	0.644**	**0.847**	
ES	0.601**	0.490**	0.580**	**0.718**

注：***、**、* 分别表示0.1%、1%、5%的显著性水平；加黑字体为AVE平方根。

（二）愉悦体验

1. 探索性因子分析

本研究采用主成分因子分析和最大方差正交旋转方法，并遵循降维分析的要求进行探索性因子分析。分析结果表明：愉悦体验量表的KMO值为0.949，Bartlett球度检验系数为6038.305，显著性水平为0.000，满足因子分析要求。数据分析显示（表8-13）：各测量题项的因子载荷均大于0.5，且不存在交叉项。样本的总体方差解释度为75.822%，共分离出三个公因子，与预调查分析结果相一致。此外，采用Harman单因素检验方法来判断数据是否存在共同方法偏差。未经旋转的第一个公因子载荷为40.739%，小于50%，基本排除共同方法偏差。

表8-13 愉悦体验量表探索性因子分析（N=479）

指标	因子1 （喜悦）	因子2 （惊喜）	因子3 （爱）
EE1	0.814		
EE2	0.783		
EE3	0.762		
EE4	0.799		
EE5	0.766		
EE6			0.607
EE7			0.745
EE8			0.796
EE9			0.737
EE10			0.695
EE11		0.717	
EE12		0.801	
EE13		0.786	
EE14		0.787	
EE15		0.766	
方差解释度	27.174%	25.326%	23.322%

2. 验证性因子分析

下面根据巴戈与易友杰（Bagozzi，Yi Youjae，1988）、拜恩（Byrne，1998）和吴明隆（2009）建议的模型匹配度指标进行模型拟合度分析。表8-14的结果显示：χ^2/df 比值是2.583，其中模型的卡方值为 206.646，自由度为 80，显著性水平小于 0.000；模型的适配指标系数均大于 0.9，RMSEA 系数为 0.058，即愉悦体验量表具有较好的理论与数据之间的拟合度。

表 8-14　模型拟合度（N=479）

χ^2	df	χ^2/df	GFI	IFI	TLI	CFI	RMSEA
206.646	80	2.583	0.948	0.979	0.972	0.979	0.058

表 8-15 中各观测指标的标准化因子载荷均大于 0.5 的标准，说明指标变量能够有效反映所有测得的维度特质。各维度的组合信度值均大于 0.8，即模型内在质量较佳。区别效度分析中（表 8-16），各维度间相关系数均小于 0.8，且 AVE 平方根系数均大于相关系数，表明愉悦体验数据具有区别效度质量。

表 8-15　验证性因子分析（N=479）

维度	观测指标	标准化因子载荷	组合信度	平均方差抽取
喜悦 JOY	EE1	0.821	0.939	0.755
	EE2	0.908		
	EE3	0.896		
	EE4	0.887		
	EE5	0.830		
爱 LOVE	EE6	0.809	0.898	0.637
	EE7	0.813		
	EE8	0.788		
	EE9	0.821		
	EE10	0.758		

续表

维度	观测指标	标准化因子载荷	组合信度	平均方差抽取
惊喜 PS	EE11	0.782	0.903	0.650
	EE12	0.774		
	EE13	0.786		
	EE14	0.838		
	EE15	0.849		

表 8-16 相关系数分析（N=479）

维度	JOY	LOVE	PS
JOY	**0.869**		
LOVE	0.783**	**0.798**	
PS	0.658**	0.673**	**0.806**

注：***、**、* 分别表示 0.1%、1%、5% 的显著性水平；加黑字体为 AVE 平方根。

（三）总体效度分析

为了确保所获取数据的稳健性，本研究对正式调查中的所有潜在变量再次进行聚合效度和区别效度分析。

表 8-17 的分析数据显示：χ^2/df 比值为 2.223，其中模型的卡方值为 853.806，自由度为 384，显著性水平小于 0.000；除 GFI 外，模型的适配指标系数均大于 0.9，RMSEA 系数为 0.051，小于 0.08 的标准。尽管在总体验证性因子（CFA）分析中，模型的 GFI 系数为 0.897，但根据已有研究经验，GFI 大于 0.85 仍然属于可接受范围。因此，正式调查中所获取数据较好地与理论模型相契合。

表 8-17 模型拟合度（N=479）

χ^2	df	χ^2/df	GFI	IFI	TLI	CFI	RMSEA
853.806	384	2.223	0.897	0.957	0.951	0.957	0.051

对总体样本数据进行聚合和区别效度分析。聚合效度分析结果显示（表 8-18）：各测量问项的标准化因子载荷系数均大于 0.5，取值范围为 0.686 到 0.917 之间。在平均方差抽取量上，各潜变量及维度的平均方差抽取量值均大于 0.5。其中，AVE 系数最大的是情感价值，其系数为 0.718。组合信度分析表明：所有潜变量及维度的组合信度系数均大于 0.7，介于 0.760 至 0.943 之间，结果表明该模型获得理想的内在质量。因此，根据标准化因子载荷、组合信度和平均方差抽取量等指标，总体测量模型的内在质量良好。

表 8-18 验证性因子分析（N=479）

构念/维度	观测指标	标准化因子载荷	组合信度	平均方差抽取
情感投入 EI	EI1	0.773	0.897	0.591
	EI2	0.766		
	EI3	0.814		
	EI4	0.773		
	EI5	0.735		
	EI6	0.750		
功能价值 FV	FV1	0.800	0.855	0.664
	FV2	0.891		
	FV3	0.747		

续表

构念/维度	观测指标	标准化因子载荷	组合信度	平均方差抽取
情感价值 EV	EV1	0.870	0.884	0.718
	EV2	0.839		
	EV3	0.832		
情感转换成本 ES	ES1	0.686	0.760	0.514
	ES2	0.699		
	ES3	0.764		
喜悦 JOY	EE1	0.857	0.943	0.768
	EE2	0.917		
	EE3	0.886		
	EE4	0.882		
	EE5	0.839		
爱 LOVE	EE6	0.790	0.906	0.658
	EE7	0.830		
	EE8	0.821		
	EE9	0.833		
	EE10	0.779		
惊喜 PS	EE11	0.793	0.904	0.653
	EE12	0.811		
	EE13	0.780		
	EE14	0.818		
	EE15	0.839		

区别效度评价表明（表 8-19）：7 个潜变量及维度开方后的 AVE 系数均大于各变量间相关系数，即正式调查数据具有较好的区别效度。综上所述，根据 Cronbach's Alpha 系数、已删除项的 Cronbach's Alpha、校正项总计相关性等分析，总体调查数据具有良好的可信度保证。与此同时，根据探索性因子和验证性因子分析的结果，总体调查数据在聚合效度和区别效度方面具有良好的表现。因此，整体样本数据质量符合要求，可以进行后续路径、中介效应及调节效应分析。

表 8-19　相关系数分析（N=479）

构念	EI	FV	EV	ES	JOY	LOVE	PS
EI	**0.769**						
FV	0.545**	**0.815**					
EV	0.724**	0.644**	**0.847**				
ES	0.601**	0.490**	0.580**	**0.717**			
JOY	0.684**	0.528**	0.720**	0.605**	**0.876**		
LOVE	0.601**	0.513**	0.599**	0.567**	0.783**	**0.811**	
PS	0.608**	0.453**	0.625**	0.607**	0.658**	0.673**	**0.808**

注：***、**、* 分别表示 0.1%、1%、5% 的显著性水平；加黑字体为 AVE 平方根。

四、假设检验

本研究使用结构方程模型的极大似然估计法对概念模型进行检验并分析路径关系。表 8-20 的模型匹配度指标显示：χ^2 值为 859.279，df 值为 316，χ^2/df 为 2.719。由于卡方值较易受到样本量的影响，因此进一步参考模型匹配的适合度和替代性指标，GFI 系数为 0.888，IFI、TLI 及 CFI 等指标均大于 0.9，且 RMSEA 值小于 0.08，各指标取值均符合巴戈与易友杰（Bagozzi，Yi Youjae，1988）和拜恩（Byrne，1998）提出的模型拟合度要求。

表 8-20　假设检验的模型拟合度（N=479）

χ^2	df	χ^2/df	GFI	IFI	TLI	CFI	RMSEA
859.279	316	2.719	0.888	0.947	0.947	0.947	0.060

假设检验结果显示（表 8-21），假设 H1、H2、H3、H4 和 H5 都得到支持。假设 H1 表明，情感投入对功能价值具有显著的正向影响作用，标准化路径系数为 0.643，t 值为 11.479，在 0.001 水平下显著。假设 H2 表明，情感投入对情感价值具有显著的正向影响作用，标准化路径系数为 0.835，t 值为 16.268，在 0.001 水平下显著。假设 H3 表明，情感投入对愉悦体验具有显著的正向影响作用，标准化路径系数为 0.360，t 值为 4.349，在 0.001 水平下显著。假设 H4 表明，功能价值对愉悦体验具有显著的正向影响作用，标准化路径系数为 0.107，t 值为 2.346，在 0.05 水平下显著。假设 H5 表明，情感价值对愉悦体验具有显著的正向影响作用，标准化路径系数为 0.451，t 值为 6.017，在 0.001 水平下显著。

表 8-21　假设检验分析

研究假设	标准化路径系数	标准误	t 值	结论
H1：情感投入 → 功能价值	0.643	0.057	11.479***	支持

续表

研究假设	标准化路径系数	标准误	t 值	结论
H2：情感投入→情感价值	0.835	0.055	16.268***	支持
H3：情感投入→愉悦体验	0.360	0.079	4.349***	支持
H4：功能价值→愉悦体验	0.107	0.043	2.346*	支持
H5：情感价值→愉悦体验	0.451	0.066	6.017***	支持

注：***、**、* 分别表示 0.1%、1%、5% 的显著性水平。

进一步，从各变量间的间接影响路径来看，情感投入还通过功能价值和情感价值两个潜变量对愉悦体验产生间接影响效应。在间接影响强度方面，情感投入对愉悦体验的总间接影响效应为 0.446，其中，通过功能价值对愉悦体验产生的间接影响效应是 0.069，通过情感价值产生的间接影响效应是 0.377。

五、中介效应分析

为了进一步确认功能价值和情感价值的中介效应，即中介路径为：情感投入→功能价值→愉悦体验；情感投入→情感价值→愉悦体验，本研究根据已有研究经验和中介效应分析的技术要求（Baron, Kenny, 1986；Lu, Lu, et al., 2015；Sobel, 1982），分别检验不同模型分析中的卡方值 χ^2 是否存在差异和中介效应的三个必须条件。

根据表 8-22 的中介效应分析结果：在自变量与中介变量的

显著性关系分析中,情感投入对功能价值具有显著的正向影响效应,系数为 0.643,在 0.001 水平下显著;情感投入对情感价值具有显著的正向影响效应,系数为 0.835,在 0.001 水平下显著。在中介变量与因变量的显著性关系分析中,功能价值对愉悦体验具有显著的正向影响效应(系数为 0.107,$p < 0.05$),情感价值对愉悦体验具有显著的正向影响效应(系数为 0.451,$p < 0.001$)。以上分析结果满足巴朗、肯尼(Baron,Kenny,1986)及索贝尔(Sobel,1982)提出的中介效应分析的前两个条件。与此同时,本研究通过设置约束模型 A 和 B 来检验第三个中介效应条件,即在约束模型中设置中介效应对因变量的路径系数为 0,来比较约束模型与理论模型中自变量与因变量路径系数的变化情况。

分析结果表明,在功能价值的中介效应模型中,受约束模型 A 中情感投入对愉悦体验的影响效应由显著的 0.395 变为显著的 0.360,表明功能价值部分中介了情感投入对愉悦体验的影响。同样,在情感价值的中介效应模型中,受约束模型 B 中情感投入对愉悦体验的影响效应由显著的 0.716 变为显著的 0.360,也说明情感价值部分中介了情感投入对愉悦体验的影响。

表 8-22　中介效应分析

	路径	约束模型 A	约束模型 B	理论模型
IV→M	情感投入 → 功能价值	0.652***		0.643***
M→DV	功能价值 → 愉悦体验	0		0.107*
IV→DV	情感投入 → 愉悦体验	0.395***		0.360***
IV→M	情感投入 → 情感价值		0.857***	0.835***
M→DV	情感价值 → 愉悦体验		0	0.451***

续表

路径		约束模型 A	约束模型 B	理论模型
IV→DV	情感投入 → 愉悦体验		0.716***	0.360***

注：***、**、* 分别表示 0.1%、1%、5% 的显著性水平。

进一步检验约束模型与理论模型的卡方值 χ^2 是否存在显著差异，以确保中介效应分析结果的稳健。分析结果表明（表 8-23）：理论模型与受约束模型间卡方值存在显著差异，约束模型 A 的卡方值变异量为 5.055，在 0.01 水平下显著；约束模型 B 的卡方值变异量为 33.426，在 0.001 水平下显著。与此同时，就模型拟合度指标来看，理论模型的拟合度指标均优于受约束模型 A 和 B 的拟合度指标，理论模型的 CFI、IFI、NFI 系数分别为 0.947、0.947 和 0.919，且 RMSEA 均小于或等于受约束模型。

基于以上分析，本研究认为功能价值和情感价值部分中介了情感投入对愉悦体验的影响效应。

表 8-23 模型比较

模型	χ^2	df	△χ^2	△df	CFI	IFI	NFI	RMSEA
理论模型	859.279	316			0.947	0.947	0.919	0.060
约束模型 A	864.333	317	5.055**	1	0.946	0.947	0.918	0.060
约束模型 B	892.705	317	33.426***	1	0.944	0.944	0.915	0.062

注：***、**、* 分别表示 0.1%、1%、5% 的显著性水平。

六、调节效应分析

本研究仍旧采用基于结构方程模型的多群组不变性检验进行变量的调节效应分析。同样,根据程清福和蔡孟欢（Chen Ching-Fu, Tsai Meng-Huan, 2008）的数据分组建议,基于情感转换成本变量并采用四分位法将全样本分为高低两组,其中高组有样本 177 个,低组有样本 194 个。根据前文研究假设,本研究主要分析情感转换成本对功能价值、情感价值与愉悦体验关系的调节效应。

根据多群组分析的要求,首先进行基础模型的模型拟合度分析,数据分析显示（表 8-24）:该模型的卡方值为 1183.549,自由度为 632,卡方自由度比值小于 3。同时,模型的基本适配、整体适配指标等都满足巴戈与易友杰（Bagozzi Richard P, Yi Youjae, 1988）、拜恩（Byrne, 1998）和吴明隆（2009）等提出的匹配度要求。其次进行约束模型的设置,即将高低组中功能价值、情感价值对愉悦体验的路径关系设为一致,进而比较基础模型与约束模型的卡方值是否存在显著差异。如果有显著差异,则表明变量存在调节效应。

分析结果表明,约束模型的卡方值与自由度之比为 1.883（卡方值为 1193.730,自由度为 634）,其值小于 3；模型匹配度指标 GFI、IFI、TLI、CFI、RMESA 等也均符合要求。此外,基础模型与约束模型的卡方值比较结果表明:高群组与低群组之间有显著差异（$\Delta\chi^2/\Delta df = 10.181/2$）,在 0.001 水平下显著。因此,可以认定情感转换成本对功能价值、情感体验与愉悦体验间的关系存在调节效应。

表 8-24　不变性检验及拟合度分析

模型	χ^2	df	χ^2/df	GFI	IFI	TLI	CFI	RMSEA	$\Delta\chi^2/\Delta df$
基础模型	1183.549	632	1.873	0.818	0.934	0.926	0.933	0.049	10.181/2 ***
约束模型	1193.730	634	1.883	0.816	0.933	0.925	0.932	0.029	

注：***、**、* 分别表示 0.1%、1%、5% 的显著性水平。

进一步，比较高低两个群组中的路径系数。数据分析结果表明（表 8-25），情感转换成本对功能情境与愉悦体验、情感价值与愉悦体验间路径关系存在正向调节作用。在功能价值与愉悦体验的关系中，高群组中的标准路径系数（0.069）大于低群组中的路径系数（0.059）。可以认为，情感转换成本越高，功能价值对愉悦体验的作用力度也越大。同样，在情感转移成本对情感体验与愉悦体验关系的调节作用上，高群组的路径系数为 0.643，大于低群组的 0.592。说明情感转换成本越高，情感价值对愉悦体验的作用力度也越强。基于以上分析，假设 H6、H7 得到支持，即游客的情感转换成本越高，功能价值和情感价值对游客愉悦体验的影响越强。

表 8-25　路径差异分析

	高群组		低群组	
	标准路径系数	p 值	标准路径系数	p 值
功能价值 → 愉悦体验	0.069	*	0.059	*
情感价值 → 愉悦体验	0.643	***	0.592	***

注：***、**、* 分别表示 0.1%、1%、5% 的显著性水平。

七、配对样本 T 检验

为了进一步验证游客情感状态的连续性和阶段性特征,本研究采用配对样本 T 检验的方法对社会建构情境下的游客"初始"情感投入与价值评价后的"在场"愉悦体验情感这两个情感阶段状态进行比较分析,以判断在场体验过程中游客情感状态是否呈阶段性特征和演变性的过程。

T 检验是使用来自总体样本的数据来推断总体的均值是否与特定的检验值间存在差异,即通过比较样本间的均值进行假设检验。配对样本 T 检验则是以两个总体的配对样本为对象比较两个总体的均值是否存在显著差异的检验方法(余建英,何旭宏,2003)。在统计检验中,如果配对样本检验的概率 p 值小于 0.05,则认为拒绝原假设,即两个总体的均值之间存在显著差异。

由于情感投入和愉悦体验均属于潜变量结构,其中愉悦体验是包含三个维度的二级结构构念。因此,仅仅采用统计均值的方法来度量整体潜变量是不充分的。参考已有研究成果的经验,本研究通过主成分分析来获取两个潜变量中各测量指标的成分得分系数,并通过加权平均的方法来度量各潜变量的均值以进行配对样本 T 检验。表 8-26 和表 8-27 是主成分分析后所得出的各指标的得分系数,其中关于主成分分析中 KMO 值和 Bartlett 球度检验系数、显著性等指标均在量表的效度检验中已说明,相关指标均满足主成分分析的要求,此处不再赘述。

表 8-26 情感投入成分得分系数

指标	成分
EI1	0.204

续表

指标	成分
EI2	0.205
EI3	0.215
EI4	0.207
EI5	0.200
EI6	0.201

表 8-27　愉悦体验成分得分系数

指标	成分		
	1	2	3
EE1	0.376	−0.057	−0.196
EE2	0.299	−0.070	−0.088
EE3	0.295	−0.049	−0.107
EE4	0.344	−0.057	−0.156
EE5	0.311	−0.079	−0.102
EE6	0.013	−0.079	0.218
EE7	−0.156	−0.060	0.385
EE8	−0.188	−0.098	0.452
EE9	−0.085	−0.115	0.362
EE10	−0.159	−0.027	0.350
EE11	−0.126	0.258	0.026
EE12	−0.054	0.336	−0.137

续表

指标	成分		
	1	2	3
EE13	−0.055	0.332	−0.134
EE14	−0.103	0.319	−0.064
EE15	−0.055	0.291	−0.081

基于成分得分系数计算各潜变量的均值，并进行配对样本 T 检验。表 8-28 的配对样本相关系数结果表明，情感投入与愉悦体验具有显著的正向相关性，相关系数为 0.690。

表 8-28　配对样本相关系数

配对	N	相关系数	p 值
情感投入与愉悦体验	479	0.690	***

注：***、**、* 分别表示 0.1%、1%、5% 的显著性水平。

表 8-29 配对样本检验的结果表明：游客情感投入与愉悦体验差异检验的 t 值为 85.141，自由度是 478，在 0.001 水平下显著。以上分析结果表明，情感投入与愉悦体验具有显著的差异。

表 8-29　配对样本检验

配对	均值	标准误	差分的 95% 置信区间		t 值	自由度	p 值
			下限	上限			
情感投入与愉悦体验	2.605	0.669	2.5445	2.665	85.141	478	***

注：***、**、* 分别表示 0.1%、1%、5% 的显著性水平。

第四节 瞬间愉悦的再次提炼

一、研究结果分析

（一）主效应分析

基于第六章旅游体验要素的概念推导进行理论模型建构，本研究共计提出七个研究假设，分别对情感投入、功能价值、情感价值及愉悦体验等潜变量间的作用关系及情感转换成本所发挥的调节作用进行推论和实证检验。

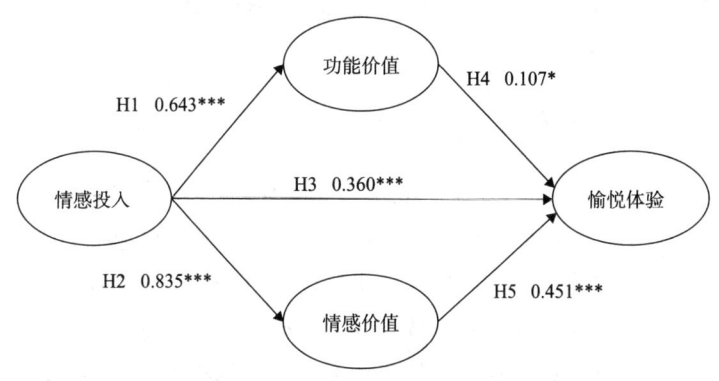

图 8-2 路径系数

注：***、**、* 分别表示 0.1%、1%、5% 的显著性水平。

假设检验的分析结果表明，所有五个主研究假设均得到实证分析的支持。在研究假设 H1 和 H2 中，游客情感投入对功能价值和情感价值产生正向的直接影响效应，标准化路径系数分别为 0.643 和 0.835。在其他因素不变的情况下，游客情感投入每增加一个单位，功能价值和情感价值相应地增加 0.643 和 0.835 个单位。与此同时，作为游客情感控制的决定要素，与功能价值相比，情感投入较为强烈地影响游客的情感价值。可以认为，在旅游体验过程中情感的获取程度是游客所关注的焦点。而这一结论在假设 H4 和 H5 中也得到相互印证。比较功能价值与情感价值对游客在场阶段的愉悦感受影响，实证结果表明功能价值对愉悦体验的标准化路径系数仅为 0.107，而情感价值的作用强度则达到 0.451。经过游客对情感状态的认知评价后，旅游者仍旧关注其所获得的非功能性的情感价值，旅游体验过程中所花费价格、性价比等功能性体验感受则不重视。此外，对于研究假设 H3 而言，游客的情感投入会显著地正向影响游客的愉悦体验感受，这一结果表明在场阶段中的体验情感要素可以识别为两种不同的状态。进一步，这一研究结论在情感投入与愉悦体验的配对样本 T 检验中也得到印证。

（二）中介效应分析

在主效应分析中，研究发现功能价值和情感价值作为旅游者体验情感状态阶段演变的重要评价要素，中介了情感投入对愉悦体验的影响路径。为了进一步验证以上变量间影响路径的稳定性，本研究进行了中介效应分析。分析结果也证实，功能价值和情感价值以部分中介的角色中介了情感投入对愉悦体验的影响。与此同时，通过比较两条中介路径的间接影响强度，研究发现在"情感投入→功能价值→愉悦体验"路径中，情感投入对愉悦体验的作用强度为 0.069；在路径"情感投入→情感价值→愉悦体验"中的作用强度为 0.377。这一分析结果再次证实，功能价值和情感价值是在场阶段中游客情感控制的重要结构要素。通过比较二者的中介效应力度，情感价值比功能价值更能有效地调控游客的愉悦体验感受，是游客情感体验评价中的关键要素。

（三）调节效应分析

本研究基于结构方程模型的多群组不变性检验方法进行潜变量调节效应的分析，分析结果表明：假设 H6 和 H7 均得到支持。情感转换成本能够正向调节功能价值和情感价值对游客愉悦情感体验的作用强度。在调节功能价值与愉悦体验关系中，高群组的标准化路径系数比低群组高 0.01，在 0.05 水平下显著。在情感价值与愉悦体验的关系调节中，高低群组的标准化路径系数相差 0.051 个单位，在 0.001 水平下显著。比较两组调节关系，研究发现游客情感转换成本在情感价值与愉悦体验的作用关系上更为有效。这一研究结果表明，一方面在游客在场体验阶段中的情感控制上，情感转换成本作为重要的旅游体验要素调节着游客愉悦体验感受的最终获取程度，即情感转换成本是旅游体验的重要结构要素；另一方，在调节变量作用强度的比较结果上，游客愉悦体验更为强烈地受到情感价值和情感转换成本的双重作用。这一结果也充分证明情感的获取是游客体验的核心，情感要素是旅游体验的元要素。

二、能说明的问题

（一）在场情感体验的核心要素及其阶段特征表现：情感投入与愉悦体验

从情感连续变化的视角来分析，旅游体验情感是一个类属演变的结构形态。情感贯穿于整个体验过程中，与旅游体验的时空关系融合为一个严密的整体，并充分体现在在场体验阶段和后体验行为阶段中。因此，在旅游体验全过程的不同阶段中游客所获得的情感是不同的、有差异的。正如本研究在第五章中所阐明的观点：情感在旅游体验过程中表现为阶段性特征。与此同时，具有阶段性特征的体验情感间又存在着必然的因果影响关系。在场阶段是游客情感体验建构与获取的重要阶段。以往研究仅仅注意到游客在场阶段中体验情感的简单识别，而通过对在场阶段中游客情感控制的研究发现，这一阶段中游客的体验情感有两种不同的状态属性，一是建构情境下的暂时情感，即游客情感投入，是游客对其初始情感状态的一种"合理解释"；二是经过认知评价后的获得情感，即游客愉悦体验，是游客所认同情感的"最终解释"。这一重要研究结论在配对样本 T 检验中已经得到验证。进一步，通过结构方程路径分析，本研究发现：两种不同阶段属性的体验情感存在因果关系，即游客情感投入（暂时情感）是最终愉悦体验（获得情感）的前置变量。由此可见，在场体验中游客的情感并非是单一的、不变的，恰恰相反，游客愉悦体验是建立在其暂时情感基础之上的主体选择。也正如此，在整个旅游体验过程中，情感投入与愉悦体验成为搭建在场情感体验演变的核心结构要素。

（二）旅游体验是游客情感的累积状态：瞬间愉悦的提炼

过程是旅游体验的基本属性。正如本研究在前文中阐述的观点，体验过程是时空与情感的同一性和融合。在这其中，不同体验阶段所运载的"实质"是游客的心理情感状态，而建构于不同阶段中的主体情感归属具有显著的差异。情感投入与愉悦体验则是在场体验阶段中具有显著差异的两种主体情感状态。通过对在场体验阶段中游客情感控制的机理与实证分析，本研究认为旅游体验是主体情感的累积状态。即，在旅游体验过程中，游客的情感特质并非是守恒的、不变的，相反会根据其对体验活动的情感"付出"与"获得"进行最终选择。通过对同一场景下游客情感演变的路径分析，黄潇婷（2015）发现不同时点上的游客体验情感力度不同且存在方向性的作用关系，这一观点更加佐证了在场阶段中体验情感的累积特点。需要做出说明的是，旅游体验的情感累积是建立在体验价值评价基础之上的主体选择，而非简单的"加总求和"。也正如此，在场体验阶段中旅游者所获得的暂时情感投入提炼为经过复杂评价后所最终确认的愉悦体验，是对瞬间愉悦体验的深度提炼。

（三）在场阶段中的情感体验是自我调控后所获得的愉悦体验

谢彦君等（2000）在旅游体验质量的交互模型分析中指出，旅游者会积极调整期望以尽可能与感受达成均衡，进而使得旅游者获得较高的体验质量。由此可以判断，游客所最终获得的体验是经过某种调整后的综合结果。对于游客体验调控机制的研究仍然是旅游体验研究的空白之处，尽管有学者从具有"外部"特征的旅游场、技能与挑战难度等要素进行旅游体验的建构，但忽略了旅游体验的元要素特征，即情感。从体验价值视角来看，霍尔布鲁克与赫希曼（Holbrook，Hirschman，1982）认为顾客体验分为功能体验和愉悦体验两类，功能体验来自产品或服务的功能属性，愉悦体验则来自产品或服务使用中的情感获得。功能体验与价值体验是旅游体验价值成分的不同展示。通过对在场阶段游客情感控制理论与实证分析，本研究认为体验价值评价（功能价值和情感价值）与情感转移成本是游客进行体验质量调控的主要依据，即功能价值、情感价值与情感转移成本是游客体验自我控制与调整的关键要素。在图8-3旅游情感控制与调节作用机制中，游客首选通过地方感、关系承诺等建构出初始体验情感，并借助认知评价的视角对其所获得体验的功能价值与情感价值进行比较与取舍，期间受到情感调整成本的作用，最终形成符合游客自身合理解释的愉悦体验情感。因此，与谢彦君等（2000）研究的视角不同，从旅游体验的情感视角来看，愉悦体验是游客情感控制与自我调节的结果，情感转换成本则是旅游体验情感调控的重要要素。

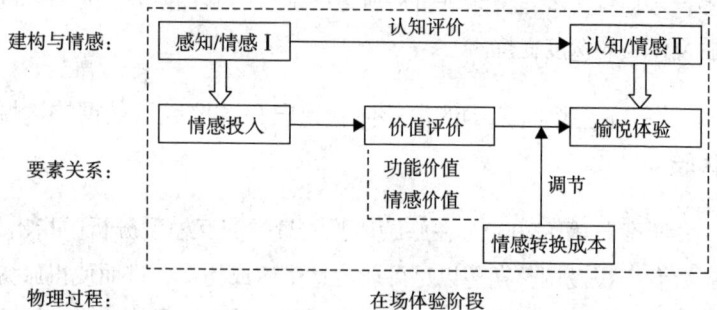

图8-3 旅游情感控制与调节作用机制
资料来源：本文分析所得。

（四）控制层面上的旅游体验要素识别

里奇等（Ritchie, et al., 2011）认为旅游体验在本质上是游客的主观态度或感受。这一态度的塑造主要来自以下三个方面：体验过程中所发生的"事件"、旅游服务提供者赋予事件的"意义"以及旅游者的"合理解释"。作为认知评价理论的核心观点，即主体的情感反应不仅仅来自对"刺激物"的反应（Scherer, Schorr, Johnstone, 2001），还来自对刺激物的"认知解释"。也正如此，在场体验阶段中，游客暂时情感与获得情感之间不是简单的直接作用关系，而是通过某种中介机制来建立二者之间的联系。在对旅游体验价值成分的解析中，派恩和吉尔摩（Pine, Gilmore, 1998）认为功能价值和情感价值是旅游体验的价值基础。

基于以上观点可以得出，功能价值和情感价值是搭建游客情感投入与愉悦体验之间的关键桥梁，这一重要研究结论在中介效应的分析中也得到了证实。综上所述，在游客在场体验过程中，功能价值和情感价值是游客情感体验评价的关键要素，是游客对其最终体验获得情感做出选择的评价基础。

第五节　本章小结

基于旅游体验要素分析及其识别的概念推理结论，本章对在场体验阶段中游客情感控制过程及其评价、调节要素等进行实证分析。具体而言如下：首先根据在场体验阶段中情感控制的概念推导模型进行理论模型的构建。该理论模型建构的主要目的是验证游客在场阶段中情感调控过程及体验价值要素所发挥的结构性作用。进一步，依据概念模型理论推演了情感投入、功能价值、情感价值、情感转换成本及愉悦体验等构念之间的作用关系。在实证分析方面，本章基于问卷预调查的统计数据对量表质量进行全面评价；同时，对正式调查中的问卷数据进行了信度效度检验，并通过结构方程模型进行了路径分析、变量的中介效应和调节分析等。实证分析的结果支持研究所提出的理论假设，情感投入与愉悦体验是在场阶段中游客情感演变的两种连续状态，情感投入是在场体验中重要的结构要素。这一重要结论在配对样本T检验中也通过交叉验证。此外，中介效应的实证分析结果进一步证实，在场阶段中游客情感的控制是通过对体验功能价值和情感价值的评价所实现的，情感转换成本则会影响游客最终愉悦体验的获取程度。研究结果认为，旅游体验情感具有阶段性特征——

暂时情感（情感投入）与获得情感（愉悦体验）；旅游体验是游客情感的累积评价状态；功能价值、情感价值及情感转换成本是旅游体验中游客情感调控的关键要素。

第九章
后阶段中的情感体验存续要素验证

　　一直以来，后体验阶段下的旅游体验要素分析、游客行为解析及其作用机制探讨等都是旅游体验研究急需填补的空白之处。作为一种长期记忆的表现，本章实证检验了后体验阶段中体验记忆的情感存续作用。体验记忆是否是游客后体验阶段中的结构要素？与愉悦体验相比，体验记忆是否会更为稳定地对游客后消费行为产生影响作用？

第一节　研究假设与理论模型

一、愉悦体验对体验记忆的影响

　　作为服务管理和服务营销领域中的重要概念，愉悦（Delight）被认为是对满意度概念的深入扩展和全面补充。但又与满意度不同，愉悦的核心在于情感，是将快乐（Pleasure）、惊喜（Surprise）等个体情感特征整合而来的总体情感概括（Oliver, Rust, Varki, 1997）。在旅游体验研究中，作为一种对主体情感状态特征描述的代名词，愉悦体验是游客在体验过程中所获取情感的累积状态，是对积极、享乐、有趣及惊喜等情感特征的全面概括。正如奥托和里奇（Otto，Ritchie，1996）在旅游体验内涵的核心概括中所表述的：旅游体验是服务接触过程中由参与者所共同建构的主体情感状态。与此同时，在概念的类属特征方面，与契克森米哈和勒费夫尔（Csikszentmihalyi，LeFevre，1989）、杰克逊和马什（Jackson，Marsh，1996）等学者提出的流体验与最优体验概念相似，愉悦体验是旅游者在体验过程中忘记时间的消逝和放飞自我的一种心理状态，即愉悦体验就是主体的情感体验。

已有文献表明，愉悦体验作为凸显主体情感的复合构念，能够对旅游者体验记忆产生积极的影响作用。在探索旅游体验记忆影响因素的分析中，维尔茨等（Wirtz，et al.，2003）发现基于愉悦和社交特征的情感是主体体验的重要组成部分，而在分析体验记忆的前置影响变量中，潘澜、林壁属及王昆欣（2016）的研究则发现主体在旅游体验过程中所获取的愉悦感、新奇感、参与感和特色化的情感对体验记忆具有显著的正向影响效应。此外，在深入分析旅游体验的结构特征方面，拉森（Larsen，2007）认为旅游体验作为个体的一种心理现象受游客期望的影响，并在"在场体验"阶段中以情感的特殊状态被主体所感知，并最终以体验记忆的形态所固化及存在。可以得知，愉悦体验作为主体的一种心理状态，其本质是游客在旅游体验阶段中的所感，并对后体验阶段中体验记忆的形成产生直接的影响作用。进一步，洪伟立、李义菊及黄宝轩（Hung Wei-Li，Lee Yi-Ju，Huang Po-Hsuan，2016）以台湾莺歌陶器小镇的399名游客为研究对象，分析了创意旅游体验对体验记忆和行为意图的影响。结果表明：创意旅游体验对记忆有显著的正向影响作用，并通过记忆的中介作用间接对再次出游意图产生积极的影响效应。可以认为，在后体验阶段中体验记忆直接来源于在场体验阶段中的愉悦体验。

基于此，本研究提出如下研究假设：

H1：旅游者愉悦体验对旅游者体验记忆具有显著的正向影响效应。

二、愉悦体验对满意度和行为意图的影响

在愉悦体验对旅游者满意度和行为意图的研究方面，已有研究表明：以情感为主要特征的愉悦体验对游客总体满意度和后消费行为意图产生直接影响作用（Ali, Ryu, Hussain, 2016; Tung, Ritchie, 2011；刘丹萍，金程，2015；罗盛锋，黄燕玲，程道品，丁培毅，2011）。在20世纪80年代，威斯布鲁克（Westbrook, 1980）认为在顾客满意度研究方面，已有研究忽略了期望差异理论以外的其他影响因素，进而通过实证研究分析了消费情感对满意度的影响，结果表明：消费情感对满意度有直接影响作用。同时，在服务营销领域中，威斯布鲁克与奥利弗（Westbrook, Oliver, 1991）对消费情感进行归属分类，基于敌意、惊喜和兴趣三个情感维度识别出五类消费情感，认为不同类型的消费体验情感对顾客满意度影响不同。在旅游研究中，作为一种追求愉悦的过程性活动，积极的情感体验继而成为旅游体验研究的核心（刘丹萍，金程，2015）。德罗哈斯与卡马雷罗（de Rojas, Camarero, 2008）以文化旅游地西班牙皇家宫殿为案例地，分析了愉悦的情感体验对游客满意度的影响。该研究认为：游客体验过程中所获得的愉悦情感能够提升总体满意度。该研究的实证分析结果也进一步表明：愉悦对游客满意度具有显著的正向影响效应。同样，在以桂林"印象·刘三姐"实景演出为案例的研究中，罗盛锋、黄燕玲、程道品及丁培毅（2011）发现顾客消费情感可以通过感知价值的中介作用对满意度和行为预测产生正向影响效

用。此外，在分析情感与满意度和行为意图间作用关系方面，德尔博斯克和马丁（Del Bosque，Martin，2008）的研究表明积极的情感和消极的情感均会对满意度及游客忠诚产生影响；张振哲和纳孔央（Jang SooCheong Shawn，Namkung Young，2009）的研究证实积极的情感体验能够有效地影响顾客行为意图。在分析创意体验与记忆、满意度和行为意图间的关系中，阿里、瑞及侯赛因（Ali，Ryu，Hussain，2016）的研究也发现旅游体验中的情感特质能够对游客满意度和行为意图产生直接影响作用。与此同时，比聂与安德鲁（Bigné，Andreu，2004）、福兰特等（Faullant，et al.，2011）、马龙等（Malone，et al.，2014）的研究也表明在后体验阶段中愉悦的情感体验能够对游客满意度和行为意图产生积极的影响作用。

基于此，本研究提出如下研究假设：

H2：旅游者愉悦体验对旅游者满意度具有显著的正向影响效应。

H3：旅游者愉悦体验对旅游者行为意图具有显著的正向影响效应。

三、体验记忆对满意度和行为意图的影响

拉森（Larsen，2007）从心理学视角对旅游体验进行了重新定义：旅游者体验是以长记忆形态所存储的与个人以往旅游经历相关的各种事件，即旅游体验的本质是一种记忆过程或记忆存储形态。这种独特的体验记忆以情节记忆（桑森垚，2016）或自传体记忆（Kim，Ritchie，McCormick，2012）的途径永久地存在于旅游者生物体中，进而影响旅游者的后消费行为意图（Kim，Ritchie，McCormick，2012）。因此，顾客体验是能够被记忆的

（Pine，Gilmore，1998），旅游体验消费能够产生更加强烈的记忆和积极的顾客评价（Pine，Gilmore，2011）。

已有研究证实，旅游体验记忆能够影响或提升顾客满意度（Fournier，Mick，1999；Kim，Ritchie，Tung，2010；Lee，2015；Oh Haemoon，et al.，2007；桑森垚，2016）。根据富尼埃和米克（Fournier，Mick，1999）的研究结论，旅游消费过程中的社会交互能够有效提升顾客的满意度。在这其中，旅游者通过回忆并与他人分享有趣旅游经历的交互行为能够有效提升自我满意度。欧翰姆等（Oh Haemoon，et al.，2007）学者指出旅游者的记忆能够显著地影响感知满意度水平及行为意图。在分析服务质量在酒店体验中的作用机制研究中，克努森等（Knutson，et al.，2010）提出整合服务质量的三阶段酒店体验模型，其中对感知价值、服务质量、满意度及品牌记忆所发挥的反馈效应进行分析，该研究发现顾客体验能够有效地影响酒店体验记忆，进而通过体验记忆来"塑造"顾客的满意度和行为意图。同时，在借助派恩和吉尔摩的"4E"体验经济框架进行红酒旅游体验内涵的解释分析中，夸德里和菲奥雷（Quadri-Felitti，Fiore，2012）也指出红酒旅游体验将以记忆的形态对红酒体验满意度和行为意图产生积极的影响。与此同时，在分析邮轮体验的潜在维度及其与满意度和行为意图间的关系中，霍撒尼与威瑟姆（Hosany，Witham，2010）也认为在体验经济浪潮下，游客所追寻的是非凡和令人难以忘怀的体验记忆，这种体验记忆将会对邮轮体验者的满意和行为意图产生持续性的影响。进一步，阿里、瑞及侯赛因（Ali，Ryu，Hussain，2016）以马来西亚景区酒店中的296名游客为研究对象，分析了创意旅游体验与记忆、满意度和行为意图等四个构念之间的作用关系。通过实证分析，该研究证实了记忆对满意度和行为意图具有显著的正向影响效应，且满意度部分中介了记忆对游客行为意图的积极影响作用。此外,在有关记忆对游客行为意图的单向影响研究方面,已有研究成果证实体验记忆作为前置变量能够影响游客的后行为意图(Kozak,2001;Lehto,et al.,2004)。例如,在分析旅游体验概念化的结构模型中,全帅与王宁(Quan Shuai,Wang Ning,2004)指出旅游者总体体验记忆能够转化为高峰体验,并进一步影响旅游者的再次出游动机和具体旅游目的地及服务提供商的选择。马绍尔(Marschall,2012)强调记忆能够影响旅游目的地选择,因为人们经常会回顾与以往有趣体验经历有关的旅游目的地。

基于此,本研究提出如下研究假设:

H4:旅游者体验记忆对旅游者满意度具有显著的正向影响效应。

H5:旅游者体验记忆对旅游者行为意图具有显著的正向影响效应。

四、满意度对行为意图的影响

满意度与行为意图作为提升组织、旅游目的地竞争优势的关键要素(Morgan,et al.,1996),广泛受到市场营销、消费者行为及心理学领域的关注。满意度作为行为意图、忠诚度等的前置影响变量(Oliver,1980),研究者们主要从认知和情感两个视角(Del Bosque,Martín,2008;Van Dolen,et al.,2004)对其开展研究。奥利弗(Oliver,1980)认为满意度是消费者基于期望—差异比较的个体认知过程,是绩效和比较标准之间的反应趋同性。作为一种态度的延伸,满意度也受到个体情感过程的影响(Oliver,1997)。如,如斯特和奥利弗(Rust,Oliver,1993)将满意度定义为基于认知评价和情感反应的顾客满足(Olorunniwo, et al.，2006）。同时，皖多伦等（Van Dolen，et al.，2004）将满意度划分为接触满意度和关系满意度，并从消费者与产品交互中的正、负面情感视角对满意度进行研究，发现满意度受到个人认知和消费体验情感的双面影响（Del Bosque，Martín，2008）。由此可见，满意度作为一个综合概念，可以是由属性和信息满意度（Spreng，et al.，1996）共同承载的最终满意度。在此，本研究中采用如斯特和奥利弗的满意度定义。相关研究已经证实行为意图受到满意度的影响（Lee，et al.，2004；Olorunniwo，et al.，2006；Zeithaml，et al.，1996）。例如，在探究移动通信附加价值的研究中，郭迎丰等（Kuo Ying-Feng，et al.，2009）分析了服务质量、感知价值、顾客满意度及后消费行为意图四个变量间的影响路径及其作用强度，研究证实顾客满意度对消费意图具有显著的正向影响效应，其作用强度为显著的 0.39。在分析韩国餐馆中美国顾客用餐体验感知价值的研究中，韩钟妍与张振哲（Ha Jooyeon，Jang SooCheong Shawn，2010）的研究同样证实了满意度对顾客行为意图具有显著的正向影响效应。此外，以马来西亚 Terengganu 和 Kedah 的景区酒店为案例地，阿里、瑞及侯赛因（Ali，Ryu，Hussain，2016）分析了游客体验创新与记忆、满意度、行为意图的关系，研究证实满意度对游客行为意图有显著的正向影响作用。进一步，布拉德利和斯帕克斯（Bradley，Sparks，2012）的研究分析了顾客价值变化在旅游产业时间分享中的前因和后果作用，并得出结论：作为结果变量，顾客价值的改变预测了在满意度和消费意图中的时间转换，并证实了"质量→价值→满意度→消费意图"的模型作用关系。因此，在后旅游体验行为研究中，满意度作为重要的结果变量会对旅游者行为意图产生直接影响作用。

基于此，本研究提出如下研究假设：

H6：旅游者满意度对旅游者行为意图具有显著的正向影响效应。

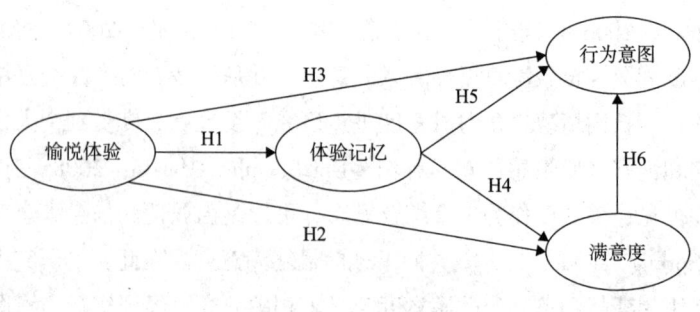

图 9-1 理论模型图

第二节 研究设计

一、研究方案

为了更好地模拟旅游者在场体验与游后体验记忆的情景,本研究结合纵向研究和准实验研究进行数据收集。纵向研究,也被称为追踪研究,用于比较同一个体、群体在不同时间点上的差异(柯惠新,祝建华,孙江华,2003),或者在某一段时间内对同一个或同一批被试进行重复的研究,并收集至少两个及以上时间点上的数据。林丰勋(2005)认为纵向研究最大的优点是可以用于推理变量之间存在的因果关系。与纵向研究不同,横向研究(也称为截面数据)是比较不同个体在同一时间点上的差别。也正如此,纵向研究中的数据收集也较截面研究更为困难。在旅游体验研究中,已有研究成果主要集中在"在场"体验阶段中游客感知的数据收集。作为一种截面数据,相关研究成果仅能反映"体验中"游客感知变量间的相关关系,而不能观测严格意义上的"因果"关系。为了进一步厘清游客体验中与体验后两个从属过程上游客感知的因果联系，则必须借助于纵向研究的方式进行数据收集。此外，在已有关于旅游体验记忆外在影响因素的实证分析中，相关研究成果主要采用主体回忆的途径来收取在场体验阶段中的前因变量数据，阻碍了数据分析结论的科学性。因此，体验记忆作为一种具有显著时间跨度的潜变量，对其因果关系的分析必须借助于纵向研究。

准实验研究是指不能使用完备的实验设计进行变量控制，而在真实社会环境中使用实验设计的方法进行资料收集（汪明，郑长江，张楠楠，2002）。与完备的实验分析不同，在进行社会文化等领域问题的分析中，个体的文化背景、社会关系等变量是无法得到完全控制的，因此，在现实的社会环境中进行实验分析为探寻变量间的因果关系提供了可行之路。在旅游在场体验和后体验记忆研究中，以真实的游客为研究对象进行纵向数据收集是较为理想的研究思路。但是，考虑到旅游者返程回家后数据回收的可能性极低，同时经过咨询相关旅游专家后，本研究采用准实验的方式来模拟在场体验和后体验两个场景，期间不用进行严格的无关变量控制，即完全按照真实旅游行程及其旅游安排来进行两个时间点上的数据收集。

在后旅游体验行为研究中，本研究采用纵向研究中的固定样本分析方法，也称为潜变量增长曲线模型（林丰勋，2005），进行个体层面的研究（柯惠新，祝建华，孙江华，2003），即在某几个时间点上对相同的观测对象进行多次重复测量，进而分析变量之间的影响关系或因果关系。与此同时，结合前—后观测的准实验方式进行数据收集，即选择一组被试对其先进行一次观测，在进行试验处理后再进行一次观测（汪明，郑长江，张楠楠，2002），进而分析两组数据间的因果联系。在借鉴已有研究成果经验（陈姝，2015；黄杰，等，2015；林泉，等，2011；夏凌翔，等，2015）和专家建议的基础之上，设计以下研究方案：采用便利抽样的方法，选择某大学在校学生进行两次固定样本的问卷数据收集。通过播放一小时的旅游视频资料向目标对象展示相关旅游场景，涉及食、住、行、游、购、娱等旅游元素，使其融入旅游体验场景中。与此同时，在资料播放完毕后，作为第一时间点，通过问卷的途径进行在场体验阶段中的旅游感知数据收集。间隔两天进行第二个时间点的数据收集，获取后体验阶段中的记忆及行为意图等数据，随后通过结构方程模型等方法进行变量间因果关系的分析。其中，在视频资料的选择上，经过征求相关旅游专家的建议并考虑到文化及地域的差异和辨识度，本研究最终选择我国台湾地区作为本次研究的旅游视频资料内容。

二、量表来源

（一）题项设计

1. 愉悦体验

为了确保研究的连续性和一致性，在愉悦体验量表的选择上，本研究仍旧选取霍撒尼和吉尔伯特（Hosany, Gilbert, 2010）与霍撒尼、普拉亚格、迪赛勒瑟姆、卡西维齐及奥德（Hosany, Prayag, Deesilatham, Caušević, Odeh, 2014）所开发和验证的情感体验量表来度量在场体验阶段中的游客愉悦感知。该量表涉及三个维度和15个测量问项，包括喜悦（Joy）、爱（Love）和惊喜（Positive Surprise，简写为 PS）三个维度。例如，"我感到很快乐""我感受到了关怀""本次旅游体验中，有不可思议的感觉"等测量问项。

2. 体验记忆

体验记忆是旅游者对已经历旅游体验及发生在旅行过程中相关事件的回忆。在体验记忆的结构成分中，已有研究认为情感是体验记忆的重要结构要素（Kim，Ritchie，McCormick，2012），即情感是更容易被游客所记忆的。相比，在验证和比较客体、活动及情感在减弱个体记忆的研究中，罗宾逊（Robinson，1976）研究发现情感是自传体记忆的内在部分，并贯穿于游客自传体报告的全过程。以上分析也进一步证实，体验记忆与一般旅游记忆的核心区别在于情感的彰显，即体验记忆是游客的情感记忆。

基于以上分析，本研究选取金正熙（Kim Jong-Hyeong，2014）及金正熙与里奇、麦考密克（Kim Jong-Hyeong，Ritchie，McCormick，2012）所开发和验证的体验记忆量表来度量后体验阶段中的游客记忆。与此同时，该量表开发的核心观点也与本研究的情感体验思路相一致。具体有，该量表是包括七个维度和 23 个测量问项的多维结构潜变量，包括享乐（Hedonism，简写为 HED）、新奇（Novelty，简写为 NOV）、地方文化（Local Culture，简写为 LC）、爽快（Refreshment，简写为 REF）、意义（Meaningfulness，简写为 MEN）、投入（Involvement，简写为 INV）及知识（Knowledge）维度。有"沉浸在体验活动中""有令人耳目一新的感觉""旅游体验中的相关活动，我非常享受"等问项设置。

3. 满意度与行为意图

满意度和行为意图是市场营销、消费行为及心理学等研究领域的重要概念，常用来观测个体后消费行为倾向。在满意度量表的选择方面，本研究选择泰勒与贝克（Taylor，Baker，1994）和郭迎丰等（Kuo Ying-Feng，et al.，2009）的满意度量表，该量表包括三个测量指标。例如，"本次旅游是一次满意的经历""本次旅游活动超过了我的预期设想"等。在行为意图的量表选择方面，同样借鉴已有成熟量表进行度量。具体有，本研究借鉴泰勒与贝克（Taylor, Baker, 1994）、泽丝曼尔等（Zeithaml, et al., 1996）和克罗宁等（Cronin, et al., 2000）的行为意图量表，该量表同样包括三个测量问项。例如，"我会再来此地旅游""推荐给亲戚或朋友""告诉他人旅游中的有趣经历"等。

由于量表（表9-1）来自英语国家文献，因此，为了确保量表中文转译的准确性，本研究邀请两位英语翻译专业的博士进行交叉翻译和回译以确保中文量表能够准确表述原测量问项。此外，需要指出的是以上量表的开发及验证所需的样本对象均非建立在中国情景之下，考虑到中西文化差异，除去特别成熟的量表（例如满意度和行为意图），愉悦体验和情感体验量表有可能需要根据前测结果进行适度修正使其更加符合中国文化情景。

表9-1 测量题项

构念	维度	题项	编号
愉悦体验	喜悦	本次旅游体验中，我感到很快乐	EE1
		本次旅游体验中，我感到很愉悦	EE2
		本次旅游体验中，我感到很享受	EE3
		本次旅游体验中，我感到很喜悦	EE4
		本次旅游体验中，我感到很高兴	EE5
	爱	本次旅游体验中，我感受到了情感	EE6
		本次旅游体验中，我感受到了关怀	EE7
		本次旅游体验中，我感受到了爱	EE8
		本次旅游体验中，我感受到了友好	EE9

续表

构念	维度	题项	编号
愉悦体验	爱	本次旅游体验中，我感受到了热情	EE10
	惊喜	本次旅游体验中，有令人惊讶的感觉	EE11
		本次旅游体验中，有不可思议的感觉	EE12
		本次旅游体验中，我对某物、某事或某活动很着迷	EE13
		本次旅游体验中，有受到激发的感觉	EE14
		本次旅游体验中，有惊喜的感觉	EE15
体验记忆	享乐	对于所获得的新体验是激动的	ME1
		沉浸在体验活动中	ME2
		非常享受这次旅游体验	ME3
		对于本次旅游体验非常兴奋	ME4
	新奇	这是一次独一无二的旅游体验	ME5
		与以往的旅游体验是不同的	ME6
		体验到一些新的东西	ME7
	当地文化	对当地人（社区居民）有好印象	ME8
		深入体验了当地文化	ME9
		当地人（社区居民）很友好	ME10
	爽快	本次旅游体验中，有释放自我的感觉	ME11
		本次旅游体验中，有享受自由的感觉	ME12
		本次旅游体验中，有令人耳目一新的感觉	ME13
		本次旅游体验中，有获取新的生命和活力的感觉	ME14
	意义	本次旅游体验中，我做了一些有意义的事情	ME15

续表

构念	维度	题项	编号
体验记忆	意义	本次旅游体验中,我做了一些重要的事情	ME16
		通过本次旅游体验,我重新认识了自己	ME17
	投入	本次旅游体验的开展地是我想去的地方	ME18
		对于本次旅游体验中的相关活动,我非常享受	ME19
		对于本次旅游体验中的相关活动,我非常感兴趣	ME20
	知识	本次旅游体验是一种新的探索	ME21
		通过本次旅游体验,我获得了新的知识	ME22
		通过本次旅游体验,我认识了当地文化	ME23
行为意图		如果有可能的话,我会再次来此地旅游	BI1
		我会将这次旅游推荐给亲戚或朋友	BI2
		我会告诉其他人此次旅游中有趣的经历	BI3
满意度		总体来看,本次旅游是一次满意的经历	SAT1
		本次旅游,成功地展示了旅游地的特点、内涵	SAT2
		本次旅游活动,超过了我的预期设想	SAT3

(二)问卷结构

调查问卷由两个部分的内容构成。第一部分为被调查者的人口统计信息,包括性别、年龄和年级三个问项。在本次纵向实验设计中,目标调查群体为大学一年级、二年级和三年级的同学。此外,由于大学四年级的同学均处于校外实习期,因此在问卷设计中的年级选项未包括大学四年级的同学。问卷的第二部分为愉悦体验、体验记忆、满意度及行为意图四个构念的测量指标。在这一部分的题项布局上，愉悦体验量表与体验记忆、满意度、行为意图量表采用间隔设计，并设置提示语"以下题项请在下次调查中再回答"。

在题项度量选择方面，人口统计信息采用类别变量进行度量。此外，考虑到被调查者回答问题的便利性和兼顾度量的可靠性，愉悦体验、体验记忆、满意度及行为意图量表的测量则采用李克特五点量表进行度量（Dawes，2008），即，1分代表"非常不同意"、2分代表"不同意"、3分代表"一般"、4分代表"同意"、5分代表"非常同意"。

三、预调查与问卷质量评估

（一）数据收集

在本次预调查的数据收集中，本研究通过发布召集公告和学生自主报名参与的方式征集被调查者。具体有，以G师范大学本科同学为实验对象，按照纵向实验设计的执行要求，于2017年10月10日和13日分别进行两次数据收取。在整个预调查的实验过程中，第一次发放问卷60份，回收60份，剔除无效问卷4份，回收有效问卷56份，有效率为93.3%。随后在间隔两天后，进行第二次数据收集，共计发放问卷56份，剔除未能参与第二次调查的同学（5人）及部分无效问卷（1份）后，回收有效问卷50份，有效率为89.3%。

人口统计学分析显示（表9-2），调查样本中男性学生有14人，女性学生有36人，占比分别为28%和72%，这一情况符合G师范大学在校生的性别比例。在年龄结构方面，18岁及以下的学生有4人，19~20岁的样本有22人，21~22岁的样本有21人，

23 岁及以上的样本有 3 人，其所占比重分别为 8%、44%、42% 和 6%。此外，在学生所属年级方面，以大二和大三的学生为主，共计 39 人，占比为 78%，大一年级的样本有 11 人，占总体比重的 22%。

表 9-2　预调查人口统计信息（N=50）

指标	类别	样本数	比重 %
性别	男性	14	28.0
	女性	36	72.0
年龄	18 岁及以下	4	8.0
	19~20 岁	22	44.0
	21~22 岁	21	42.0
	23 岁及以上	3	6.0
年级	大一	11	22.0
	大二	17	34.0
	大三	22	44.0

（二）信度分析

由于愉悦体验和体验记忆量表均属于二阶因素构念，即各变量下又包含多个维度，属于复合构念。与此同时，考虑到原始量表的开发主要依托国外样本群体，如金、里奇及麦考密克（Kim, Ritchie, McCormick, 2012）以美国大学生为调查对象开发体验记忆量表，而中西方文化差异可能会造成量表的不适用性等现象。此外，满意度和行为意图量表作为国内外成熟量表，在中国情景下也经过多次检验。因此，在问卷的预调查中，本研究只对愉悦体验和体验记忆量表进行信度和效度检验。

1. 愉悦体验

在信度分析中,本研究采用 Cronbach's Alpha 值来测量量表的内在一致性程度,以确定各测量指标是否属于同一维度或结构。根据丘吉尔(Churchill,1979)的建议,Cronbach's Alpha 的取值范围为 0.6 至 0.7 之间表明表具有相应的可靠性。此外,为了进一步确保量表的信度,本研究还对量表的校正项总计相关性(CITC)和已删除项的 Cronbach's Alpha 值进行分析。

愉悦体验整体量表的 Cronbach's Alpha 值为 0.863,表明量表的可靠性较高(表 9-3)。与此同时,本研究分别对愉悦体验所涵盖的三个维度,即"喜悦""爱"和"惊喜"进行信度检验。

分析结果表明,维度 1"喜悦"的总体 Cronbach's Alpha 系数为 0.896,其所属的五个测量题项 EE1、EE2、EE3、EE4、EE5 的 CITC 系数均大于 0.65,表明各题项之间具有较好的相关性。此外,删除各题项的 Cronbach's Alpha 系数均小于构念总体 Alpha 值,进一步表明,维度"喜悦"具有较好的信度。维度 2"爱"的总体 Cronbach's Alpha 系数为 0.874,其所属的五个测量题项的 CITC 系数均大于临界值 0.4 的技术要求(0.601~0.818),说明各题项之间具有良好的关联性。与此同时,删除各题项的 Cronbach's Alpha 系数(0.820~0.872)均小于构念总体 Alpha 值(0.874),分析表明,维度"爱"具有良好的信度保证。维度 3"惊喜"的总体 Cronbach's Alpha 系数为 0.700,其所属的五个测量题项的校正项总计相关性系数均大于临界值 0.4,即表明五个测量题项之间具有良好的相关性。此外,删除各题项的 Cronbach's Alpha 系数分别为 0.626、0.565、0.642、0.642 和 0.678,均小于构念总体 Alpha 值(0.700),分析证实,维度"惊喜"具有良好的信度。

表9-3 愉悦体验量表信度分析（N=50）

指标	已删除项的均值	已删除项的方差	校正项总计相关性（CITC）	已删除项的Cronbach's Alpha	Cronbach's Alpha
EE1	16.324	7.432	0.802	0.866	0.896
EE2	16.344	7.231	0.682	0.887	
EE3	16.184	6.623	0.759	0.871	
EE4	16.362	6.671	0.794	0.862	
EE5	16.322	7.196	0.710	0.881	
EE6	16.258	7.745	0.636	0.863	0.874
EE7	16.360	6.807	0.818	0.820	
EE8	16.498	6.502	0.740	0.838	
EE9	16.178	6.764	0.736	0.838	
EE10	16.138	7.189	0.601	0.872	
EE11	14.632	6.525	0.453	0.626	0.700
EE12	14.592	5.807	0.579	0.565	
EE13	14.492	6.755	0.413	0.642	
EE14	14.440	6.496	0.414	0.642	
EE15	14.612	6.717	0.436	0.678	

2. 体验记忆

体验记忆整体量表的 Cronbach's Alpha 值为 0.908，表明该量表具有较高的可靠性。进一步，本研究分别对体验记忆所涵盖的七个维度（共计 23 个测量问项），即"享乐""新奇""地方文化""爽快""意义""投入"及"知识"进行信度分析。

分析结果表明（表9-4），维度1"享乐"的总体Cronbach's Alpha系数为0.700，其所属的四个测量题项ME1、ME2、ME3和ME4的CITC系数均大于0.4，表明各题项之间具有良好的相关性。此外，删除各题项的Cronbach's Alpha系数均小于构念总体Alpha值，进一步表明，维度"享乐"具有较好的信度。维度2"新奇"共包含三个测量指标，信度分析结果表明，该维度的总体Cronbach's Alpha值是0.735，其所属三个题项的校正项总计相关性均大于0.5，符合指标要求。与此同时，项已删除的Cronbach's Alpha系数为0.624至0.722，均小于维度总体Alpha值。分析表明，维度"享乐"的信度水平较好。

表9-4 体验记忆量表信度分析（N=50）

指标	项已删除的均值	项已删除的方差	校正项总计相关性（CITC）	项已删除的Cronbach's Alpha	Cronbach's Alpha
ME1	12.214	2.861	0.408	0.688	0.700
ME2	12.360	2.562	0.426	0.614	
ME3	11.954	2.530	0.470	0.684	
ME4	12.054	2.334	0.603	0.612	
ME5	8.082	1.871	0.508	0.722	0.735
ME6	7.902	1.643	0.656	0.624	
ME7	7.540	2.376	0.554	0.679	
ME8	8.396	1.473	0.543	0.640	0.723
ME9	8.600	1.102	0.564	0.630	
ME10	8.396	1.465	0.550	0.633	

续表

指标	项已删除的均值	项已删除的方差	校正项总计相关性（CITC）	项已删除的Cronbach's Alpha	Cronbach's Alpha
ME11	12.460	2.458	0.675	0.622	0.753
ME12	12.380	2.730	0.530	0.705	
ME13	12.720	2.818	0.434	0.750	
ME14	12.600	2.735	0.569	0.685	
ME15	7.520	2.418	0.677	0.747	0.817
ME16	7.740	2.319	0.681	0.739	
ME17	7.780	1.930	0.672	0.761	
ME18	8.200	2.041	0.460	0.745	0.781
ME19	8.160	1.729	0.623	0.600	
ME20	8.200	1.633	0.640	0.676	
ME21	8.560	1.394	0.327	0.595	0.592
ME22	8.540	1.151	0.513	0.318	
ME23	8.460	1.274	0.371	0.536	

维度3"当地文化"的总体Cronbach's Alpha系数为0.723，其所属的三个测量题项的CITC系数均大于临界值0.4（0.534~0.564），说明各题项之间具有良好的关联性。与此同时，删除各题项的Cronbach's Alpha系数（0.630~0.640）均小于构念总体Alpha值（0.723），分析表明，维度"当地文化"具有良好的信度保证。维度4"爽快"的Cronbach's Alpha值是0.753，其所属四个测量题项的CITC值均大于临界值0.4，即题项间的相关性满足指标要求。同时，删除任一题项其Cronbach's Alpha系

数也不会有较大改善，分析表明，"爽快"的信度质量满足要求。维度5"意义"的总体 Cronbach's Alpha 系数为 0.817，其所属的三个测量题项的校正项总计相关性系数均在 0.6 左右，即表明测量题项之间具有良好的相关性。此外，删除各题项的 Cronbach's Alpha 系数分别为 0.747、0.739、0.761，均小于构念总体 Alpha 值，分析证实，维度"意义"具有良好的信度。维度6"投入"的 Cronbach's Alpha 值是 0.781，其所属四个测量题项的 CITC 值均大于临界值 0.4。同时，删除任一题项其 Cronbach's Alpha 系数均小于构念总体 Alpha 值，分析表明，"投入"的信度质量可以满足要求。最后，维度7"知识"的总体 Cronbach's Alpha 系数为 0.592，临界于 0.6 的最低信度要求。在 CITC 分析中，测量指标 ME21 和 ME23 的系数均小于 0.4。此外，删除题项 ME22 后的信度系数仅为 0.318。因此，在信度分析中初步判断该维度不能满足检验要求。但考虑到量表测量的完整性，该维度予以暂时保留，并将根据随后的效度分析结果来做出是否保留的最终决定。

（三）效度分析

1. 愉悦体验

对预调查数据进行探索性因子分析以进一步检验量表的效度。根据探索性因子分析的技术要求，一般认为 KMO 系数大于 0.7 则适合做因子分析，大于 0.9 表明非常适合，最低临界取值为 0.5，否则不能进行因子分析（余建英，何旭宏，2003）。Bartlett 球度检验则用于判断变量之间是否存在相关性，要求伴随概率满足显著性水平（余建英，何旭宏，2003）。

分析结果表明：愉悦体验量表的 KMO 值为 0.778，Bartlett 球度检验系数为 400.428，显著性水平为 0.000，满足因子分析要求。采用主成分因子分析和最大方差正交旋转方法，并遵循降维分析的要求：因子特征根大于1；测量指标的因子载荷大于0.5（至少大于0.4）；因子载荷间不存在交叉负荷；总方差解释度大于60%；各因子题项不少于3个（Byrne，1998），进行探索性因子分析。结果表明（表9-5）：各测量题项的因子载荷均大于0.5，最低载荷为0.512，最高为0.868，且不存在交叉项。样本的总体方差解释度为72.743%，共分离出三个公因子，其中旋转后第一个因子的载荷为24.241%，第二个因子的载荷为22.245%，第三个因子的载荷为26.257%。此外，根据共同方法偏差的检验方法及要求（周浩，龙立荣，2004），未经旋转的第一个公因子载荷为37.152%（小于50%），基本排除共同方法偏差。分析结果证实，经探索性因子分析所抽取出的三个公因子及其所属测量问项与原始量表结构一致，进一步表明愉悦体验量表具有较好的效度。

表9-5 愉悦体验量表探索性因子分析（N=50）

指标	因子1	因子2	因子3
EE1	0.854		
EE2	0.770		
EE3	0.854		
EE4	0.808		
EE5	0.786		
EE6		0.657	
EE7		0.868	
EE8		0.850	
EE9		0.865	

续表

指标	因子1	因子2	因子3
EE10		0.571	
EE11			0.773
EE12			0.754
EE13			0.512
EE14			0.543
EE15			0.585
方差解释度	24.241%	22.245%	26.257%

2. 体验记忆

同样采用主成分因子分析和最大方差正交旋转方法，按照探索性因子分析的技术要求进行效度分析：因子特征根＞1；因子载荷＞0.5；不存在交叉负荷；总方差解释度＞60%；各因子题项不少于3个。结果表明（表9-6）：体验记忆量表的KMO值为0.940，Bartlett球度检验系数为524.236，显著性水平为0.000，满足探索性因子分析的要求。此外，根据共同方法偏差的检验方法及要求（周浩，龙立荣，2004），未经旋转的第一个公因子载荷为42.638%，小于50%，基本排除共同方法偏差。

表9-6 体验记忆量表探索性因子分析（N=50）

指标	因子1	因子2	因子3	因子4	因子5	因子6	因子7
ME1	0.570						
ME2	0.802						
ME3	0.760						

续表

指标	因子1	因子2	因子3	因子4	因子5	因子6	因子7
ME4	0.665						
ME5					0.566		
ME6					0.801		
ME7					0.700		
ME8			0.709				
ME9			0.707				
ME10			0.692				
ME11				0.739			
ME12				0.798			
ME13				0.512			
ME14				0.441			
ME15		0.770					
ME16		0.776					
ME17		0.647					
ME18						0.747	
ME19						0.652	
ME20						0.709	
ME21							0.706
ME22							0.734
ME23			0.552				0.412
方差解释度	12.230%	10.799%	10.454%	9.738%	9.448%	8.935%	8.115%

样本的总体方差解释度为 69.719%，共分离出七个公因子，经旋转后各公因子的载荷分别为：12.230%、10.799%、10.454%、9.738%、9.448%、8.935% 和 8.115%。值得注意的是，题项 EM23 存在交叉负荷，分别在因子 3（0.552）和因子 7（0.412）中。根据 Byrne（1998）提出的因子分析原则，并结合该量表信度分析结果，本研究将题项 EM23 删除。同时，根据各因子题项不少于 3 个的原则，将题项 EM21 和 EM22 删除，即将维度"知识"删除。通过因子分析提炼出的六个公因子及其所属测量题项与原始量表结构一致，进一步表明六维度的体验记忆量表具有较好的效度。

四、正式调查

（一）数据收集

基于第六章问卷调查样本量的历史经验，本研究按照格林和亚莫尔德（Grimm，Yarnold，1995）、克莱恩（Kline，2015）以及沃辛顿与惠特克（Worthington，Whittaker，2006）等学者的建议，根据问卷中观测变量的个数来确定最低问卷样本量。在正式调查中，除人口统计学信息变量，观测变量共计有 41 个，按照 1∶10 的比率，本次调查中的必需样本量是 410 份。

在正式调查中，本研究仍然通过发布召集公告和学生自主报名参与的方式征集被调查者。具体有，以 G 师范大学本科同学为实验对象，并要求被调查者有过三次及以上的旅游经历，同时未曾去过我国台湾地区旅游，于 2017 年 10 月 23 日和 26 日分别进行两次数据收取。在正式调查的实验过程中，第一次发放问卷 500 份，回收 500 份，剔除无效问卷 11 份，回收有效问卷 489 份，有效率为 97.8%。随后在间隔两天后，进行第二次数据收集,共计发放问卷 489 份,剔除未能参与第二次调查的同学及部分无效问卷(共计 27 份)后,回收有效问卷 462 份,有效率为 94.5%。

(二)人口统计学分析

人口统计学分析显示(表 9-7),正式调查样本中男性有 93 人,女性有 369 人,占比分别为 20.1% 和 79.9%,与预调查中的性别占比基本持平。在年龄结构方面,18 岁及以下的学生有 38 人,19~20 岁的样本有 246 人,21~22 岁的样本有 163 人,23 岁及以上的样本有 15 人,其所占比重分别为 8.2%、53.3%、35.3% 和 3.2%,其中 19~22 岁的学生占总体样本的 78.6%。在学生所属年级方面,被试仍然以大二和大三的学生为主,共计 373 人,占比为 80.7%,大一年级的样本有 89 人,占总体比重的 19.3%。

表 9-7 正式调查人口统计信息(N=462)

指标	类别	样本数	比重 %
性别	男性	93	20.1
	女性	369	79.9
年龄	18 岁及以下	38	8.2
	19~20 岁	246	53.3
	21~22 岁	163	35.3
	23 岁及以上	15	3.2
年级	大一	89	19.3
	大二	197	42.6
	大三	176	38.1

第三节 数据分析

一、描述性统计分析

对各测量指标的均值、标准差、偏度及峰度进行描述性统计分析。根据已有研究经验,一般认为正面测量问项的均值大于3,标准差大于0.5,则数据具有较好的波动性。此外,为了确保数据符合正态分布并进行后续路径分析,根据黄芳铭(2005)的建议,偏度和峰度指标分别小于3和10以下,则认为数据符合正态分布。

由表9-8统计数据可知,所有测量题项的均值、标准差、偏度和峰度均在可接受范围内,即正式调查所获取的样本数据拟正态分布。

表9-8 数据描述性统计(N=462)

指标	均值	标准差	偏度	峰度	指标	均值	标准差	偏度	峰度
EE1	4.139	0.726	−0.457	−0.047	EE11	3.556	0.884	−0.200	−0.241
EE2	4.147	0.760	−0.672	0.524	EE12	3.522	0.897	−0.138	−0.249
EE3	4.168	0.812	−0.709	0.124	EE13	3.968	0.894	−0.540	−0.228
EE4	4.122	0.808	−0.624	0.043	EE14	3.810	0.919	−0.416	−0.166
EE5	4.133	0.802	−0.676	0.216	EE15	3.853	0.910	−0.605	0.215
EE6	4.074	0.843	−0.642	0.113	ME1	3.808	0.749	−0.131	−0.220
EE7	3.915	0.893	−0.601	0.131	ME2	3.665	0.802	−0.104	−0.332
EE8	3.887	0.922	−0.508	−0.184	ME3	3.919	0.820	−0.275	−0.384
EE9	4.320	0.741	−1.162	1.864	ME4	3.775	0.822	−0.146	−0.245
EE10	4.306	0.806	−1.067	1.006	ME5	3.575	0.911	−0.052	−0.482

续表

指标	均值	标准差	偏度	峰度	指标	均值	标准差	偏度	峰度
ME6	3.746	0.851	−0.350	−0.208	ME17	3.587	0.889	−0.053	−0.647
ME7	4.113	0.737	−0.543	0.070	ME18	3.976	0.826	−0.581	0.260
ME8	4.141	0.742	−0.681	0.754	ME19	3.955	0.763	−0.277	−0.267
ME9	3.792	0.875	−0.204	−0.547	ME20	3.976	0.789	−0.331	−0.481
ME10	4.037	0.751	−0.553	0.526	BI1	3.912	0.844	−0.396	−0.152
ME11	3.970	0.827	−0.428	−0.315	BI2	4.033	0.760	−0.500	0.310
ME12	4.155	0.722	−0.456	−0.289	BI3	4.172	0.705	−0.558	0.386
ME13	3.887	0.810	−0.208	−0.391	SAT1	4.110	0.673	−0.223	−0.479
ME14	3.860	0.822	−0.179	−0.686	SAT2	4.009	0.742	−0.238	−0.562
ME15	3.800	0.856	−0.333	−0.292	SAT3	3.830	0.764	−0.142	−0.307
ME16	3.599	0.861	0.018	−0.490	—	—	—	—	—

二、信度分析

（一）愉悦体验

愉悦体验整体量表的 Cronbach's Alpha 值为 0.920，表明量表的可靠性较高（表9-9）。与此同时，本研究分别对愉悦体验所涵盖的三个维度，即"喜悦""爱"和"惊喜"进行信度检验。分析结果表明，维度1"喜悦"的总体 Cronbach's Alpha 系数为 0.923，维度2"爱"的总体 Cronbach's Alpha 系数为 0.868，维度3"惊喜"的总体 Cronbach's Alpha 系数为 0.829。在 CITC 分析中，各测量指标的校正项总计相关性均大于 0.5，说明各题项之间具有良好的关联性。此外，所有测量题项删除后的 Cronbach's Alpha 系数均小于各构念的总体 Alpha 值，进一步表明，该量表具有较好的信度。

表 9-9　愉悦体验量表信度分析（N=462）

指标	项已删除的均值	项已删除的方差	校正项总计相关性（CITC）	项已删除的Cronbach's Alpha	Cronbach's Alpha
EE1	16.570	7.924	0.791	0.907	0.923
EE2	16.562	7.701	0.808	0.903	
EE3	16.541	7.527	0.785	0.908	
EE4	16.587	7.467	0.807	0.903	
EE5	16.576	7.497	0.806	0.903	
EE6	16.437	7.590	0.716	0.833	0.868
EE7	16.596	7.346	0.719	0.832	
EE8	16.623	7.204	0.721	0.832	
EE9	16.182	8.043	0.721	0.835	
EE10	16.205	8.249	0.589	0.863	
EE11	15.151	8.052	0.639	0.791	0.829
EE12	15.186	7.965	0.646	0.789	
EE13	14.740	8.593	0.505	0.828	
EE14	14.898	7.847	0.650	0.787	
EE15	14.855	7.720	0.690	0.775	

（二）体验记忆

体验记忆整体量表的 Cronbach's Alpha 值为 0.930，表明量表具有较高的可靠性。进一步，本研究分别对体验记忆所涵盖的六个维度（共计 20 个测量问项），即"享乐""新奇""当地文化""爽快""意义"及"投入"进行信度分析。分析结果表明，各维度的总体 Cronbach's Alpha 系数均大于 0.7，最小值为 0.750，最大值为 0.826。在 CITC 分析中，各测量指标的校正项总计相关性均大于 0.5，说明各题项之间具有良好的关联性。

与此同时，除维度 6"投入"外，所有测量题项删除后的 Cronbach's Alpha 系数均小于各构念的总体 Alpha 值。在维度"投入"中，删除题项 ME18 后，该维度的信度会提升至 0.786。考虑到维度的完整性，即各构念、潜变量或维度等最少需要三个观察变量（Byrne，1998），且删除该测量题项后信度质量提升不大（仅增加 0.005 个单位）的原因，故保留该测量题项。

表 9-10　体验记忆量表信度分析（N=462）

指标	项已删除的均值	项已删除的方差	校正项总计相关性（CITC）	项已删除的 Cronbach's Alpha	Cronbach's Alpha
ME1	11.359	4.370	0.568	0.816	0.826
ME2	11.502	3.968	0.658	0.778	
ME3	11.247	3.765	0.715	0.751	
ME4	11.392	3.876	0.667	0.774	
ME5	7.859	2.016	0.560	0.743	0.767
ME6	7.689	1.999	0.653	0.626	
ME7	7.321	2.377	0.605	0.692	
ME8	7.829	2.007	0.573	0.673	0.750
ME9	8.178	1.725	0.552	0.707	
ME10	7.933	1.912	0.619	0.622	

续表

指标	项已删除的均值	项已删除的方差	校正项总计相关性（CITC）	项已删除的Cronbach's Alpha	Cronbach's Alpha
ME11	11.901	3.653	0.661	0.739	0.807
ME12	11.715	4.020	0.652	0.748	
ME13	11.984	3.899	0.586	0.776	
ME14	12.012	3.819	0.601	0.769	
ME15	7.187	2.468	0.676	0.757	0.822
ME16	7.387	2.337	0.736	0.696	
ME17	7.399	2.479	0.624	0.810	
ME18	7.931	1.982	0.545	0.786	0.781
ME19	7.952	1.937	0.666	0.653	
ME20	7.931	1.900	0.649	0.669	

（三）满意度与行为意图

满意度和行为意图均属于一阶结构变量，满意度整体量表的 Cronbach's Alpha 值为 0.746，行为意图整体量表的 Cronbach's Alpha 值为 0.738，信度系数均大于 0.7，表明量表具有良好的可靠性。在校正项总计相关性分析中，满意度和行为意图各测量指标的校正项总计相关性均大于 0.5（0.541 至 0.657 之间），说明各题项之间具有良好的关联性。

进一步，所有测量题项删除后的 Cronbach's Alpha 系数均小于各变量的总体 Alpha 值（表 9-11）。以上分析表明，满意度和行为意图量表具有良好的信度水平。

表 9-11　满意度和行为意图量表信度分析（N=462）

指标	项已删除的均值	项已删除的方差	校正项总计相关性（CITC）	项已删除的Cronbach's Alpha	Cronbach's Alpha
BI1	8.205	1.646	0.553	0.693	0.746
BI2	8.085	1.682	0.657	0.561	
BI3	7.945	2.016	0.520	0.720	
SAT1	7.839	1.679	0.569	0.649	0.738
SAT2	7.940	1.509	0.583	0.628	
SAT3	8.118	1.521	0.541	0.681	

三、效度分析

（一）愉悦体验

1. 探索性因子分析

采用主成分因子分析和最大方差正交旋转方法，并遵循降维分析的要求进行探索性因子分析。分析结果表明：愉悦体验量表的 KMO 值为 0.916，Bartlett 球度检验系数为 4223.230，显著性水平为 0.000，满足因子分析要求。数据分析显示（表 9-12）：各测量题项的因子载荷均大于 0.5，且不存在交叉项。样本的总体方差解释度为 68.088%，共分离出三个公因子，与问卷初始量表及预调查分析结果相一致。

此外，根据共同方法偏差的检验方法及技术要求（周浩，龙立荣，2004），进行 Harman 单因素检验。未经旋转的第一个公因子载荷为 48.065%，小于 50%，基本排除共同方法偏差。

以上分析结果证实，经探索性因子分析所抽取出的三个公因子及其所属测量问项与原始量表结构一致。

表9-12 愉悦体验量表探索性因子分析（N=462）

指标	因子1（喜悦）	因子2（爱）	因子3（惊喜）
EE1	0.842		
EE2	0.844		
EE3	0.793		
EE4	0.819		
EE5	0.769		
EE6		0.731	
EE7		0.815	
EE8		0.821	
EE9		0.713	
EE10		0.522	
EE11			0.725
EE12			0.715
EE13			0.684
EE14			0.728
EE15			0.723
方差解释度	25.983%	21.763%	20.342%

2. 验证性因子分析

为进一步验证量表的适应性，下面对所有构念进行验证性因子（CFA）分析。分析要求：根据巴戈与易友杰（Bagozzi, Yi Youjae, 1988）、拜恩（Byrne, 1998）和吴明隆（2009）建议的模型匹配度指标,在验证性因子分析中模型的卡方与自由度比值(χ^2/df)在 1–3 之间,代表模型适配良好;良性适配指标(GFI)大于 0.9;增值适配指标(IFI)大于 0.9;非规范适配指标(TLI)大于 0.9;比较适配指标(CFI)大于 0.9。此外,模型匹配度还要求渐进残差均方和平方根(RMSEA)小于 0.08。

数据分析结果显示(表 9–13):χ^2/df 系数是 2.371,其中模型的卡方值为 194.448,自由度为 82,显著性水平小于 0.000;模型的适配指标系数均大于 0.9,RMSEA 系数为 0.055,小于 0.08 的标准,即愉悦体验量表模型具有较好的理论与数据之间的拟合度。

表 9-13 模型拟合度(N=462)

χ^2	df	χ^2/df	GFI	IFI	TLI	CFI	RMSEA
194.448	82	2.371	0.949	0.973	0.965	0.973	0.055

聚合效度评价:分析结果显示(表 9–14),各观测指标的标准化因子载荷集中在 0.538~0.876,均大于 0.5 的标准,指标变量能够有效反映所有测得的构念特质。此外,作为一种构念信度,组合信度(CR)是用来检验潜变量的信度指标,要求大于 0.6(吴明隆,2009)。数据分析结果显示,各维度的 CR 值均大于 0.8,即模型内在质量较佳。

表 9-14 愉悦体验量表验证性因子分析(N=462)

维度	观测指标	标准化因子载荷	组合信度	平均方差抽取
喜悦 JOY	EE1	0.789	0.918	0.692
	EE2	0.808		
	EE3	0.826		

续表

维度	观测指标	标准化因子载荷	组合信度	平均方差抽取
喜悦 JOY	EE4	0.858	0.918	0.692
	EE5	0.876		
爱 LOVE	EE6	0.738	0.856	0.644
	EE7	0.679		
	EE8	0.727		
	EE9	0.804		
	EE10	0.733		
惊喜 PS	EE11	0.659	0.814	0.472
	EE12	0.648		
	EE13	0.538		
	EE14	0.730		
	EE15	0.826		

区别效度评价：分析结果显示（表9-15），各维度间相关系数均小于0.65（介于0.513至0.601之间），且AVE平方根大于相关系数。以上分析表明，愉悦体验数据具有较好的效度。需要指出的是，尽管维度"惊喜"的AVE值小于0.5（0.472），但该维度的组合信度大于0.5（该系数是0.814），具有较好的内部一致性（Kim，Woo，Uysal，2015），因此，该维度同样具有较好的效度质量。

表 9-15 相关系数分析（N=462）

维度	JOY	LOVE	PS
JOY	**0.832**		
LOVE	0.601**	**0.802**	
PS	0.513**	0.538**	**0.687**

注：***、**、* 分别表示 0.1%、1%、5% 的显著性水平；加黑字体为 AVE 平方根。

（二）体验记忆

1. 探索性因子分析

采用主成分因子分析和最大方差正交旋转方法，并遵循降维分析的要求进行探索性因子分析。

表 9-16 体验记忆量表探索性因子分析（N=462）

指标	因子1（享乐）	因子2（新奇）	因子3（当地文化）	因子4（爽快）	因子5（意义）	因子6（投入）
ME1	0.594					
ME2	0.803					
ME3	0.760					
ME4	0.658					
ME5		0.596				
ME6		0.822				
ME7		0.706				
ME8			0.719			
ME9			0.717			

续表

指标	因子1 (享乐)	因子2 (新奇)	因子3 (当地文化)	因子4 (爽快)	因子5 (意义)	因子6 (投入)
ME10			0.739			
ME11				0.760		
ME12				0.806		
ME13				0.566		
ME14				0.459		
ME15					0.774	
ME16					0.792	
ME17					0.660	
ME18						0.745
ME19						0.684
ME20						0.737
方差解释度	13.660%	10.919%	10.416%	11.818%	12.139%	10.392%

分析结果表明：愉悦体验量表的 KMO 值为 0.933，Bartlett 球度检验系数为 4467.962，显著性水平为 0.000，满足因子分析要求。数据分析显示（表 9-16）：各测量题项的因子载荷均大于 0.5，且不存在交叉项。样本的总体方差解释度为 69.344%，共分离出六个公因子，与预调查分析结果相一致。此外，根据 Harman 单因素检验，以判断数据是否存在共同方法偏差。未经旋转的第一个公因子载荷为 43.250%，小于 50%，基本排除共同方法偏差。

2. 验证性因子分析

根据巴戈与易友杰（Bagozzi, Yi Youjae, 1988）、拜恩（Byrne, 1998）和吴明隆（2009）建议的模型匹配度指标进行模型拟合度分析。

表9-17 模型拟合度（N=462）

χ^2	df	χ^2/df	GFI	IFI	TLI	CFI	RMSEA
375.738	155	2.424	0.925	0.950	0.938	0.949	0.056

表9-18 体验记忆量表验证性因子分析（N=462）

维度	观测指标	标准化因子载荷	组合信度	平均方差抽取
享乐 HED	ME1	0.649	0.829	0.549
	ME2	0.720		
	ME3	0.806		
	ME4	0.778		
新奇 NOV	ME5	0.696	0.775	0.534
	ME6	0.735		
	ME7	0.760		
当地文化 LC	ME8	0.707	0.757	0.510
	ME9	0.665		
	ME10	0.767		
爽快 REF	ME11	0.743	0.809	0.515
	ME12	0.711		
	ME13	0.684		
	ME14	0.731		

续表

维度	观测指标	标准化因子载荷	组合信度	平均方差抽取
意义 MEN	ME15	0.786	0.828	0.616
	ME16	0.830		
	ME17	0.736		
投入 INV	ME18	0.630	0.790	0.559
	ME19	0.830		
	ME20	0.768		

数据分析结果显示（表9-17）：χ^2/df 系数是2.424，其中模型的卡方值为375.738，自由度为155，显著性水平小于0.000；模型的适配指标系数均大于0.9，RMSEA系数为0.056，小于0.08的标准，即体验记忆量表具有较好的理论与数据之间的拟合度。

聚合效度分析显示（表9-18）：各观测指标的标准化因子载荷均大于0.5的标准，指标变量能够有效反映所有测得的维度特质。各维度的组合信度值均大于0.7，即模型内在质量较佳。区别效度分析中（表9-19），各维度间相关系数均小于0.68，且AVE平方根系数均大于相关系数，体验记忆数据具有较好的区别效度质量。

表9-19 相关系数分析（N=462）

构念	HED	NOV	LC	REF	MEN	INV
HED	**0.741**					
NOV	0.558**	**0.731**				
LC	0.520**	0.529**	**0.714**			
REF	0.635**	0.680**	0.534**	**0.718**		

续表

构念	HED	NOV	LC	REF	MEN	INV
MEN	0.530**	0.566**	0.507**	0.640**	**0.785**	
INV	0.610**	0.511**	0.523**	0.565**	0.564**	**0.748**

注：***、**、* 分别表示 0.1%、1%、5% 的显著性水平；加黑字体为 AVE 平方根。

（三）总体效度分析

为了确保所获取数据的稳健性，本研究对纵向实验调查中的所有潜在变量再次进行聚合效度和区别效度分析。同样根据巴戈与易友杰（Bagozzi, Yi Youjae, 1988）、拜恩（Byrne, 1998）和吴明隆（2009）建议的模型匹配度指标进行模型拟合度分析。分析结果显示（表9-20）：χ^2/df 系数是 2.012，其中模型的卡方值为 1456.732，自由度为 724，显著性水平小于 0.000；除 GFI 外，模型的适配指标系数均大于 0.9，RMSEA 系数为 0.047，小于 0.08 的标准。同样，尽管在总体验证性因子（CFA）分析中，模型的 GFI 系数为 0.864，但根据已有研究经验，GFI 大于 0.80 仍然属于可接受范围。因此，可以认为本次调查所获取的数据较好地与理论模型相契合。

表 9-20 总体模型拟合度（N=462）

χ^2	df	χ^2/df	GFI	IFI	TLI	CFI	RMSEA
1456.732	724	2.012	0.864	0.931	0.921	0.930	0.047

进一步，对总体样本数据进行聚合和区别效度分析，以考察各测量指标能否有效地反映相应的潜变量和维度，并观察各潜变量和维度的区别性。分析结果显示（表9-21）：各测量问项的标

准化因子载荷系数均大于 0.5。其中，标准化因子载荷系数最大的是 EE5，为 0.858，载荷最小的是 EE13，系数为 0.561。在平均方差抽取量上，除去满意度（SAT）的系数略小于 0.5 外，其他潜变量及维度的平均方差抽取量值均大于 0.5。其中，AVE 系数最大的是 JOY，其系数为 0.705。组合信度是判别模型内在质量的指标之一。数据分析表明：所有潜变量及维度的组合信度系数均大于 0.7，介乎于 0.738 至 0.923 之间，结果表明该模型获得理想的内在质量。因此，根据标准化因子载荷、组合信度和平均方差抽取量等指标，总体测量模型的内在质量良好。

表 9-21　总体验证性因子分析（N=462）

构念	维度	编号	标准化因子载荷	组合信度	平均方差抽取
愉悦体验	喜悦 JOY	EE1	0.823	0.923	0.705
		EE2	0.839		
		EE3	0.829		
		EE4	0.850		
		EE5	0.858		
	爱 LOVE	EE6	0.774	0.871	0.575
		EE7	0.771		
		EE8	0.778		
		EE9	0.781		
		EE10	0.683		
	惊喜 PS	EE11	0.715	0.829	0.500
		EE12	0.716		
		EE13	0.561		

续表

构念	维度	编号	标准化因子载荷	组合信度	平均方差抽取
愉悦体验	惊喜 PS	EE14	0.724	0.829	0.500
		EE15	0.782		
体验记忆	享乐 HED	ME1	0.657	0.829	0.550
		ME2	0.734		
		ME3	0.804		
		ME4	0.763		
	新奇 NOV	ME5	0.708	0.774	0.533
		ME6	0.731		
		ME7	0.751		
	当地文化 LC	ME8	0.729	0.755	0.509
		ME9	0.642		
		ME10	0.763		
	爽快 REF	ME11	0.735	0.809	0.515
		ME12	0.711		
		ME13	0.688		
		ME14	0.735		
	意义 MEN	ME15	0.787	0.828	0.616
		ME16	0.827		
		ME17	0.738		
	投入 INV	ME18	0.634	0.790	0.559
		ME19	0.825		
		ME20	0.771		

续表

构念	维度	编号	标准化因子载荷	组合信度	平均方差抽取
行为意图		BI1	0.676	0.756	0.510
		BI2	0.792		
		BI3	0.668		
满意度		SAT1	0.723	0.738	0.484
		SAT2	0.656		
		SAT3	0.707		

在区别效度分析中，已有研究认为各潜变量、维度间相关系数均小于0.85，且AVE平方根系数均大于相关系数（荣泰生，2009），则表明各变量或维度间具有良好的区别性。数据分析显示（表9-22）：11个潜变量及维度开方后的AVE系数均大于各变量间相关系数，即调查数据具有较好的区别质量。

表9-22 总体相关系数分析（N=462）

构念	JOY	LOVE	PS	HED	NOV	LC	REF	MEN	INV	BI	SAT
JOY	**0.840**										
LOVE	0.601**	**0.758**									
PS	0.513**	0.583**	**0.707**								
HED	0.580**	0.485**	0.581**	**0.742**							
NOV	0.319**	0.398**	0.508**	0.558**	**0.730**						
LC	0.322**	0.554**	0.415**	0.520**	0.529**	**0.713**					
REF	0.474**	0.495**	0.562**	0.635**	0.580**	0.534**	**0.718**				
MEN	0.383**	0.382**	0.484**	0.530**	0.566**	0.507**	0.640**	**0.785**			
INV	0.445**	0.394**	0.502**	0.610**	0.511**	0.523**	0.565**	0.564**	**0.748**		

续表

构念	JOY	LOVE	PS	HED	NOV	LC	REF	MEN	INV	BI	SAT
BI	0.403**	0.399**	0.479**	0.580**	0.481**	0.527**	0.567**	0.527**	0.613**	**0.714**	
SAT	0.408**	0.471**	0.470**	0.581**	0.510**	0.567**	0.612**	0.557**	0.567**	0.641**	**0.696**

注：***、**、* 分别表示 0.1%、1%、5% 的显著性水平；加黑字体为 AVE 平方根。

综上所述，根据 Cronbach's Alpha 系数、已删除项的 Cronbach's Alpha、校正项总计相关性等分析，总体调查数据具有良好的可信度保证。与此同时，根据探索性因子和验证性因子分析的结果，总体调查数据在聚合效度和区别效度方面具有良好的表现。因此，整体样本数据质量符合要求，可以进行后续路径及中介效应分析。

四、假设检验

本研究使用结构方程模型的极大似然法对概念模型进行检验并分析路径关系。模型匹配度指标显示（表 9-23）：χ^2 系数为 1654.813，df 系数为 764，χ^2/df 为 2.166。由于卡方值较易受到样本量的影响，因此参考模型匹配的适合度和替代性指标：GFI 系数为 0.848，IFI 系数为 0.916，TLI 系数为 0.909，CFI 系数为 0.915，均符合巴戈与易友杰（Bagozzi, Yi Youjae, 1988）、拜恩（Byrne, 1998）提出的模型拟合度要求。

表 9-23 假设检验的模型拟合度（N=462）

χ^2	df	χ^2/df	GFI	IFI	TLI	CFI	RMSEA
1654.813	764	2.166	0.848	0.916	0.909	0.915	0.050

假设检验结果显示（表9-24），假设H1、H4和H6被支持，假设H2、H3和H5不被支持。假设H1表明，愉悦体验对体验记忆具有显著的正向影响作用（$t = 10.318$，$p < 0.001$）。假设H4表明，体验记忆对满意度具有显著的正向影响作用（$t = 7.685$，$p < 0.001$）。假设H6表明，满意度对行为意图具有显著正向影响作用（$t = 3.987$，$p < 0.001$）。

进一步，从影响路径来看，愉悦体验对满意度和行为意图未产生直接影响作用，但愉悦体验通过体验记忆对满意度和行为意图产生间接影响作用，对满意度的间接影响作用为正的0.817，对行为意图的间接影响作用为正的0.772。同样体验记忆也未能对行为意图产生直接影响作用，而通过满意度来间接影响行为意图，其影响系数为0.655。

表9-24 假设检验分析

假设	标准化路径系数	标准误	t值	结论
H1：愉悦体验→体验记忆	0.837	0.67	10.318***	支持
H2：愉悦体验→满意度	-0.108	0.101	-1.021	不支持
H3：愉悦体验→行为意图	-0.123	0.118	-1.158	不支持
H4：体验记忆→满意度	0.976	0.147	7.685***	支持
H5：体验记忆→行为意图	0.354	0.274	1.740	不支持
H6：满意度→行为意图	0.671	0.196	3.987***	支持

注：***、**、*分别表示0.1%、1%、5%的显著性水平。

五、中介效应分析

下面进一步验证体验记忆和满意度的中介效应,即中介路径为:愉悦体验→体验记忆→满意度;体验记忆→满意度→行为意图。本研究根据已有研究经验和中介效应分析的技术要求(Baron, Kenny, 1986; Lu Lu, et al., 2015; Sobel, 1982)进行变量的中介效应分析。

根据路径分析的结果,本研究主要对受体验记忆中介作用的愉悦体验与满意度路径、受满意度中介作用的体验记忆与行为意图两个中介效用进行分析。分析结果如表9-25所示:在自变量与中介变量的显著性关系分析中,愉悦体验对体验记忆具有显著的影响效应,系数为0.837,显著性水平小于0.001;体验记忆对满意度具有显著的影响效应,系数为0.976,显著性水平小于0.001。在中介变量与因变量的显著性关系分析中,体验记忆对满意度具有显著的影响效应($0.976, p < 0.001$),满意度对行为意图具有显著的影响效应($0.671, p < 0.001$)。以上分析结果满足巴朗、肯尼(Baron, Kenny, 1986)及索贝尔(Sobel, 1982)提出的中介效应分析的前两个条件。与此同时,本研究通过设置约束模型A和B来检验第三个中介效应条件,即在约束模型中设置中介效应对因变量的路径系数为0,来比较约束模型与理论模型中自变量与因变量路径系数的变化情况。

分析结果表明,在体验记忆的中介效应模型中,受约束模型A中愉悦体验对满意度的影响效应由显著性的0.859变为不显著的-0.108,即表明体验记忆变量完全中介愉悦体验对满意度的影响效应。此外,在满意度的中介效应模型中,受约束模型B中体验记忆对行为意图的影响效应由显著性的0.165变为不显著的0.354,也说明满意度完全中介体验记忆对行为意图的影响效应。

表 9-25　中介效应分析

	路径	约束模型 A	约束模型 B	理论模型
IV→M	愉悦体验→体验记忆	0.936***		0.837***
M→DV	体验记忆→满意度	0		0.976***
IV→DV	愉悦体验→满意度	0.859***		-0.108
IV→M	体验记忆→满意度		0.991***	0.976***
M→DV	满意度→行为意图		0	0.671***
IV→DV	体验记忆→行为意图		0.165***	0.354

注：***、**、*分别表示 0.1%、1%、5%的显著性水平。

此外，为了检验中介效应分析的稳健性，本研究进一步检验了约束模型与理论模型的卡方值 χ^2 是否存在显著差异。根据表 9-26 模型比较数据，理论模型与受约束模型间卡方值存在显著差异，约束模型 A 的卡方值变异量为 67.034，p 值小于 0.001；约束模型 B 的卡方值变异量为 17.159，p 值小于 0.001。与此同时，就模型拟合度指标来看，理论模型的拟合度指标均优于受约束模型 A 和 B 的拟合度指标，理论模型的 CFI、IFI、NFI 系数分别为 0.915、0.916 和 0.854，且 RMSEA 均小于受约束模型（0.050 ＜ 0.052 和 0.051）。基于以上分析结论，本研究认为体验记忆与满意度完全中介了愉悦体验对满意度、体验记忆对行为意图的影响效应。

表 9-26　模型比较

模型	χ^2	df	$\triangle\chi^2$	$\triangle df$	CFI	IFI	NFI	RMSEA
理论模型	1654.813	764			0.915	0.916	0.854	0.050
约束模型 A	415.91	765	67.034***	1	0.909	0.909	0.848	0.052
约束模型 B	1671.972	765	17.159***	1	0.914	0.914	0.852	0.051

注：***、**、* 分别表示 0.1%、1%、5% 的显著性水平。

第四节　从瞬间愉悦到永恒美好的升华

一、研究结果分析

（一）主效应分析

基于文献回顾进行概念模型建构，本研究共计提出六个研究假设，分别对愉悦体验、体验记忆、满意度及行为意图四个构念之间的影响关系进行理论推演和路径建构。

根据数据分析结果，在六个研究假设中，假设 H1、H4 和 H6 被支持，假设 H2、H3 和 H5 则没有被支持。在假设 H1 中，旅游者愉悦体验对体验记忆有显著的正向影响效用，其标准化路径系数为 0.837，伴随概率 p 值小于 0.001。在其他因素不变的情况下，愉悦体验每增加 1 个单位，游客体验记忆就增加 0.837 个单位。从个体层面来看，游客所获取的愉悦体验感受越多其体验记忆越深刻。在研究假设 H4 中，体验记忆对满意度具有显著的正向影响作用，标准化路径系数为 0.976。在其他因素不变的情况下，体验记忆每增加 1 个单位，游客满意度就提升 0.976 个单位。在旅游者后体验行为阶段中，作为长久的情感存储形态，体验记忆能够有效和持久地对满意度产生积极的影响效用。与此同时，在假设 H6 中，后体验阶段下游客满意度对行为意图具有显著的正向影响作用，其作用强度为 0.671。

此外，在主效应的分析中，数据分析结果表明假设 H2、H3 和 H5 均是不显著的，即：假设 H2：愉悦体验不能对游客满意度产生直接影响作用；假设 H3：愉悦体验不能对游客行为意图产生直接的影响作用；假设 H5：体验记忆不能对旅游者行为意图产生直接影响作用。

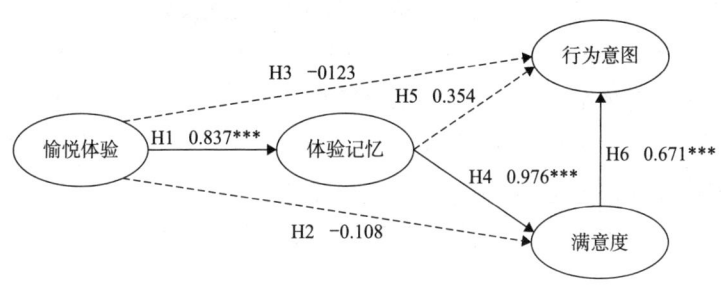

图 9-2 路径系数

注：***、**、* 分别表示 0.1%、1%、5% 的显著性水平。

（二）中介效应分析

在主效应分析中，尽管假设 H2、H3 及 H5 没有得到数据支持，但在整个概念模型分析中发现假设 H2 愉悦体验对满意度的影响作用通过体验记忆所实现，H5 中体验记忆对行为意图的影响作用则是通过满意度来实现的。为了进一步验证以上变量间影响路径的稳定性，本研究进行了中介效应分析。中介效应的分析结果证实：愉悦体验通过体验记忆对游客满意度产生间接的正向影响效应，其间接影响系数为 0.817，影响路径为："愉悦体验→体验记忆→满意度"，分析结果表明体验记忆完全中介了愉悦体验对游客满意度的影响。同时，研究也证实：体验记忆通过满意度对游客行为意图产生间接的积极影响作用，间接路径系数为 0.655，其影响路径为："体验记忆→满意度→行为意图"。

二、能说明的问题

作为一种长期记忆的表现形式，探索后体验阶段中体验记忆的作用对于深入认识过程视角下的旅游体验情感要素及其所属子要素有着重要的理论和现实意义。体验记忆是否是游客后体验阶段中的重要结构要素？与短期记忆的愉悦体验相比，体验记忆是否会更为稳定地对游客后消费行为产生影响？这些都是探究情感视角下旅游体验结构要素及其运行机制的关键。基于以上实证分析结果，本研究认为后体验阶段下旅游体验记忆具有如下特征。

（一）旅游体验具有记忆的属性

体验是无形的，会衰减或增强（Ooi，2005）。派恩和吉尔摩（Pine，Gilmore，1998）认为旅游体验是一种记忆。在主流的记忆模型中，迈尔斯（Myers，2003）将长期记忆分解为内隐记忆和外显记忆两个类别，外显记忆用来存储个体所经历的事实和一般知识，而旅游体验属于外显记忆中的情节记忆。作为一般心理活动过程，拉森（Larsen，2007）认为旅游体验是一种记忆状态，产生于个体的建构或再建构过程之中。作为一种个体心理过程的功能，体验存在两种不同的状态：在场体验（On-site Experience）和记忆体验（Remembered Experience）。通过纵向研究设计所收集数据的分析结论表明，旅游者从旅游地返程回到客源地后，对在场体验中所获取的情感体验是以记忆的形态所存储的。特别需要说明的是，该种体验记忆是经过自我修正后的游客最终情感确认。综上所述，旅游体验具有记忆的属性。

（二）体验记忆是后体验阶段中情感体验存续的重要表现

从旅游体验的物理过程来看，旅游体验是由体验前、在场体验和后体验行为三个阶段所构成。从体验的情感过程视角来看，游客体验则是由期望、情感获取及其记忆所组成的一个整体。由此，后旅游体验阶段下的行为、要素及结构分解是旅游体验研究的重点。通过数据分析和假设验证等，本研究认为体验记忆是旅游体验后行为阶段中的重要结构要素。

从旅游体验的情感层面来看，旅游体验质量是对游客心理结构水平或状态的衡量，而旅游体验情感的动态性特征又决定了游客体验心理状态的非一致性。从情感控制论的视角来看，可以将其分解为暂时情感与获得情感间的连续变动。作为游客最终情感的载体，体验记忆是游客经过自我修正和重新评价后所接受情感的"工具变量"。因此，在后体验阶段中，旅游者对于在场体验阶段中所获得的情感是以记忆的形态长期持有。这一结论与拉森（Larsen，2007）、桑森垚（2007，2011，2016）等的研究观点相一致。体验记忆是一种心理过程，是以情感获取和情感唤醒为核心（潘澜，林璧属，王昆欣，2016）的主体存在状态，对后体验行为具有重要的影响作用。

进一步，在分析后体验阶段下愉悦体验与满意度、行为意图间的路径关系中,数据分析结果表明:体验记忆完全中介了愉悦体验对满意度和行为意图的影响,即愉悦体验对满意度和行为意图的间接影响必须通过体验记忆这一"永续"的情感状态来实现。这一研究结论再次证实:体验记忆在游客后体验阶段下具有重要的决策作用,是建构旅游者后体验行为的关键要素。

(三)体验记忆更为稳定地对游客后消费行为产生影响作用

体验记忆是旅游体验后行为阶段中的重要结构要素,是影响旅游者后消费行为的关键中介变量。在变量的中介效应分析中,本研究发现在比较约束模型 A 和约束模型 B 中愉悦体验和体验记忆对游客满意度的影响路径系数上,愉悦体验对满意度作用的标准化路径系数为 0.859,而体验记忆对满意度影响的标准路径系数则是 0.991。相比愉悦体验,该结论从数据层面佐证了在游客后体验阶段下体验记忆能够更为有效地对游客后消费行为产生积极的影响效应。此外,从游客情感建构及其控制演变的发展视角来看,体验情感是符合游客自身特征的一种"合理解释"。作为对不同阶段下游客所获取情感特征的解释,体验记忆是经过游客自身社会文化特征等属性"净化"后的情感保存,是主体对其体验情感的最终确认。因此,相比在场体验阶段下的"暂时"情感而言,体验记忆能够对游客后消费行为产生持久而稳定的影响。与此同时,就实践意义而言,该分析结果是旅游目的地、景区管理和运营中提升游客重游率及口碑推荐等的重要依据之一。由此可见,后体验阶段中游客所"永恒"保存的情感体验记忆相比在场阶段中的"瞬间"愉悦能够更为持久地对其态度、行为等产生影响作用。

（四）后体验阶段中满意度对行为意图的影响

在情感视角的旅游体验研究框架下，本研究将满意度和行为意图纳入后旅游体验研究，进一步分析旅游者满意度和行为意图间的作用关系。在验证满意度与行为意图的影响关系上，以往研究认为满意度对行为意图具有正向影响作用（Lee，Graefe，Burns，2004；Olorunniwo，Hsu，Udo，2006；Zeithaml，Berry，Parasuraman，1997），本研究的实证分析结果也支持以上结论。在后旅游体验过程中，满意度能够对行为意图产生积极的影响作用。与此同时，研究还发现，满意度作为中介变量，支撑着体验记忆对游客消费行为意图的作用关系。该研究结果也进一步表明，在旅游体验的情景下满意度与行为意图间同样存在稳定的单向作用关系。

第五节　本章小结

基于旅游体验要素分析及其识别的概念推理结论，本章对后体验阶段中体验记忆的角色、作用关系等进行实证分析。具体而言如下：首先，根据后体验阶段下情感体验存续概念推导模型，进行了理论模型的构建。该理论模型建构的主要目的是验证作为游客永久情感存储载体的体验记忆在后体验阶段中所发挥的结构性作用，即验证体验记忆是否是旅游体验的重要结构要素。与此同时，概念模型理论推演了愉悦体验、体验记忆与游客满意度、行为意图等变量间的影响关系，目的是进一步检验后体验阶段下四个构念间的影响关系和作用路径。其次，基于预调查的数据分析结果，本研究对部分量表进行了中国情景应用下的修正。同时，对正式调查中的问卷数据进行了信度效度检验，并通过结构方程模型进行了路径分析、变量的中介效应分析等。实证分析的结果基本支持研究所提出的理论假设，即体验记忆是后体验阶段下的重要结构要素。此外，中介效应的实证分析结果也交叉印证了这一关键结论。同时，实证分析结果也验证了后体验阶段下的游客满意度对其行为意图有着稳定的影响关系。研究认为，旅游体验具有记忆的属性，而作为游客最终情感存储载体的体验记忆较愉悦体验能够更为稳定地对游客后消费行为产生积极的影响作用。

第十章
说明了的与未解决的问题

第一节 说明了的问题与结论

科学问题研究的核心在于对现象或事物本原的把控，对其结构要素的解读则是关键。综观国内外旅游体验研究的现状，如何认识或者说有效解读旅游体验的内在表现或存在意义仍然存在学术上的空白。相比国外研究，国内以谢彦君为代表的学者们从中观的时空尺度对旅游体验进行了理论层面上的拓展，提出了旅游世界、情境、场及共睦态等一系列具有创新性的科学知识，为后续旅游体验的深度研究提供了指引。与之不同的是，本研究发现已有研究忽略了对体验自身的关注，体验是什么？从个体层面来看，旅游者所获得的体验是以一种怎样的形态所存在的？而这恰恰是旅游体验进行深度拓展所必须要建立的前提知识。正是基于这样一种对科学问题进行深入探索的欲望，本研究试图通过对体验自身特征与结构的分析来把控体验的本原，进而实现对旅游体验的理论解读。可以说，本研究作为一种研究视角上的补充，以体验的本原——内感和情感，作为研究个体游客体验的切入点，从结构要素解读的途径实现对旅游体验的深入研究。

基于以上认识，本研究从哲学、心理学和经济学视角对体验的概念内涵进行溯源和学理分析。通过对体验结构要素的解析，本研究认为哲学体验视角下的心境意义、为我存在和内感是对心理学和经济学体验理论结构要素的概括，而内感是体验结构解析的核心。基于此，本研究明确从折射主体内感意义的情感层面进行旅游体验要素识别，借鉴社会建构主义理论、情感控制理论、情境理论及情感认知评价理论等情感表现方法，结合旅游体验的情感性和过程性视角对旅游体验要素进行解析。进一步，本研究从旅游体验的时空关系视角入手，分析和识别了在场体验阶段和后体验阶段中建构、调控及存续旅游情感体验的结构要素。最后，本研究基于概念推导模型提出在场阶段中的建构要素、控制要素及后体验阶段中的存续要素理论模型，并通过实证途径对各结构要素的作用关系进行检验。

本研究的主要结论有以下几点：

（一）情感是旅游体验的元要素

本研究对旅游体验要素的概念及其理论内涵进行了梳理和明确。通过对旅游体验概念的特征分析，本研究认为，旅游体验要素是建构游客情感体验过程完整性的结构元素，其目的是描述不同体验阶段下游客所获得的心理感受。情感在旅游体验要素中具有"承上启下"的结构地位与"总揽全局"的身份，亦可理解为没有情感的体验不能称之为体验。进一步，通过对旅游体验过程视角下的要素分析与旅游体验情感内涵的特征解析，本研究认为情感是建构游客体验得以实现的元要素。元要素是对构成某一系统或事物所必备基本元素始源的概括和描述。作为对建构游客体验结构要素始源的描述，情感是对不同体验阶段下游客心理感受的总体概括，可进一步从旅游体验时空关系的过程视角、建构与认知视角等进行基础元素分解。

（二）游客情感体验呈现出累积的阶段性特征

在深入分析旅游体验"本原"及其特征内涵的基础之上，本研究认为"情感"是唯一能够把握体验本真内涵和体现旅游体验要素类属特征的元要素。通过对旅游体验情感过程的识别与量化分析，研究发现，旅游体验中的情感是一个连续变化的过程。在旅游体验全过程的不同阶段中游客所获得的情感是不同的、有差异的。因此，游客体验情感也呈现出累积的阶段性特征。进一步，通过对在场阶段中游客情感体验状态的刻画，并依托情感控制理论的延伸观点，本研究识别出游客情感体验的两种状态：暂时情感和获得情感。暂时情感是旅游者在旅游场景的社会交互中，受到各种要素的影响而产生的一种临时体验情感状态。获得情感是旅游者基于评价、效能和活动维度对暂时情感比较后所确认的最终体验情感状态。从旅游体验建构的所属阶段来看，暂时情感和获得情感均处于在场体验阶段的时空关系中。从旅游体验情感状态的连续性关系来看，暂时情感是旅游者获得情感的前提，获得情感是经过"选择"后的暂时情感展示。

（三）旅游体验是过程视角下的情感建构、控制及存续要素的共变结果

在体验要素的解析中，情感是识别旅游体验要素的基本出发点。结合游客体验的过程视角，本研究认为物理过程、情感过程及其建构过程是描述旅游体验要素的三个核心层面。在分析体验情感的演变过程中，本研究提出旅游情感体验全过程概念模型，对在场体验和后体验行为两个阶段中的体验要素进行识别。

从旅游体验的物理过程来看，在场阶段中的体验要素包括：地方感、关系承诺、真实性感知、情感投入、功能价值、情感价

值、情感转换成本及愉悦体验；后体验阶段中的体验要素包括：体验记忆。

从旅游体验的情感过程来看，旅游体验情感要素包括：情感投入、愉悦体验和体验记忆。以上三个要素是刻画游客体验全过程的框架性要素，具有显著的阶段性特征。建构于体验的物理过程基础之上，游客的情感形态表现为由感知到认知再到回忆的"弱—强—弱"演变过程，即旅游体验表现为情感投入的感知、愉悦体验的认知和体验记忆的存续。

进一步，从旅游体验的建构过程来看，游客情感体验表现为建构、控制和存续三个阶段。其中，旅游体验建构要素包括：地方感、关系承诺、真实性感知和情感投入；旅游体验控制要素包括：功能价值、情感价值、情感转换成本和愉悦体验；旅游体验存续要素则包括：体验记忆。旅游体验是过程视角下的情感建构、控制及存续等要素共同作用下的阶段性情感展示。

基于以上分析，可以得出结论：在旅游体验的全过程中，旅游者的情感体验发生了转变。就体验情感而言，旅游体验由暂时的情感投入转变为获得的愉悦体验，并转变为永久的情感记忆。就结构要素而言，在场旅游体验阶段中构成暂时情感投入的地方感、关系承诺及真实性感知转变为建构愉悦体验的功能价值、情感价值及情感转换成本等体验要素，并最终转变为体验记忆的结构要素。因此，从旅游体验发生的情感演变过程及其要素构成来看，旅游者的情感体验完成了从"瞬间愉悦"到"永恒美好"的蜕变。

（四）地方感、关系承诺、真实性感知和情感投入是建构旅游情感体验的结构要素

旅游体验是社会建构产物下的游客情感获取。情境、关系与

互动是在场阶段中游客情感得以存在的"耦合剂"。在场体验阶段中，游客情感体验是建构于旅游世界中物理情境与社会情境下的主客关系互动。因此，本研究认为物理情境与社会情境是游客体验得以建立的前置概念要素。物理情境中的地方、主体对地方的情感赋予是联系旅游者与旅游地情感关系的关键，地方感是对这种关系的精准概括。在社会情境中旅游者与旅游目的地居民、同行游客间的交互关系也是情感建构中主客互动的决定要素。作为对以上关系的精准概括，关系承诺是对主体间心理意象的描述。在这其中，游客真实性感知能够通过影响旅游者与目的地及其社会关系的关联程度进而对旅游者体验建构产生影响作用。基于实证分析的结果验证，可以看出，在场阶段中的情感体验是旅游情境下社会建构的产物。在场体验建构阶段中，地方感、关系承诺、真实性感知和情感投入是建构旅游情感体验的结构要素。

（五）功能价值、情感价值、情感转换成本和愉悦体验是控制旅游情感体验的结构要素

旅游者情感体验具有显著的阶段性特征，具有阶段性特征的体验情感间又存在着必然的因果影响关系。在场阶段是游客情感体验建构与获取的重要阶段。以往研究仅仅注意到游客在场阶段中体验情感的单一状态，而通过对在场阶段中游客情感控制的研究发现，这一阶段中游客的体验情感有两种不同的状态属性。其中，游客情感投入（暂时情感）是最终愉悦体验（获得情感）的前置变量。与此同时，基于情感认知评价理论的旅游体验分析发现，愉悦体验是在场阶段中游客基于价值标准对所获得暂时情感状态的"选择"与"确认"。实证分析结果证实，情感价值比功能价值更能有效地调控游客的愉悦体验感受。此外，在以上两个情感状态的转换过程中，受到旅游期望的预设影响作用，情感转

换成本也会调节旅游者最终所获得的愉悦体验感受。综上所述，在场阶段中的情感体验是自我调控后所获得的愉悦体验。在场体验控制阶段中，功能价值、情感价值、情感转换成本和愉悦体验是控制旅游情感体验的结构要素。

（六）体验记忆是存续旅游情感体验的结构要素

记忆是对体验过的情感或情绪的保持与重现。在深入分析后体验阶段中情感体验存续的形态后，本研究认为体验是被记忆的。旅游体验记忆的核心是旅游者对难忘体验的记忆表现，是旅游者对旅游过程中积极、有意义的事件、活动及其相应情感的信息存储。从情感体验的阶段形态来看，体验记忆是以长时记忆形式对旅游者在场阶段中所获得情感体验的存续与再现，情感投入和愉悦体验分别是在场阶段中游客情感的感觉记忆和短期记忆状态表现。此外，从旅游者消费行为的视角来看，体验记忆是后阶段中建构旅游者消费行为意图的结构变量。实证分析结果也证实，相比愉悦体验，体验记忆更为稳定地对游客后消费行为产生影响作用。综上所述，旅游体验具有记忆的属性。体验记忆是经过自我修正后的游客最终确认情感，是后体验阶段中情感体验的长时存储形态。因此，体验记忆是后阶段中情感体验存续的重要表现。后体验阶段中，体验记忆是存续旅游情感体验的结构要素。

第二节 优化旅游体验的实现路径

一直以来，旅游目的地、景区的经营与管理主要以有效增加经济收益为中心，进而忽略了对游客情感的关注。如前文所述，情感是刻画游客完整体验历程的主线。体验情感建构和形成于旅游世界中的具体情境之中，游客情感体验的获取程度将直接关系到旅游满意度和后消费行为意图，进而关乎旅游目的地、景区的可持续发展。因此，对于提升和优化旅游者的情感体验，可以从以下几个方面展开。

（一）注重对游客体验情感的塑造

情感是旅游体验的元要素，贯穿于旅游者体验的全部过程之中。与此同时，在游客体验的不同时空阶段中，旅游者所感知到的情感有显著的差异。正如本研究在第五章和第七章的游客情感分析中所陈述的观点，情感体验的阶段性属性可以具体表现为暂时情感和获得情感。此外，在后体验阶段中，游客情感则以体验记忆的形态长时保存并对旅游者后消费行为意图产生强有力的影响作用。由此可见，塑造在场阶段中游客的情感体验及其感知质量程度是优化旅游体验的核心与关键。因此，本研究提出游客情感体验塑造的三个原则：参与性、娱乐性和刺激性。

在游客情感体验塑造的参与性方面，首先要强调旅游体验发生的基础是游客的身体参与。因此，在塑造游客情感体验方面要重视参与性旅游项目的设计与开发，适合于老中青等不同年龄层次的群体。此外，在旅游参与的意识方面，要将旅游者"被动"参与、"配合"参与转变为旅游者"全面"参与。这就要求旅游目的地及景区经营管理者将相应的旅游产品项目纳入旅游者生活空间、社区空间中，而非设定好的"舞台"中，进而形成情感、参与及身心的深度融合。

在游客情感体验塑造的娱乐性方面，要针对旅游者需求的变化开发一系列满足旅游者"求乐"需要的旅游产品项目。一方面,对静态观赏的旅游项目要增加其娱乐程度,如传统仪式表演等;另一方面,拓宽旅游体验娱乐性活动的边界,将文学、艺术、音乐乃至体育项目等纳入旅游活动项目中。

在游客情感体验塑造的刺激性方面,旅游目的地及景区经营管理者可以依托旅游资源的天然属性并结合现代科技成果等,增加一系列刺激性的旅游参与项目和活动,如玻璃栈道、低空热气球观光等,以满足旅游者"嗨""爽"的心理需求。

(二)提升旅游目的地和社区居民的"形象"

从在场阶段中游客情感体验建构的结构因素来看,地方和社区居民是游客情感产生的直接前置变量。在旅游世界中,旅游者通过与地方和社区居民的关系交互形成暂时的情感体验。因此,为了提升旅游体验质量,旅游目的地、景区管理者需要从旅游地形象建设和社区居民亲和力两个层面来优化游客情感体验。

在旅游目的地形象建设方面,首先要完善旅游目的地的整体形象体系。旅游地形象是旅游者与地方建立关系的先导因素。旅游者对目的地形象的认知判断会影响游客情感建立的倾向及对旅游地居民、社会关系的总体评判。其次,旅游地形象的建设又与所在地旅游产品质量、服务人员管理、配套设施等有着密切的关联。因此,旅游目的地与景区管理者,一方面要加强对正面、积极旅游形象的建立和宣传推广,扭转负面舆论所造成的旅游地形象偏差等;另一方面要有效落实旅游条例、制度等,加强对景区、酒店、旅行社、旅游客车及导游服务人员的规范管理,从旅游地"硬件"层面上为形象建设提供支撑和保障。

在社区居民亲和力的提升方面,重点对当地居民的旅游意识和参与意识做出引导。在居民旅游意识方面,加强向旅游地、社区居民传递正向、积极的旅游产业外部效应信息,帮助当地居民建立正确的旅游发展态度。在参与意识方面，通过建立相应的奖励约束制度、提供旅游工作岗位、产权转股份等方式进一步增强本地居民的旅游参与力度和深度。通过对社区居民两个意识的引导，为旅游地建立具有人文关怀和文化亲情特质的总体形象提供支撑和保障。

（三）提高游客体验感知的真实性程度

在旅游体验建构要素的实证分析中，游客真实性感知能够调节旅游者与旅游地、社区居民及同行游客间的交互关系，即真实性感知程度能够调控在场阶段中旅游者的暂时情感建构。因此，为了有效提升旅游者的情感体验感知程度，旅游目的地、景区管理者需要增加游客感知的真实性程度。

需要指出的是，一方面旅游者的真实性感知是随时随地在发生着的，即在旅游过程中的任一时空阶段中，游客都会对所消费产品、项目进行"无意识"下的真实性判断；另一方面旅游者进行真实性判断的标准并非是"客观"真实性，而是一种基于社会建构情境中的真实性。例如，王宁（Wang Ning，1999）提出的建构真实性、存在真实性等均是游客判断旅游体验是否真实的标准之一。因此，在旅游目的地、景区的经营与管理中，各主管部门需要从旅游产品优化入手，尽可能将原真性的元素、文化及实物等纳入游客所体验、参与的旅游项目之中。例如，在西南地区民族村寨旅游中的长桌宴方面，食材的选用、用餐环境设计乃至餐具、桌椅的搭配，要完全符合当地的"文化标准"。与此同时，游客所感知到的真实是一种主观真实性，可以是基于客观真实基础之上的感知，也可以是在旅游景区、社区居民所营造氛围中的真实性感知。因此，旅游产品或项目的设计要利用环境、节日、文化等元素建构旅游者真实性感知。例如，将民族文化中的重大节庆活动（如，每十三年一次的苗族牯脏节）纳入旅游体验项目中，活动设置、时间周期安排、活动开展地选择等均要与原节庆活动相一致。

（四）旅游产品的开发要兼顾功能价值和情感价值

正如本研究在解析与实证篇中的在场阶段中游客情感体验调控分析中所得结论，情感价值和功能价值是连接游客获得情感的中介变量。可以认为，游客愉悦体验的获得是基于所体验产品的功能、情感价值所做出的主体判断，其中实证分析的结果表明情感价值较功能价值能更为强有力地调控游客体验情感。

在旅游产品开发方面，旅游产品本身具有无形、生产与消费同步性等特殊之处。与此同时，作为一种服务类型的产品，旅游产品除具有物质产品所必备的基本功能属性外，又必须承担着游客情感的产生与孕育功能。这就要求，旅游目的地、旅游景区管理者在开发旅游产品的过程中要兼顾产品的功能和情感属性。在旅游产品的组建过程中，必须要考虑到消费者的情感诉求。在单项旅游产品的设计与开发过程中，要重视产品所能体现出的形象、情感及情调等，为旅游者提供体验式参与的窗口，增加旅游产品与游客的互动性功能。此外，由于旅游业涉及食住行游购娱等各种具体的产业部门或子产品部分，因此在旅游产品的串联设计中，要注意具体产品价值及属性的搭配，从而实现"1+1 > 2"的效果。需要指出的是，服务是旅游产品的核心所在，也是体现旅游产品情感价值的关键。旅游服务的规范化和人性化设计也是整体旅游产品开发的重点之一。

（五）重视对游客体验记忆的维护

在后体验阶段中，体验记忆能够有效和稳定地对游客后消费行为产生影响。作为一种情感状态的延续，体验记忆比在场体验阶段中所获取的愉悦体验影响力更为持久。因此，作为旅游产品的提供商、旅游目的地的经营管理者，如何长久地、有效地维持游客所获得的正面、积极的体验记忆是非常关键的。正如，桑森垚（2016）在分析旅游体验记忆形成的研究中指出的，认知符号、纪念品等是塑造游客体验记忆的关键外部变量。因此，从实践层面来看，可以从以下两个方面来帮助游客"维护"体验记忆。

1. 旅游地符号展示的多样化

旅游符号作为旅游者与目的地之间的中介，既代表着游客的欲求、动机，同时也承载着旅游目的地满足游客需求的有形产品展示。在分析游客体验记忆的构成中，桑森垚（2016）指出体验认知是体验记忆的核心之一。作为认知要素的可视化形态展示，旅游目的地、景区中的各类符号是强化后体验阶段中游客情感体验记忆的关键。因此，旅游目的地、景区要重视各类符号的有形化展示，在景区标识、广告牌设立、纪念品开发及相关衍生产品中突出地域文化特色。旅游地符号的展示要兼顾"意"与"形"。一方面，要赋予旅游符号特殊的含义；另一方面，要对旅游符号进行直观化处理，即有形化展演。与此同时，通过各类新媒体渠道，如微信、微博、App及主题网站等，加强符号标志物信息向旅游者传递的效率。

2. 开发具有独特符号特征的旅游纪念品

从游客后体验阶段中保持长久体验记忆的视角来看，具有旅游目的地独特符号特质的旅游纪念品是存续情感体验的重要有形载体。因此，旅游目的地、景区在开发旅游纪念品时要注重各种地方文化元素的嵌入，一方面，要提升旅游纪念品的文化创意，体现旅游地的文化多样性。在文化创意中要凸显传统文化的特质，开发可以由旅游者参与、定制的旅游纪念品，既突出特色又要避免雷同；另一方面，要开发具有品牌特色的旅游纪念品。品牌是对文化、品质和情感的融合展示。旅游品牌的推广有助于游客精准识别所体验旅游地的情感，从而有效维持旅游体验记忆。此外，旅游纪念品的开发还要确保产品质量，避免粗制滥造。

第三节 未解决的问题与展望

一、未解决的问题

（一）不同工具下旅游者情感体验的测量

与传统研究方法一致，本研究使用问卷调查方法中的自答途径来获取游客在场阶段和后体验阶段中的情感特质信息。需要指出的是，旅游者的情感体验是一个连续演变的线性过程，不同时空阶段中的情感载荷是不同的，即在任一时点上的情感也是不同的。问卷调查方法只能捕捉旅游者在一定时空区间内的情感属性，仍然不能完全精准地刻画游客情感演变的详细历程。与此同时，受限于数据收集方法的客观局限，在后体验阶段中的情感测量方面，本研究使用准实验的方法进行数据收集。尽管本研究采用相关条件来约束受样对象的总体特征，但样本数据仍然会与现实情境有一定的偏差。

（二）不同场景下旅游体验要素的解读

在数据收集过程中，本研究选取贵州青岩古镇和西江苗寨等民族文化类景区作为抽象调查范围。考虑到景区类型不同可能导致的游客情感识别差异等问题,本研究所得结论可能不适用于自然类景区中的游客情感体验要素解读。因此,未来研究可以考虑以自然类、文化自然类相结合的景区为抽样调查范围,再次检验游客情感体验的结构要素及其作用机制,比较差异。

(三)个体文化差异下旅游体验要素的验证

已有研究表明,不同文化背景下的个体对于同一刺激所做出的回应有着明显的差异。同样,受限于文化背景及价值观的显著差异,东方文化情境下的中庸之道与西方凸显个体至上的价值观对于旅游体验结构要素的验证结果必然会存在着差异。也正如此,本研究选取中国国内游客为抽样调查对象,对于国外游客是否会具有相同的分析结果仍然需要未来进一步开展研究。

二、研究展望

(一)对游客情感体验的实时测评

游客情感体验具有明显的阶段性特征,这一阶段性特征不只局限于在场阶段和后体验阶段这一概念范围之中。对于游客情感体验特征、演变的"时点"测量有助于深刻认识旅游体验的结构要素体系。未来研究可进一步依托大数据途径并结合GIS、GPS、脑电波测量等数字化技术手段对游客体验全过程中的情感信息进行实时的检测和数据收集,有助于全面认识旅游情感体验的形成和演变过程。

(二)将前体验阶段纳入旅游体验要素研究视域中

受限于数据获取困难等客观原因,本研究没有将旅游期望的体验前阶段纳入要素研究体系中。谢彦君和吴凯(2000)认为:

"旅游期望扮演着十分重要且微妙的角色，深刻地影响着旅游体验的质量。"同时，旅游期望在形成过程中受到信息传播渠道、质量等的影响，游客期望又呈现出总体的片面性与模糊性、可替代性等特征。从游客情感体验演变的历程来看，前体验阶段中的期望作为一种"情景预设"也会对游客在场体验和后体验阶段中的情感获得、保存产生影响，即旅游期望本身亦是一种预设情感载入。因此，后续研究可就前体验阶段中的期望在在场阶段和后体验阶段中的建构、调节作用做出研究。与此同时，未来研究也可就前体验阶段中情感预设的结构要素做出深入分析。

（三）探索后体验阶段中体验记忆的情感演变机制及其结构要素

针对旅游后体验阶段而言，未来研究可进一步探索愉悦体验向体验记忆演变的机制、路径及因素。本文研究结论表明，随着旅游行程的结束，在时间和空间的作用下，旅游者在场阶段中所获得的情感体验会转变为后体验阶段中的体验记忆。作为游客情感体验的一种特殊存在状态，体验记忆是对在场阶段中美好情感的保存。进一步探索愉悦体验向体验记忆转变的机制和结构要素有助于深刻认识旅游体验的完整历程、旅游体验记忆的情感结构等。

（四）旅游体验要素研究"时空边界"的进一步突破

本研究主要从情感视角对旅游体验的过程及其结构要素进行研究。与此同时，本研究将情感要素架构于"过程"这一时空关系中，进而分析在场体验和后体验两个阶段中的体验要素构成及其作用关系。如前文所述，情感是旅游体验的元要素。从时空关系这一层面来看，本研究仅仅分析了在场和后体验两个概念范围。未来研究可进一步从时空关系这一视角对游客情感体验历程和要素进行细分研究。例如，以所参与活动、项目的时空关系为概念范围，分析在具体的旅游活动中游客情感体验的要素构成及结构关系；以旅行过程中的目的地节点为概念范围，分析在某一旅游目的地中游客情感体验的要素构成及结构关系等。

参考文献

[1] Aho, S.K. Towards a general theory of touristic expeirences modelling experience process in tourism [J]. Tourism Review, 2001, 56(3/4): 33-37.

[2] Ajzen, I., Driver, B.L. Application of the theory of planned behavior to leisure choice [J]. Journal of Leisure Research, 1992, 24(3): 207-224.

[3] Alexandris, K., Kouthouris, C., Meligdis, A. Increasing customers' loyalty in a skiing resort: The contribution of place attachment and service quality [J]. International Journal of Contemporary Hospitality Management, 2006, 18(5): 414-425.

[4] Ali, F., Ryu, K., Hussain, K. Influence of experiences on memories, satisfaction and behavioral intentions: A study of creative tourism [J]. Journal of Travel & Tourism Marketing, 2016, 33(1): 85-100.

[5] Allan, M. Place attachment and tourist experience in the context of desert tourism: The case of Wadi Rum [J]. Czech Journal of Tourism, 2016, 5(1): 35-52.

[6] Allen, N., Meyer, J. The measurement and antecedents of affective, continuance and normative commitment to organization [J]. Journal of Occupational Psychology, 1990, 63(1): 1-8.

[7] Anderson, E., Weitz, B. The use of pledges to build and sustain

commitment in distribution channels [J]. Journal of Marketing Research, 1992, 29(1): 18-34.
[8] Andersson, T.D. The tourist in the experience economy [J]. Scandinavian Journal of Hospitality and Tourism, 2007, 7(1): 46-58.
[9] Augustyn, M., Ho, S.K. Service quality and tourism [J]. Journal of Travel Research, 1998, 37(1): 71-75.
[10] Babin, B.J., Darden, W.R., Griffin, M. Work and/or fun: Measuring hedonic and utilitarian shopping value [J]. Journal of Consumer Research, 1994, 20(4): 644-656.
[11] Bagdare, S. A conceptual framework for management of tourism experience [J]. Imperial Journal of Interdisciplinary Research, 2016, 2(6): 718-722.
[12] Bagozzi, R.P., Yi, Y. On the evaluation of structural equation models [J]. Journal of the Academy of Marketing Science, 1988, 16(1): 74-94.
[13] Baron, R.M., Kenny, D.A. The moderator-mediator variable distinction in social psychological research: Conceptual, strategic, and statistical considerations [J]. Journal of Personality and Social Psychology, 1986, 51(6): 1173-1182.
[14] Becker, H.S. Notes on the concept of commitment [J]. American Journal of Sociology, 1960, 66(1): 32-40.
[15] Beeho, A.J., Prentice, R.C. Conceptualizing the experiences of heritage tourists: A case study of New Lanark world heritage village [J]. Tourism Management, 1997, 18(2): 75-87.
[16] Belhassen, Y., Caton, K., Stewart, W.P. The search for authenticity in the pilgrim experience [J]. Annals of Tourism Research, 2008, 35(3): 668-689.

[17] Belk, R.W. Situational variables and consumer behavior [J]. Journal of Consumer Research, 1975, 2(3): 157-164.

[18] Bendapudi, N., Berry, L.L. Customers' motivations for maintaining relationships with service providers [J]. Journal of Retailing, 1997, 73(1): 15-47.

[19] Bentler, Peter M, Chou Chih-Ping. Practical issues in structural modeling [J]. Sociological Methods & Research, 1987, 16(1): 78-117.

[20] Berger, P.L., Luckmann, T. The social construction of reality: A treatise in the sociology of knowledge [M]. UK: Penguin, 1991.

[21] Best, J. Extending the constructionist perspective: A conclusion and an introduction [M] //Issues of Images: Typifying Contemporary Social Problems. New York: Aldine de Gruyter, 1989.

[22] Bigné, J.E., Andreu, L. Emotions in segmentation [J]. Annals of Tourism Research, 2004, 31(3): 682-696.

[23] Binkhorst, E., Den Dekker, T. Agenda for Co-creation tourism experience research [J]. Journal of Hospitality Marketing & Management, 2009(18): 311-327.

[24] Boorstin, D.J. The image: A guide to pseudo-events in America [M]. New York: Harper & Row, 1964.

[25] Borrie, W.T., Roggenbuck, J.W. The dynamic, emergent, and multiphasic nature of on-site wilderness experiences [J]. Journal of Leisure Research, 2001, 33(2): 202-228.

[26] Bradley, G.L., Sparks, B. Antecedents and consequences of consumer value: A longitudinal study of timeshare owners [J]. Journal of Travel Research, 2012, 51(2): 191-204.

[27] Brady, M.K., Cronin Jr, J.J. Some new thoughts on conceptualizing

perceived service quality: A hierarchical approach [J]. Journal of Marketing, 2001, 65(3): 34-49.

[28] Brakus, J.J., Schmitt, B.H., Zarantonello, L. Brand experience: What is it? How it measured? Does it affect loyalty? [J]. Journal of Marketing, 2009, 73(3): 52-68.

[29] Brewer, W. Memory for randomly sampled autobiographical events [M] //Neisser, U., Winograd, E. Remembering reconsidered: Ecological and traditional approaches to the study of memory. Cambridge, UK: Cambridge University Press, 1988.

[30] Bri Cker, K.S., Kerstetter, D.L. Level of specialization and place attachment: An exploratory study of whitewater recreationists [J]. Leisure Sciences, 2000(22): 233-257.

[31] Bri Cker, K.S., Kerstetter, D.L. An interpretation of special place meanings whitewater recreationists attach to the South Fork of the American river [J]. Tourism Geographies, 2002, 4(4): 396-425.

[32] Brown, L., Osman, H. The female tourist experience in Egypt as an Islamic destination [J]. Annals of Tourism Research, 2017, 63: 12-22.

[33] Bruner, E.M. Transformation of self in tourism [J]. Annals of Tourism Research, 1991, 18(2): 238-250.

[34] Brunner-Sperdin, A., Peters, M., Strobl, A. It is all about the emotional state: Managing tourists' experiences [J]. International Journal of Hospitality Management, 2012, 31(1): 23-30.

[35] Bryce, D., Curran, R., O'Gorman, K., et al. Visitors' engagement and authenticity : Japanese heritage consumption [J]. Tourism Management, 2015(46): 571-581.

[36] Bunk, J.A., Magley, V.J. The role of appraisals and emotions in

understanding experiences of workplace incivility [J]. Journal of Occupational Health Psychology, 2013, 18(1): 87-105.

[37] Burnham, T.A., Frels, J.K., Mahajan, V. Consumer switching costs: A typology, antecedents, and consequences [J]. Journal of the Academy of Marketing Science, 2003, 31(2): 109-126.

[38] Burr, V. Overview: Realism, relativism, social constructionism and discourse [M] //Parker, I. Social constructionism, Discourse and Realism. London: Sage Publications, 1998.

[39] Byrne, B.M. Structural equation modeling with LISREL, PRELIS, and SIMPLIS: Basic concepts, application, and programming [M]. Mahwash, NJ: Lawarence Erlbaum Associates, 1998.

[40] Carlson, R.A. Experienced cognition [M]. New York, NY: Lawrence Erlbaum Associations, 1997.

[41] Carmichael, B. Understanding the wine tourism experience for winery visitors in the Niagara Region, Ontario, Canada [J]. Tourism Geographies, 2005, 7(2): 185-204.

[42] Caro, L.M., García, J.A.M. Developing a multidimensional and hierarchical service quality model for the travel agency industry [J]. Tourism Management, 2008, 29(4): 706-720.

[43] Chebat, J., Slusarczyk, W. How emotions mediate the effects of perceived justice on loyalty in service recovery situations: An empirical study [J]. Journal of Business Research, 2005, 58(5): 664-673.

[44] Chen Ching-Fu, Tsai Meng-Huan. Perceived value, satisfaction, and loyalty of TV travel product shopping: Involvement as a moderator [J]. Tourism Management, 2008, 29(6): 1166-1171.

[45] Chhetria, P., Arrowsmitha, C., Jackson, M. Determining hiking

experience in nature-based tourist destinations [J]. Tourism Management, 2004, 25(1): 31-43.

[46] Chiou, W., Wan, C., Lee, H. Virtual experience vs. brochures in the advertisement of scenic spots: How cognitive preferences and order effects influence advertising effects on consumers [J]. Tourism Management, 2008, 29(1): 146-150.

[47] Cho, Y., Wang, Y., Fesenmaier, D.R. Searching for experiences: The web-based virtual tour in tourism marketing [J]. Journal of Travel & Tourism Marketing, 2002, 12(4): 1-17.

[48] Choi Soojin, Lehto Xinran Y, Oleary Joseph T. What does the consumer want from a DMO website? A study of US and Canadian tourists' perspectives [J]. International Journal of Tourism Research, 2007, 9(2): 59-72.

[49] Churchill, G.A. A paradigm for developing better measures of marketing constructs [J]. Journal of Marketing Research, 1979, 16(1): 64-73.

[50] Clark-Carter, D. Doing quantitative psychological research: From design to report. [M]. Psychology Press/Erlbaum (UK) Taylor & Francis, 1997.

[51] Clawson, M., Knetsch, J.L. Economics of outdoor recreation [M]. New York, NY: Routledge, 2013.

[52] Cohen, E. A phenomenology of tourist experience [J]. Sociology, 1979, 13(2): 179-201.

[53] Cronin, J.J., Brady, M.K., Hult, G.T.M. Assessing the effects of quality, value, and customer satisfaction on consumer behavioral intentions in service environments [J]. Journal of retailing, 2000, 76(2): 193-218.

[54] Csikszentmihalyi, M. Beyond boredom and anxiety [M]. San Francisco, CA: Jossey-Bass, 1975.

[55] Csikszentmihalyi, M. Flow: The psychology of optimal experience [M]. New York, NY: Harper & Row, 1990.

[56] Csikszentmihalyi, M., LeFevre, J. Optimal experience in work and leisure [J]. Journal of Personality and Social Psychology, 1989, 56(5): 815-822.

[57] Curtin, S. Managing the wildlife tourism experience: The importance of tour leaders [J]. International Journal of Tourism Research, 2010, 12(3): 219-236.

[58] Danaher, P.J., Mattsson, J. Cumulative encounter satisfaction in the hotel conference process [J]. International Journal of Service Industry Management, 1994, 5(4): 69-80.

[59] Danaher, P.J., Mattsson, J. A comparison of service delivery processes of different complexity [J]. International Journal of Service Industry Management, 1998, 9(1): 48-63.

[60] Dawes, J. Do data characteristics change according to the number of scale points used? An experiment using 5-point, 7-point and 10-point scales [J]. International Journal of Market Research, 2008, 50(1): 61-77.

[61] De Rojas, C., Camarero, C. Visitors' experience, mood and satisfaction in a heritage context: Evidence from an interpretation center [J]. Tourism Management, 2008, 29(3): 525-537.

[62] Del Bosque, I.R., Martín, H.S. Tourist satisfaction a cognitive-affective model [J]. Annals of Tourism Research, 2008, 35(2): 551-573.

[63] Denzin, N.K., Lincoln, Y.S. The discipline and practice of qualitative

research [J]. The Sage Handbook of Qualitative Research, 2000(2): 1-28.

[64] Dilthey, W. Gesammelte Schriften [M]. Vandenhoeck & Ruprecht, 1978.

[65] Dippong, J., Kalkhoff, W. Predicting performance expectations from affective impressions: Linking affect control theory and status characteristics theory [J]. Social Science Research, 2015(50): 1-14.

[66] Dodds, W.B., Monroe, K.B. The effect of brand and price information on subjective product evaluations [J]. Advances in Consumer Research, 1985, 12(1): 85-90.

[67] Dubé, L., Menon, K. Multiple roles of consumption emotions in post-purchase satisfaction with extended service transactions [J]. International Journal of Service Industry Management, 2000, 11(3): 287-304.

[68] Edwards, A.C., Lowis, M.J. The Batson-Schoenrade-Ventis model of religious experience: Critique and reformulation [J]. International Journal for the Psychology of Religion, 2001, 11(4): 215-234.

[69] Erto, P., Vanacore, A. A probabilistic approach to measure hotel service quality [J]. Total Quality Management, 2002, 13(2): 165-174.

[70] Falk, J.H., Dierking, L.D. The museum experience revisited [M]. New York, NY: Routledge, 2016.

[71] Faullant, R., Matzler, K., Mooradian, T.A. Personality, basic emotions, and satisfaction: Primary emotions in the mountaineering experience [J]. Tourism Management, 2011, 32(6): 1423-1430.

[72] Finn, D. Low involvement isn't low involving [J]. Advances in Consumer Research, 1983(10): 419-424.

[73] Fornell, C. A national customer satisfaction barometer: The Swedish experience [J]. Journal of Marketing, 1992(56): 6-21.

[74] Fornell, C., Johnson, M.D., Anderson, E.W., et al. The American customer satisfaction index: Nature, purpose, and findings [J]. The Journal of Marketing, 1996, 60(4): 7-18.

[75] Fornell, C., Larcker, D.F. Evaluating structural equation models with unobservable variables and measurement error [J]. Journal of Marketing Research, 1981, 18(1): 39-50.

[76] Fournier, S., Mick, D.G. Rediscovering satisfaction [J]. Journal of Marketing, 1999, 63(4): 5-23.

[77] Frederiksen, N. Toward a taxonomy of situations [J]. American Psychologist, 1972, 27(2): 114-123.

[78] Frijda, N.H., Mesquita, B. The social roles and functions of emotions [M] //Kitayama, S.E., Markus, H.R.E. Emotion and culture: Empirical studies of mutual influence. Washington, DC: American Psychological Association, 1994.

[79] Fullerton, G. When does commitment lead to loyalty? [J]. Journal of Service Research, 2003, 5(4): 333-344.

[80] Funk, D.C., Ridinger, L.L., Moorman, A.M. Exploring origins of involvement: Understanding the relationship between consumer motives and involvement with professional sport teams [J]. Leisure Sciences, 2004, 26(1): 35-61.

[81] Galí Espelt, N., Donaire Benito, J.A. The social construction of the image of Girona: a methodological approach [J]. Tourism Management, 2005, 26(5): 777-785.

[82] Gergen, K.J. The social constructionist movement in modern psychology [J]. American Psychologist, 1985, 40(3): 266-275.

[83] González, T.F., Guillen, M. Organizational commitment: A proposal for a wider ethical conceptualization of 'normative commitment' [J]. Journal of Business Ethics, 2008, 78(3): 401-414.

[84] Goolaup, S., Mossberg, L. Exploring the concept of extraordinary related to food tourists' nature-based experience [J]. Scandinavian Journal of Hospitality, 2017, 17(1): 27-43.

[85] Graefe, A.R., Vaske, J.J. A framework for managing quality in the tourist experience [J]. Annals of Tourism Research, 1987, 14(3): 390-404.

[86] Grimm, L.G., Yarnold, P.R. Reading and understanding multivariate statistics. [M]. Washington, DC: American Psychological Association, 1995.

[87] Grönroos, C. A service quality model and its marketing implications [J]. European Journal of marketing, 1984, 18(4): 36-44.

[88] Grönroos, C. Marketing services: The case of a missing product [J]. Journal of Business & Industrial Marketing, 1998, 13(4/5): 322-338.

[89] Gross, M.J., Brown, G. Tourism experiences in a lifestyle destination setting: The roles of involvement and place attachment [J]. Journal of Business Research, 2006, 59(6): 696-700.

[90] Gursoy, D., Gavcar, E. International leisure tourists' involvement profile [J]. Annals of Tourism Research, 2003, 30(4): 906-926.

[91] Ha Jooyeon, Jang Soocheong Shawn. Perceived values, satisfaction, and behavioral intentions: The role of familiarity in Korean restaurants [J]. International Journal of Hospitality Management,

2010, 29(1): 2-13.
[92] Haithem, Z., Jean-Charles, C., Roy, T. Consumer revenge behavior: A cross-culture perspective [J]. Journal of Business Research, 2009, 62(10): 995-1001.
[93] Hall, S. Who needs "Identity"? [M] //Hall, S., Du Gay, P. Questions of cultural identity. London: Sage Publications, 1996.
[94] Han Heesup, Hyun Sunghyup Sean. Image congruence and relationship quality in predicting switching intention [J]. Journal of Hospitality & Tourism Research, 2012, 37(3): 303-329.
[95] Han, H., Ryu, K. Key factors driving gustomers' Word-of-Mouth intentions in Full-Service restaurants [J]. Cornell Hospitality Quarterly, 2012, 53(2): 96-109.
[96] Harré, R. The social construction of emotions [M]. Oxford: Blackwell, 1986.
[97] Havitz, M.E., Dimanche, F., Bogle, T. Segmenting the adult fitness market using involvement profiles [J]. Journal of Park and Recreation Administration, 1994, 12(3): 38-56.
[98] Havlena, W.J., Holbrook, M.B. The varieties of consumption experience: Comparing two typologies of emotion in consumer behavior [J]. Journal of Consumer Research, 1986, 13(3): 394-404.
[99] Hayashi Chikio. Data analysis for comparative social research: International perspectives [M]. Amsterdam: Elsevier Science Publishers, 1992.
[100] Heise, D.R. Social action as the control of affect [J]. Behavioral Science, 1977(22): 163-177.
[101] Heise, D.R. Affect control theory: Respecification, estimation, and

tests of the formal model [J]. Journal of Mathematical Sociology, 1985, 11(3): 191-222.
[102] Heise, D.R. Affect control theory: Concepts and model [J]. Journal of Mathematical Sociology, 1987, 13(1-2): 1-33.
[103] Heise, D.R. Effects of emotion displays on social identification [J]. Social Psychology Quarterly, 1989, 52(1): 10-21.
[104] Hennig-Thurau, T., Gwinner, K.P., Gremler, D.D. Understanding relationshipmarketing outcomes: an integration of relational benefits and relationship quality [J]. Journal of Service Research, 2002, 4(3): 230-247.
[105] Hernández, B., Hidalgo, M.C., Salazar-Laplace, M.E., et al. Place attachment and place identity in natives and non-natives [J]. Journal of Environmental Psychology, 2007, 27(4): 310-319.
[106] Hoey, J., Schröder, T., Alhothali, A. Affect control processes: Intelligent affective interaction using a partially observable Markov decision process [J]. Artificial Intelligence, 2016(230): 134-172.
[107] Hogstrom, C., Rosner, M., Gustafsson, A. How to create attractive and unique customer experiences: An application of Kano's theory of attractive quality to recreational tourism [J]. Marketing Intelligence & Planning, 2010, 28(4): 263-4503.
[108] Holbrook, M.B. Consumer value: A framework for analysis and research [M]. London: Routledge, 1999.
[109] Holbrook, M.B., Hirschman, E.C. The experiential aspects of consumption: Consumer fantasies, feelings, and fun [J]. Journal of Consumer Research, 1982, 9(2): 132-140.
[110] Hosany, S. Appraisal determinants of tourist emotional responses [J]. Journal of Travel Research, 2012, 51(3): 303-314.

[111] Hosany, S., Prayag, G., Deesilatham, S., et al. Measuring tourists' emotional experiences [J]. Journal of Travel Research, 2014, 54(4): 482-495.

[112] Hosany, S., Gilbert, D. Measuring tourists' emotional experiences toward hedonic holiday destinations [J]. Journal of Travel Research, 2010, 49(4): 513-526.

[113] Hosany, S., Prayag, G. Patterns of tourists' emotional responses, satisfaction, and intention to recommend [J]. Journal of Business Research, 2013, 66(6): 730-737.

[114] Hosany, S., Witham, M. Dimensions of cruisers' experiences, satisfaction, and intention to recommend [J]. Journal of Travel Research, 2010, 49(3): 351-364.

[115] Houston, M.J., Rothschild, M.L. Conceptual and methodological perspectives in involvement [M] //Jain, S.C. Research frontiers in marketing: Dialogues and directions. Chicago: American Marketing Association, 1978.

[116] Hung, K., Petrick, J.F. Testing the effects of congruity, travel constraints, and self-efficacy on travel intentions: An alternative decision-making model [J]. Tourism Management, 2012, 33(4): 855-867.

[117] Hung Wei-Li, Lee Yi-Ju, Huang Po-Hsuan. Creative experiences, memorability and revisit intention in creative tourism [J]. Current Issues in Tourism, 2016, 19(8): 763-770.

[118] Izard, C.E. Human emotions [M]. New York, NY: Plenum Press, 1977.

[119] Izard, C.E. Emotions as motivations: An evolutionary-developmental perspective: Nebraska Symposium on Motivation,

1978 [C]. University of Nebraska Press.
[120] Jackson, M.S., White, G.N., Schmierer, C.L. Tourism experiences with an attributional framwork [J]. Annals of Tourism Research, 1996, 23(4): 798-810.
[121] Jackson, S.A. Factors influencing the occurrence of flow state in elite athletes [J]. Journal of Applied Sport Psychology, 1995, 7(2): 138-166.
[122] Jackson, S.A., Thomas, P.R., Marsh, H.W., et al. Relationships between flow, self-concept, psychological skills, and performance [J]. Journal of Applied Sport Psychology, 2001, 13(2): 129-153.
[123] Jackson, S.A., Marsh, H.W. Development and validation of a scale to measure optimal experience: The flow state scale [J]. Journal of Sport and Exercise Psychology, 1996, 18(1): 17-35.
[124] Jang Soocheong(shawn), Namkung Young. Perceived quality, emotions, and behavioral intentions: Application of an extended mehrabian-russell model to restaurants [J]. Journal of Business Research, 2009, 62(4): 451-460.
[125] Jiang Hong. The Tourist satisfaction research of service quality of cruise ports-A case of Wusongkou cruise port in Shanghai, China [J]. Business and Management Research, 2013, 2(4): 12-18.
[126] Jorgensen, B.S., Stedman., R.C. Sense of place as an attitude: Lakeshore owners attitudes toward their properties [J]. Journal of Environmental Psychology, 2001, 21(3): 233-248.
[127] Kano, N., Seraku, N., Takahashi, F., et al. Attractive quality and must-be quality [J]. The Journal of the Japanese Society for Quality Control, 1984, 14(2): 39-48.
[128] Kano, N. Special issue on Kano's methods for understanding

customer-defined quality [J]. Center of Quality Management Journal, 1993, 2(4): 3-28.

[129] Kastenholz, E., Carneiro, M.J., Peixeira Marques, C., et al. Understanding and managing the rural tourism experience — The case of a historical village in Portugal [J]. Tourism Management Perspectives, 2012(4): 207-214.

[130] Khal Nusair, K., Hua, N., Li, X. A conceptual framework of relationship commitment: E-travel agencies [J]. Journal of Hospitality and Tourism Technology, 2010, 1(2): 106-120.

[131] Khan, M. Ecoserv: Ecotourists' quality expectations [J]. Annals of Tourism Research, 2003, 30(1): 109-124.

[132] Kim, H., Woo, E., Uysal, M. Tourism experience and quality of life among elderly tourists [J]. Tourism Management, 2015(46): 465-476.

[133] Kim, Jong-Hyeong. The antecedents of memorable tourism experiences: The development of a scale to measure the destination attributes associated with memorable experiences [J]. Tourism Management, 2014(44): 34-45.

[134] Kim Jong-Hyeong, Ritchie J.R. Brent, McCormick Bryan. Development of a scale to measure memorable tourism experiences [J]. Journal of Travel Research, 2012, 51(1): 12-25.

[135] Kim Jong-Hyeong, Ritchie, J.R. Brent, Tung Vincent Wing Sun. The effect of memorable experience on behavioral intentions in tourism: A structural equation modeling approach [J]. Tourism Analysis, 2010, 15(6): 637-648.

[136] Kim, J.J., Fesenmaier, D.R. Sharing Tourism Experiences [J]. Journal of Travel Research, 2017, 56(1): 28-40.

[137] Kline, R.B. Principles and practice of structural equation modeling [M]. New York, NY: Guilford publications, 2015.

[138] Knutson, B.J., Beck, J.A., Kim, S., et al. Service quality as a component of the hospitality experience: Proposal of a conceptual model and framework for research [J]. Journal of Foodservice Business Research, 2010, 13(1): 15-23.

[139] Kolar, T., Zabkar, V. A consumer-based model of authenticity: An oxymoron or the foundation of cultural heritage marketing? [J]. Tourism Management, 2010, 31(5): 652-664.

[140] Komppula, R., Ilves, R., Airey, D. Social holidays as a tourist experience in Finland [J]. Tourism Management, 2016(52): 521-532.

[141] Kounavis, C.D., Kasimati, A.E., Zamani, E.D. Enhancing the tourism experience through mobile augmented reality: Challenges and prospects [J]. International Journal of Engineering Business Management, 2012(4): 1-6.

[142] Kouthouris, C., Alexandris, K. Can service quality predict customer satisfaction and behavioral intentions in the sport tourism industry? An application of the SERVQUAL model in an outdoors setting [J]. Journal of Sport & Tourism, 2005, 10(2): 101-111.

[143] Kozak, M. Repeaters' behavior at two distinct destinations [J]. Annals of Tourism Research, 2001, 28(3): 784-807.

[144] Kuhn, T.S. The Structure of scientific revolutions [M]. 2nd. Chicago, IL: University of Chicago Press, 1970.

[145] Kuo Ying-Feng, Wu Chi-Ming, Deng Wei-Jaw. The relationships among service quality, perceived value, customer satisfaction, and post-purchase intention in mobile value-added services [J].

Computers in Human Behavior, 2009, 25(4): 887-896.

[146] Kyle, G., Graefe, A., Manning, R., et al. Effect of activity involvement and place attachment on recreationists' perceptions of setting density [J]. Journal of Leisure Research, 2004(26): 209-231.

[147] Kyle, G., Bricker, K., Graefe, A., et al. An examination of recreationists' relationships with activities and settings [J]. Leisure Sciences, 2004(26): 132-142.

[148] Kyle, G.T., Mowen, A.J., Tarrant, M. Linking place preferences with place meaning: An examination of the relationship between place motivation and place attachment [J]. Journal of Environmental Psychology, 2004, 24(4): 439-454.

[149] Laaksonen, P. Consumer involvement: Concepts and research [M]. London: Routledge, 1994.

[150] Laird, J.D., Bresler, C. William James and the mechanisms of emotional experience [J]. Personality and Social Psychology Bulletin, 1990, 16(4): 636-651.

[151] Lapierre, J. Customer-perceived value in industrial contexts [J]. Journal of Business & Industrial Marketing, 2000, 15(2/3): 122-145.

[152] Larsen, S. Aspects of a psychology of the tourist experience [J]. Scandinavian Journal of Hospitality and Tourism, 2007, 7(1): 7-18.

[153] Larsen, S., Mossberg, L. The diversity of tourist experiences [J]. Scandinavian Journal of Hospitality and Tourism, 2007, 7(1): 1-6.

[154] Laurent, G., Kapferer, J. Measuring consumer involvement profiles [J]. Journal of Marketing Research, 1985, 22(1): 41-53.

[155] Lee Bongkoo, Shafer C Scott. The dynamic nature of leisure experience: An application of affect control theory [J]. Journal of

Leisure Rsearch, 2002, 34(3): 290-310.

[156] Lee Choong-Ki, Yoon Yoo-Shik, Lee Seung-Kon. Investigating the relationships among perceived value, satisfaction, and recommendations: The case of the Korean DMZ [J]. Tourism Management, 2007, 28(1): 204-214.

[157] Lee Joohyun, Graefe, A.R., Burns, R.C. Service quality, satisfaction, and behavioral intention among forest visitors [J]. Journal of Travel & Tourism Marketing, 2004, 17(1): 73-82.

[158] Lee Jin-Soo, Lee Choong-Ki, Choi Youngjoon. Examining the role of emotional and functional values in festival evaluation [J]. Journal of Travel Research, 2011, 50(6): 685-696.

[159] Lee Jenny Jiyeon, Kyle, G., Scott, D. The Mediating effect of place attachment on the relationship between festival satisfaction and loyalty to the festival hosting destination [J]. Journal of Travel Research, 2012, 51(6): 754-767.

[160] Lee Tsung Hung, Shen Yen Ling. The influence of leisure involvement and place attachment on destination loyalty: Evidence from recreationists walking their dogs in urban parks [J]. Journal of Environmental Psychology, 2013(33): 76-85.

[161] Lee Yi-Ju, Creating memorable experiences in a reuse heritage site [J]. Annals of Tourism Research, 2015(55): 155-170.

[162] Lee Yu-Cheng, Huang Sheng-Yen. A new fuzzy concept approach for Kano's model [J]. Expert Systems with Applications, 2009, 36(3): 4479-4484.

[163] Lehto, X.Y., O'Leary, J.T., Morrison., A.M. The effects of prior experience on vacation behavior [J]. Annals of Tourism Research, 2004, 31(4): 801-818.

[164] Leigh, T.W., Peters, C., Shelton, J. The consumer quest for authenticity: The multiplicity of meanings within the MG subculture of consumption [J]. Journal of the Academy of Marketing Science, 2006, 34(4): 481-493.

[165] Lengkeek, J. Leisure experience and imagination rethinking Cohen's modes of tourist experience [J]. International Sociology, 2001, 16(2): 173-184.

[166] Lenton, A.P., Bruder, M., Slabu, L., et al. How does "being real" feel? The experience of state authenticity [J]. Journal of Personality, 2013, 81(3): 276-289.

[167] Li Yiping. Geographical consiousenss and tourism experience [J]. Annals of Tourism Research, 2000, 27(4): 863-883.

[168] Liebrucks, A. The concept of social construction [J]. Theory & Psychology, 2001, 11(3): 363-391.

[169] Lin Ling-Zhong, Yeh Huery-Ren, Wang Ming-Chao. Integration of Kano's model into FQFD for Taiwanese Ban-Doh banquet culture [J]. Tourism Management, 2015(46): 245-262.

[170] Low, S., Altman, I. Place attachment: A conceptual inquiry [M] //Altman, I., Low, S. Place attachment: Human behavior and environment. New York, NY: Plenum Press, 1992.

[171] Lu Lu, Chi Christina, Liu Yi. Authenticity, involvement, and image: Evaluating tourist experiences at historic districts [J]. Tourism Management, 2015(50): 85-96.

[172] Lutz, R.J., Kakkar, P. The psychological situation as a determinant of consumer behavior [J]. ACR North American Advances, 1975, 2(1): 439-453.

[173] Ma Jianyu, Gao Jun, Scott, N., et al. Customer delight from theme

park experiences [J]. Annals of Tourism Research, 2013(42): 359-381.

[174] MacCannell, D. Staged authenticity: Arrangements of social space in tourist settings [J]. American Journal of Sociology, 1973, 79(3): 589-603.

[175] Madrigal, R., Havitz, M., Howard, D. Married couples' involvement with family vacations [J]. Leisure Sciences, 1992, 14(4): 285-299.

[176] Malone, S., McCabe, S., Smith, A.P. The role of hedonism in ethical tourism [J]. Annals of Tourism Research, 2014(44): 241-254.

[177] Marschall, S. Tourism and memory [J]. Annals of Tourism Research, 2012, 39(4): 2216-2219.

[178] Matzler, K., Hinterhuber, H.H. How to make product development projects more successful by integrating Kano's model of customer satisfaction into quality function deployment [J]. Technovation, 1998, 18(1): 25-38.

[179] McIlvenny, P., Broth, M., Haddington, P. Communicating place, space and mobility [J]. Journal of Pragmatics, 2009, 41(10): 1879-1886.

[180] McIntosh, A.J., Prentice, R.C. Affirming authenticity: Consuming cultural heritage [J]. Annals of Tourism Research, 1999, 26(3): 589-612.

[181] Meiser, T., Bröder, A. Memory for multidimensional source information [J]. Journal of Experimental Psychology: Learning, Memory, and Cognition, 2002, 28(1): 116-137.

[182] Meyer, J.P., Herscovitch, L. Commitment in the workplace: toward

a general model [J]. Human Resource Management Review, 1984, 11(3): 299-326.

[183] Moorman, C., Deshpande, R., Zaltman, G. Factors affecting trust in market research [J]. Journal of Marketing, 1993, 57(1): 81-101.

[184] Morgan, M., Lugosi, P., Ritchie, J.R.B. The tourism and leisure experience: Consumer and managerial perspectives [M]. Tonawanda, NY: Channel View Publications, 2010.

[185] Morgan, M.J., Attaway, J.S., Griffin, M. The role of product/service experience in the satisfaction formation process: a test of moderation [J]. Journal of Consumer Satisfaction Dissatisfaction and Complaining Behavior, 1996(9): 104-114.

[186] Morgan, R., Hunt, S. The commitment-trust theory of relationship marketing [J]. Journal of Marketing, 1994, 58(3): 20-38.

[187] Moscardo, G.M., Pearce, P.L. Historic theme parks: An Australian experience in authenticity [J]. Annals of Tourism Research, 1986, 3(13): 467-479.

[188] Mossberg, L. A marketing approach to the tourist experience [J]. Scandinavian Journal of Hospitality and Tourism, 2007, 7(1): 59-74.

[189] Nanzer, B. Measuring sense of place: A scale for michigan [J]. Administrative Theory & Praxis, 2004, 26(3): 362-382.

[190] Novello, S., Fernandez, P.M. The influence of event authenticity and quality attributes on behavioral intentions [J]. Journal of Hospitality & Tourism Research, 2016, 40(6): 685-714.

[191] Oh Haemoon, Fiore Ann Marie, Jeoung Miyoung. Measuring experience economy concepts: Tourism applications. [J]. Journal of Travel Research, 2007, 46(2): 119-132.

[192] Oliver, R.L. A cognitive model of the antecedents and consequences of satisfaction decisions [J]. Journal of Marketing Rsearch, 1980, 17(4): 460-469.

[193] Oliver, R.L. Satisfaction, A behavioral perspective on the consumer [M]. New York, NY: McGraw-Hill, 1997.

[194] Oliver, R.L., Rust, E.T., Varki, S. Customer delight: Foundations, findings, and managerial insight [J]. Journal of Retailing, 1997, 73(3): 311-336.

[195] Olorunniwo, F., Hsu, M.K., Udo, G.J. Service quality, customer satisfaction, and behavioral intentions in the service factory [J]. Journal of Services Marketing, 2006, 20(1): 59-72.

[196] Olsen, K. Authenticity as a concept in tourism research: The social organization of the experience of authenticity [J]. Tourist studies, 2002, 2(2): 159-182.

[197] Ooi, C. A theory of tourism experiences: The management of attention [M] //Tom O'Dell, P.B. Experiencescapes: Tourism, culture, and economy. Copenhagen: Copenhagen Business School Press, 2005: 51-68.

[198] O'Reilly, C.A., Chatman, J. Organizational commitment and psychological attachment: The effects of compliance, identification, and internalization on prosocial behavior [J]. Journal of applied psychology, 1986, 71(3): 492-499.

[199] Osgood, C.E., May, W.S., Miron, M.S. Cross-culture universals of affective meaning [M]. Urbana, IL: University of Illinois Press, 1975.

[200] Otto, J.E., Ritchie, J.R.B. The service experience in tourism [J]. Tourism Management, 1996, 17(3): 165-174.

[201] Parasuraman, A. Reflections on gaining competitive advantage through customer value [J]. Journal of the Academy of marketing Science, 1997, 25(2): 154-161.

[202] Parasuraman, A., Grewal, D. The impact of technology on the quality-value-loyalty chain: A research agenda [J]. Journal of the Academy of Marketing Science, 2000, 28(1): 168-174.

[203] Parasuraman, A., Zeithaml, V.A., Berry, L.L. A conceptual model of service quality and its implications for future research [J]. The Journal of Marketing, 1985(22): 41-50.

[204] Park, C., Young, S. Consumer response to television commercials: The impact of involvement and background music on brand attitude formation [J]. Journal of Marketing Research, 1986, 23(1): 17-24.

[205] Pernecky, T. Constructionism critical pointers for tourism studies [J]. Annals of Tourism Research, 2012, 39(2): 1116-1137.

[206] Pine, B.J.I., Gilmore, J.H. Welcome to the experience economy [J]. Harvard Business Review, 1998, 76: 97-105.

[207] Pine, B.J.I., Gilmore, J.H. The experience economy: Work is theatre & every business a stage [M]. Boston, MA: Harvard Business School Press, 2011.

[208] Pornpattananangkul, N., Chiao, J.Y. Affect control theory and cultural priming: A perspective from cultural neuroscience [J]. Emotion Review, 2014, 6(2): 136-137.

[209] Porter, L.W., Crampon, W.J., Smith, F.J. Organizational commitment and managerial turnover: A longitudinal study [J]. Organizational Behavior and Human Performance, 1976, 15(1): 87-98.

[210] Porter, M.E. Competitive strategy [M]. New York, NY: Free Press, 1980.

[211] Prayag, G., Hosany, S., Odeh, K. The role of tourists' emotional experiences and satisfaction in understanding behavioral intentions [J]. Journal of Destination Marketing & Management, 2013, 2(2): 118-127.

[212] Prayag, G., Ryan, C. Antecedents of tourists' loyalty to mauritius: The role and influence of destination image, place attachment, personal involvement, and satisfaction [J]. Journal of Travel Research, 2012, 51(3): 342-356.

[213] Prebensen, N.K., Kim, H.L., Uysal, M. Cocreation as moderator between the experience balue and satisfaction relationship [J]. Journal of Travel Research, 2016, 55(7): 934-945.

[214] Pudliner, B.A. Alternative literature and tourist experience: Travel and tourist weblogs [J]. Journal of Tourism and Cultural Change, 2007, 5(1): 46-59.

[215] Quadri-Felitti, D., Fiore, A.M. Experience economy constructs as a framework for understanding wine tourism [J]. Journal of Vacation Marketing, 2012, 18(1): 3-15.

[216] Quan Shuai, Wang Ning. Towards a structural model of the tourist experience: An illustration from food experiences in tourism [J]. Tourism Management, 2004, 25(3): 297-305.

[217] Quinlan Cutler, S., Carmichael, B. The dimensions of the tourist experience [M] //M. Morgan, P.L., Ritchie, B. The tourism and leisure experience: Consumer and managerial perspectives. Bristol: Channel View Publications, 2010.

[218] Rageh, A., Melewar, T.C., Woodside, A. Using netnography

research method to reveal the underlying dimensions of the customer/tourist experience [J]. Qualitative Market Research: An International, 2013, 16(2): 126-149.

[219] Ramkissoon, H., Uysal, M.S. The effects of perceived authenticity, information search behaviour, motivation and destination imagery on cultural behavioural intentions of tourists [J]. Current Issues in Tourism, 2011, 14(6): 537-562.

[220] Reese, W.L. Dictionary of Philosophy and Religion: New Jersey: Humanities Press, Harvester Press: Sussex [G]. 1980.

[221] Reichel, A., Lowengart, O., Milman, A. Rural tourism in Israel: Service quality and orientation [J]. Tourism Management, 2000, 21(5): 451-459.

[222] Reisinger, Y., Steiner, C.J. Reconceptualising object authenticity [J]. Annals of Tourism Research, 2006, 33(1): 65-86.

[223] Relph, E. Place and placelessness [M]. London: Pion Limited, 1976.

[224] Ritchie, J.R.B., Tung, V.W.S., Ritchie, R.J.B. Tourism experience management research: Emergence, evolution and future directions [J]. International Journal of Contemporary Hospitality Management, 2011, 23(4): 419-438.

[225] Robinson, D.T., Smith-Lovin, L., Wisecup, A.K. Affect control theory [M] //Stets, J., Turner, J.H. Handbook of the sociology of emotions. Springer Press, 2006.

[226] Robinson, J. Sampling autobiographical memory [J]. Cognitive Psychology, 1976, 8(4): 578-595.

[227] Robinson, R.N.S., Clifford, C.C. Authenticity and festival foodservice experiences [J]. Annals of Tourism Research, 2012,

39(2): 571-600.
[228] Rust, R.T., Oliver, R.L. Service quality: New directions in theory and practice [M]. London: Sage Publications, 1993.
[229] Ryan, C. Recreational tourism: A social science perspective. [M]. London: Routledge, 1991.
[230] Ryan, C. The tourist experience: A new introduction [M]. London: Continuum, 1997.
[231] Ryan, C., Gu Huimin. Constructionism and culture in research: Understandings of the fourth Buddhist Festival, Wutaishan, China [J]. Tourism Management, 2010, 31(2): 167-178.
[232] Ryan, M., McKenzie, F.H. A monastic tourist experience: the packaging of a place [J]. Tourism Geographies, 2003, 5(1): 54-70.
[233] Sanchez-Fernandez, R., Iniesta-Bonillo, M.A. The concept of perceived value: A systematic review of the research [J]. Marketing Theory, 2007, 7(4): 427-451.
[234] Scarles, C. Becoming tourist: Renegotiating the visual in the tourist experience [J]. Environment and Planning D: Society and Space, 2009, 27(3): 465-488.
[235] Schacter, D.L., Chiu, C.Y.P., Ochsner, K.N. Implicit memory: A selective review [J]. Annual Review of Neuroscience, 1993, 16(1): 159-182.
[236] Scherer, K.R., Schorr, A., Johnstone, T. Appraisal processes in emotion: Theory, methods, research [M]. New York: NY: Oxford University Press, 2001.
[237] Schmitt, B.H. Experiential marketing: How to get customers to sense, feel, think, act and relate to your company and brand [M].

New York, NY: The Free Press, 1999.
[238] Schröder, T., Hoey, J., Rogers, K.B. Modeling dynamic identities and uncertainty in social interactions [J]. American Sociological Review, 2016, 81(4): 828-855.
[239] SchrÖDer, T., Scholl, W. Affective dynamics of leadership: An experimental test of affect control theory [J]. Social Psychology Quarterly, 2009, 72(2): 180-197.
[240] Sheth, J.N., Newman, B.I., Gross, B.L. Why we buy what we buy: A theory of consumption values [J]. Journal of business research, 1991, 22(2): 159-170.
[241] Shonk, D.J., Chelladurai, P. Service quality, satisfaction, and intent to return in event sport tourism [J]. Journal of Sport Management, 2008, 22(5): 587-602.
[242] Shuster, S.M., Campos-Castillo, C. Measuring resonance and dissonance in social movement frames with affect control theory [J]. Social Psychology Quarterly, 2017, 80(1): 20-40.
[243] Sims, R. Food, place and authenticity: local food and the sustainable tourism experience [J]. Journal of Sustainable Tourism, 2009, 17(3): 321-336.
[244] Slama, M.E., Tashchian, A. Selected socioeconomic and demographic characteristics associated with purchasing involvement [J]. The Journal of Marketing, 1985, 49(1): 72-82.
[245] Slife, B.D., Williams, R.N. What's behind the research? Discovering hidden assumptions in the behavioral sciences [M]. Thousand Oaks, CA: Sage publications, 1995.
[246] Smith-Lovin, L. Behavior settings and impressions formed from social scenarios [J]. Social Psychology Quarterly, 1979, 42(1):

31-43.

[247] Sobel, M.E. Asymptotic confidence intervals for indirect effects in structural equation models [J]. Sociological Methodology, 1982(13): 290-312.

[248] Soini, K., Hanne, V., Eija, P. Residents' sense of place and landscape perceptions at the rural-urban interface [J]. Landscape and Urban Planning, 2012, 104(1): 124-134.

[249] Son Aram, Xu Honggang. Religious food as a tourism attraction: the roles of Buddhist temple food in Western tourist experience [J]. Journal of Heritage Tourism, 2013, 8(2-3): 248-258.

[250] Song Hak Jun, Lee Choong-Ki, Park, J.A. et al. The Influence of tourist experience on perceived value and satisfaction with temple stays: The experience economy theory [J]. Journal of Travel & Tourism Marketing, 2015, 32(4): 401-415.

[251] Spreng, R.A., MacKenzie, S.B., Olshavsky, R.W. A reexamination of the determinants of consumer satisfaction [J]. Journal of Marketing, 1996, 60(3): 15-32.

[252] Stamboulis, Y., Skayannis, P. Innovation strategies and technology for experience-based tourism [J]. Tourism Management, 2003, 24(1): 35-43.

[253] Stemler, S. An overview of content analysis [J]. Practical Assessment, Research & Evaluation, 2001, 7(17): 137-146.

[254] Sternberg, E. The iconography of the tourism experience [J]. Annals of Tourism Research, 1997, 24(4): 951-969.

[255] Sternberg, R.J., Sternberg, K. Cognitive psychology [M]. Seventh Edition. Boston, MA: Nelson Education, 2016.

[256] Sundbo, J., Hagedorn-Rasmussen, P. The backstaging of

experience production [M] //Sundbo, J., Darmer, P. Creating experiences in the experience economy. Cheltenham: Edward Elgar Publishing, 2008: 83-110.

[257] Sweeney, J.C., Soutar, G.N. Consumer perceived value: The development of a multiple item scale [J]. Journal of Retailing, 2001, 77(2): 203-220.

[258] Taylor, S.A., Baker, T.L. An assessment of the relationship between service quality and customer satisfaction in the formation of consumers' purchase intentions [J]. Journal of retailing, 1994, 70(2): 163-178.

[259] Trauer, B., Ryan, C. Destination image, romance and place experience—An application of intimacy theory in tourism [J]. Tourism Management, 2005, 26(4): 481-491.

[260] Tribe, J., Snaith, T. From SERVQUAL to HOLSAT: Holiday satisfaction in Varadero, Cuba [J]. Tourism Management, 1998, 19(1): 25-34.

[261] Tsai Chen-Tsang Simon. Memorable tourist experiences and place attachment when consuming local food [J]. International Journal of Tourism Research, 2016, 18(6): 536-548.

[262] Tuan Yi-Fu. Rootedness versus sense of place [J]. Landscape, 1980, 24(1): 3-8.

[263] Tuan Yi-Fu. Topophilia: A study of environmental perceptions, attitudes, and values [M]. New York, NY: Columbia University Press, 1990.

[264] Tung Vincent Wing Sun, Ritchie, J.R.Brent. Exploring the essence of memorable tourism experiences [J]. Annals of Tourism Research, 2011, 38(4): 1367-1386.

[265] Tussyadiah, I.P., Fesenmaier, D.R. Mediating tourist experiences: Access to places via shared videos [J]. Annals of Tourism Research, 2009, 36(1): 24-40.

[266] Ung Alberto, Vong Tze Ngai. Tourist experience of heritage tourism in Macau SAR, China [J]. Journal of Heritage Tourism, 2010, 5(2): 157-168.

[267] Unger, O., Uriely, N., Fuchs, G. The business travel experience [J]. Annals of Tourism Research, 2016(61): 142-156.

[268] Van Dolen, W., De Ruyter, K., Lemmink, J. An empirical assessment of the influence of customer emotions and contact employee performance on encounter and relationship satisfaction [J]. Journal of Business Research, 2004, 57(4): 437-444.

[269] Van Manen, M. Researching lived experience: Human science for an action sensitive pedagogy [M]. New York, NY: Routledge, 2016.

[270] Vaske, J.J., Kobrin., K.C. Place attachment and environmentally responsible behavior [J]. The Journal of Environmental Education, 2001, 32(4): 16-21.

[271] Vittersø, J., Vorkinn, M., Vistad, O.I., et al. Tourist experiences and attractions [J]. Annals of Tourism Research, 2000, 27(2): 432-450.

[272] Volo, S. Foundation for an innovation indicator for tourism: An application to SME: AIEST 54TH CONGRESS, Gallen, Switzerland, 2004 [C].

[273] Volo, S. Conceptualizing experience: A tourist based approach [J]. Journal of Hospitality Marketing & Management, 2009, 2-3(18): 111-126.

[274] Wang Chung-Yu, Wu Li-Wei. Reference effects on revisit intention: Involvement as a moderator [J]. Journal of Travel & Tourism Marketing, 2011, 28(8): 817-827.

[275] Wang Ning. Rethinking authenticity in tourism expeirence [J]. Annals of Tourism Research, 1999, 26(2): 349-370.

[276] Wang Wanfei, Chen, J.S., Fan Lingling, et al. Tourist experience and wetland parks: A case of Zhejiang, China [J]. Annals of Tourism Research, 2012, 39(4): 1763-1778.

[277] Westbrook, R.A. Intrapersonal affective influences on consumer satisfaction with products [J]. Journal of Consumer Research, 1980, 7(1): 49-54.

[278] Westbrook, R.A., Oliver, R.L. The dimensionality of consumption emotion patterns and consumer satisfaction [J]. Journal of Consumer Research, 1991, 18(1): 84-91.

[279] Williams, D., Vaske, J. The measurement of place attachment: Validity and generalizability of a psychometric approach [J]. Forest Science, 2003(49): 831-840.

[280] Williams, P.W., Richter, C. Developing and supporting European tour operator distribution channels for Canadian Aboriginal tourism development [J]. Journal of Travel research, 2002, 40(4): 404-415.

[281] Winkielman, P., Knutson, B., Paulus, M., et al. Affective influence on judgments and decisions: Moving towards core mechanisms. [J]. Review of General Psychology, 2007, 11(2): 179-192.

[282] Wirtz, D., Kruger, J., Scollon, C.N., et al. What to do on spring break? The role of predicted, on-line, and remembered experience in future choice [J]. Psychological Science, 2003, 14(5): 520-

524.

[283] Woodruff, R.B. Customer value: The next source for competitive advantage [J]. Journal of the Academy of Marketing Science, 1997, 25(2): 139-153.

[284] Worthington, R.L., Whittaker, T.A. Scale development research: A content analysis and recommendations for best practices [J]. The Counseling Psychologist, 2006, 34(6): 806-838.

[285] Wu Cedric Hsi-Jui. The impact of customer-to-customer interaction and customer homogeneity on customer satisfaction in tourism service—the service encounter prospective [J]. Tourism Management, 2007, 28(6): 1518-1528.

[286] Yeh, C.M. Tourism involvement, work engagement and job satisfaction among forntilne hotel employees [J]. Annals of Tourism Research, 2013(42): 214-239.

[287] Yeoman, I., Brass, D., McMahon-Beattie, U. Current issue in tourism: The authentic tourist [J]. Tourism Management, 2007, 28(4): 1128-1138.

[288] Žabkar, V., Brenčič, M.M., Dmitrović, T. Modelling perceived quality, visitor satisfaction and behavioural intentions at the destination level [J]. Tourism Management, 2010, 31(4): 537-546.

[289] Zaichkowsky, J.L. Measuring the involvement construct [J]. Journal of Consumer Research, 1985, 12(3): 341-352.

[290] Zajonc, R.B. On the primacy of affect [J]. American Psychologist, 1984, 39(2): 117-123.

[291] Zeithaml, V.A. Consumer perceptions of price, quality, and value: A Means-End model and synthesis of evidence [J]. Journal of

Marketing, 1988, 52(3): 2-22.
[292] Zeithaml, V.A., Berry, L.L., Parasuraman, A. The behavioral consequences of service quality [J]. The Journal of Marketing, 1996: 31-46.
[293] Zhang Jie, Tang Wenyue, Shi Chunyun, et al. Chinese calligraphy and tourism: from cultural heritage to landscape symbol and media of the tourism industry [J]. Current Issues in Tourism, 2008, 11(6): 529-548.
[294] Zhou Qilou Bill, Zhang Jie, Edelheirn Johan R. Rethinking traditional Chinese culture: A consumer-based model regarding the authenticity of Chinese calligraphic landscape [J]. Tourism Management, 2013(36): 99-112.
[295] 阿伦森,威尔逊,埃克特. 社会心理学 [M]. 余伯泉,等,译. 台湾：扬智文化事业股份有限公司,2015.
[296] 安维复. 社会建构主义评介 [J]. 教学与研究,2003（4）: 63-67.
[297] 安延明. 狄尔泰的体验概念 [J]. 复旦学报,1990（5）: 47-55.
[298] 白凯,马耀峰,李天顺. 旅游目的地游客体验质量评价性研究——以北京入境游客为例 [J]. 北京社会科学,2006（5）: 54-57.
[299] 蔡禾. 现代社会学理论述评 [M]. 合肥：安徽人民出版社出版,1992.
[300] 蔡斯. 共享经济：重构未来商业新模式 [M]. 王芮,译. 杭州：浙江人民出版社,2015.
[301] 仓理新. 书籍传播与社会发展：出版产业的文化社会学研究 [M]. 北京：首都师范大学出版社,2007.

[302] 曹诗图. 对"旅游"概念的进一步探讨——兼与王玉海教授等商榷 [J]. 人文地理, 2013, 28 (1): 116-120.

[303] 曹诗图, 曹国新, 邓苏. 对旅游本质的哲学辨析 [J]. 旅游科学, 2011, 25 (1): 80-87.

[304] 陈彪. 高峰体验与人格完善——论马斯洛的宗教心理学 [J]. 晋阳学刊, 2007 (2): 70-73.

[305] 陈才. 旅游体验的性质与结构: 基于博客游记的探讨 [M]. 北京: 旅游教育出版社, 2010.

[306] 陈才, 卢昌崇. 认同: 旅游体验研究的新视角 [J]. 旅游学刊, 2011, 26 (3): 37-42.

[307] 陈岗. 旅游吸引物符号的双层表意结构与体验真实性研究 [J]. 人文地理, 2012, 27 (2): 50-55.

[308] 陈江涛. 论情境因素对消费者购房决策的影响 [J]. 消费经济, 2005, 21 (1): 86-89.

[309] 陈璟, 姜金栋, 汪为, 等. 决策中情绪作用机制的理论研究述评 [J]. 心理科学, 2014, 37 (6): 1346-1353.

[310] 陈姝. 感知产品创新的作用结果及其机制研究 [D]. 西北大学, 2015.

[311] 陈婉月, 金海龙, 李国印. 基于游客体验的吐鲁番葡萄沟维吾尔族家访满意度分析 [J]. 干旱区资源与环境, 2012, 26 (10): 195-200.

[312] 陈望衡, 张黔. 中西美学本体论比较 [J]. 2003 (3): 14-28.

[313] 陈伟. 旅游体验及其影响因素与游后行为意向的关系研究——以大湄公河次区域中国游客为例 [D]. 云南大学, 2015.

[314] 陈伟凤, 陈钢华, 黄远水. 遗产旅游体验的真实性及其塑造途径研究 [J]. 桂林旅游高等专科学校学报, 2008, 19 (2): 182-185.

[315] 陈享尔, 蔡建明. 旅游客体真实性与主体真实性集合式关系探讨——以文化遗产故宫为例 [J]. 人文地理, 2012, 27 (4): 153-160.

[316] 陈兴. "虚拟真实"原则指导下的旅游体验塑造研究——基于人类学视角 [J]. 旅游学刊, 2010, 25 (11): 13-19.

[317] 陈莹盈. 情境因素对游客旅游体验质量的影响研究 [D]. 厦门大学, 2012.

[318] 陈再福, 郭伟锋. 游客体验、消费情感对游客公民行为的影响研究 [J]. 兰州财经大学学报, 2016, 32 (4): 77-85.

[319] 成伯清. 情感的社会学意义 [J]. 山东社会科学, 2013 (3): 42-48.

[320] 代祺, 周庭锐, 胡培. 情境视角下从众与反从众消费行为研究 [J]. 管理科学, 2007, 20 (4): 38-47.

[321] 戴健林. 管理心理学原理与应用 [M]. 广州: 广东高等教育出版社, 2010.

[322] 丁红玲. 体验背景下旅游体验质量影响因素研究 [J]. 经济研究导刊, 2010 (25): 167-168.

[323] 董成惠. 共享经济: 理论与现实 [J]. 广东财经大学学报, 2016 (5): 4-15.

[324] 段塔丽. 略论维科对近代西方历史哲学的贡献 [J]. 宁夏社会科学, 1998 (4): 85-89.

[325] 樊建锋, 费明胜. 基于SEM的行业污名的形成路径与影响因素研究 [J]. 软科学, 2014, 28 (7): 126-129.

[326] 樊洁. 心理学概论 [M]. 北京: 北京师范大学出版社, 2011.

[327] 范菊华. 对建构主义的解析 [J]. 世界经济与政治, 2003 (7): 27-32.

[328] 范莉娜. 试论乡村体验旅游中的体验要素及体验化设计——以黔东铜仁地区为例[J]. 特区经济, 2009（10）: 172-175.

[329] 付德军. 狄尔泰诠释学的体验概念探析[J]. 温州大学学报（社会科学版）, 2014, 27（6）: 60-65.

[330] 高文. 维果茨基心理发展理论与社会建构主义[J]. 外国教育资料, 1999（4）: 10-14.

[331] 葛鲁嘉. 西方实证心理学与中国心性心理学概念范畴的比较研究[J]. 社会科学战线, 2005（6）: 34-37.

[332] 葛鲁嘉. 体证和体验的方法对心理学研究的价值[J]. 华南师范大学学报（社会科学版）, 2006（4）: 116-121.

[333] 郭慧玲. 社会建构论心理学：轮廓、流派和局限[J]. 心理学探新, 2015, 35（5）: 387-392.

[334] 郭馨梅. 体验经济刍议[J]. 北京工商大学学报（社会科学版）, 2003, 18（4）: 1-4.

[335] 汉语大词典编纂处. 汉语大词典[M]. 上海：汉语大词典出版社, 1991.

[336] 贺元珑. 知觉、场所与园林意境——江南古典园林艺术中的知觉体验要素浅析[J]. 浙江建筑, 2011, 28（6）: 8-12.

[337] 胡塞尔. 现象学的观念[M]. 倪梁康, 译. 上海：上海译文出版社, 1986.

[338] 胡塞尔. 逻辑研究[M]. 倪梁康, 译. 上海：上海译文出版社, 2006.

[339] 侯如靖, 张初兵, 易牧农. 服务补救情境下在线消费者后悔对行为意向的影响——基于关系质量的调节[J]. 经济管理, 2012, 34（9）: 101-111.

[340] 黄芳铭. 结构方程模型：理论与应用[M]. 北京：中国税务出版社, 2005.

[341] 黄杰, 游旭群, 王延松, 等. 员工工作倦怠的发展模型: 来自纵向研究的证据 [J]. 心理科学, 2015, 38 (4): 911-915.

[342] 黄鹂, 李启庚, 贾国庆. 旅游购物体验要素对顾客价值及其满意和购买意向的影响 [J]. 旅游学刊, 2009, 24 (2): 41-45.

[343] 黄文彦, 蓝海林. 西方顾客承诺研究述评 [J]. 商业经济与管理, 2010 (7): 72-80.

[344] 黄向, 保继刚, Geoffrey, W. 场所依赖: 一种游憩行为现象的研究框架 [J]. 旅游学刊, 2006, 21 (9): 19-24.

[345] 黄潇婷. 基于时空路径的旅游情感体验过程研究——以香港海洋公园为例 [J]. 旅游学刊, 2015, 30 (6): 39-45.

[346] 伽达默尔. 真理与方法: 哲学诠释学的基本特征 [M]. 洪汉鼎, 译. 上海: 上海译文出版社, 2004.

[347] 贾英, 孙根年. 论双因素理论在旅游体验管理中的应用 [J]. 社会科学家, 2008 (4): 92-95.

[348] 姜海涛. 旅游场: 旅游体验研究的新视角 [J]. 桂林旅游高等专科学校学报, 2008, 19 (3): 321-325.

[349] 焦彦, 臧德霞. 现代性与真实性的结合: 入境游客对旅游配套设施的体验研究 [J]. 旅游学刊, 2015, 30 (10): 28-36.

[350] 金晓彤, 陈艺妮, 焦竹. 不同类型转换成本的调节作用机制研究 [J]. 管理评论, 2010, 22 (5): 42-46.

[351] 康熙字典 [G]. 影印本. 郑州: 中州古籍出版社, 2006.

[352] 柯惠新, 祝建华, 孙江华. 传播统计学 [M]. 北京: 北京广播学院出版社, 2003.

[353] 雷开春, 王晓楠. 社会心理学新编 [M]. 上海: 复旦大学出版社, 2016.

[354] 李波. 审美情境与美感——美感的人类学分析 [D]. 复旦

大学, 2005.

[355] 李红宇. 狄尔泰的体验概念 [J]. 史学理论研究, 2001 (1): 88-99.

[356] 李华敏, 崔瑜琴. 基于情境理论的消费者行为影响因素研究 [J]. 商业研究, 2010 (3): 163-166.

[357] 李金珍, 王文忠, 施建农. 积极心理学: 一种新的研究方向 [J]. 心理科学进展, 2003, 11 (3): 321-327.

[358] 李丽娟. 旅游体验价值共创研究——以北京香山公园为例 [D]. 北京林业大学, 2012.

[359] 李晓琴. 旅游体验影响因素与动态模型的建立 [J]. 桂林旅游高等专科学校学报, 2006, 17 (5): 609-611.

[360] 李旭东. 旅游体验的客体真实和主体本真 [J]. 北京第二外国语学院学报, 2008 (5): 26-30.

[361] 李耀珍. 旅游体验对旅游动机的影响研究——以旅秦游客为例 [J]. 人民论坛, 2010 (23): 152-153.

[362] 李子建, 宋萑. 建构主义: 理论的反思 [J]. 全球教育展望, 2007, 36 (4): 44-51.

[363] 里克曼. 狄尔泰 [M]. 吴晓明, 殷晓蓉, 译. 北京: 中国社会科学出版社, 1989.

[364] 林丰勋. 心理学纵向研究方法的新进展 [J]. 济南大学学报 (社会科学版), 2005, 15 (5): 79-82.

[365] 林泉, 宋宝香, 邓朝晖. 知识共享价值感、共享倾向对共享行为的影响——一项跨层次的纵向实验研究 [J]. 经济管理, 2011, 33 (4): 151-159.

[366] 刘保. 作为一种范式的社会建构主义 [J]. 中国青年政治学院学报, 2006 (4): 49-54.

[367] 刘翠侠. 社会心理学 [M]. 北京: 中国政法大学出版社,

2016.

[368] 刘丹萍, 金程. 旅游中的情感研究综述 [J]. 旅游科学, 2015, 29 (2): 74-85.

[369] 刘德光, 徐宁珺. 旅游体验营销的模式研究 [J]. 财贸经济, 2006 (7): 30-33.

[370] 刘桂春, 王双全, 赵晓英. 新编心理学教程 [M]. 北京: 北京邮电大学出版社, 2014.

[371] 刘红阳. 游客超凡体验的效用及影响因素研究 [D]. 武汉大学, 2012.

[372] 刘晶晶. 旅游者的个体真实性体验研究 [D]. 厦门大学, 2017.

[373] 刘军林. 旅游体验质量评价体系模型及分析 [J]. 天津商业大学学报, 2010, 30 (6): 19-23.

[374] 柳恒超, 许燕. 情绪研究的新趋向: 从有意识情绪到无意识情绪 [J]. 北京师范大学学报 (社会科学版), 2008 (6): 43-52.

[375] 龙江智. 从体验视角看旅游的本质及旅游学科体系的构建 [J]. 旅游学刊, 2005, 20 (1): 21-26.

[376] 龙江智, 卢昌崇. 旅游体验的层级模式: 基于意识谱理论的分析 [J]. 北京第二外国语学院学报, 2009 (11): 9-19.

[377] 罗盛锋, 黄燕玲, 程道品, 等. 情感因素对游客体验与满意度的影响研究——以桂林山水实景演出"印象·刘三姐"为例 [J]. 旅游学刊, 2011, 26 (1): 51-58.

[378] 罗永忠. 心理学基础 [M]. 北京: 高等教育出版社, 2012.

[379] 马凌. 社会学视角下的旅游吸引物及其建构 [J]. 旅游学刊, 2009, 24 (3): 69-74.

[380] 马凌. 旅游社会科学中的建构主义范式 [J]. 旅游学刊,

2011, 26 (1): 31-37.

[381] 马凌, 保继刚. 感知价值视角下的传统节庆旅游体验——以西双版纳傣族泼水节为例 [J]. 地理研究, 2012, 31 (2): 269-278.

[382] 马天, 谢彦君. 旅游体验的社会建构: 一个系统论的分析 [J]. 旅游学刊, 2015, 30 (8): 96-106.

[383] 孟昭兰. 当代情绪理论的发展 [J]. 心理学报, 1985 (2): 209-215.

[384] 孟昭兰. 体验是情绪的心理实体——个体情绪发展的理论探讨 [J]. 应用心理学, 2000, 6 (2): 48-52.

[385] 尼古拉斯·G., 奥努弗, 孙吉胜. 建构主义的哲学渊源探析 [J]. 世界经济与政治, 2006 (9): 58-66.

[386] 倪梁康. 现象学的始基 [M]. 北京: 中国人民大学出版社, 2009.

[387] 派恩, 詹姆斯. 体验经济 [M]. 北京: 机械工业出版社, 2002.

[388] 潘海颖. 旅游体验审美精神论 [J]. 旅游学刊, 2012, 27 (5): 88-93.

[389] 潘澜, 林璧属, 方敏, 等. 智慧旅游背景下旅游APP的持续性使用意愿研究 [J]. 旅游学刊, 2016, 31 (11): 65-73.

[390] 潘澜, 林璧属, 王昆欣. 探索旅游体验记忆的影响因素——中国旅游情景下的研究 [J]. 旅游学刊, 2016, 31 (1): 49-56.

[391] 彭丹. 旅游体验研究新视角: 旅游者互动的社会关系研究 [J]. 旅游学刊, 2013, 28 (10): 89-96.

[392] 彭聃龄. 普通心理学 (修订版) [M]. 北京: 北京师范大学出版社, 2004.

［393］皮朝纲. 中国古典美学关于审美体验的探讨［J］. 四川师范大学学报, 1984（4）: 19-25.

［394］皮亚杰. 发生认识论原理［M］. 王宪钿, 译. 北京: 商务印书馆, 1981.

［395］乔建中. 情绪的社会建构理论［J］. 心理科学进展, 2003, 11（5）: 541-544.

［396］乔建中. 情绪研究: 理论与方法［M］. 南京: 南京师范大学出版社, 2003.

［397］乔建中. 当今情绪研究视角中的阿诺德情绪理论［J］. 心理科学进展, 2008, 16（2）: 302-305.

［398］荣泰生. AMOS 与研究方法［M］. 重庆: 重庆大学出版社, 2009.

［399］桑森垚. 探索赴韩中国游客体验记忆形成过程中的关键要素和记忆偏差［J］. 旅游论坛, 2016, 9（4）: 33-39.

［400］沈德立, 白学军. 实验儿童心理学［M］. 合肥: 安徽教育出版社, 2004.

［401］盛婷婷, 杨钊. 国外地方感研究进展与启示［J］. 人文地理, 2015, 30（4）: 11-17.

［402］时惠荣. 当代社会科学新学科览要［M］. 南京: 南京大学出版社, 1996.

［403］舒新城. 辞海（合订本）［M］. 上海: 中华书局, 1948.

［404］苏勤. 旅游者类型及其体验质量研究——以周庄为例［J］. 地理科学, 2004, 24（4）: 506-511.

［405］孙根年. 塑造高质量旅游体验的路径分析［J］. 陕西师范大学继续教育学报, 2007, 24（1）: 122-124.

［406］孙根年, 邓祝仁. 旅游体验的意义、经营理念和成功案例——陕西师范大学旅游管理博士点学术带头人孙根年教授

访谈[J]. 社会科学家, 2007（3）: 3-5.

[407] 谭容培. 论情感体验与情感表现[J]. 湖南师范大学社会科学学报, 2004, 33（5）: 34-38.

[408] 唐文跃. 地方感研究进展及研究框架[J]. 旅游学刊, 2007, 22（11）: 70-77.

[409] 唐雪琼, 杨茜好, 钱俊希. 社会建构主义视角下的边界——研究综述与启示[J]. 地理科学进展, 2014, 33（7）: 969-978.

[410] 佟静, 张丽华. 旅游体验的层次性及影响因素分析[J]. 辽宁师范大学学报（社会科学版）, 2010, 33（1）: 41-43.

[411] 涂尔干. 宗教生活的基本形式[M]. 渠东, 汲喆, 译. 上海: 上海人民出版社, 1999.

[412] 涂红伟, 杨爽, 周星. 自我效能感对渠道转换行为的作用机制——转换成本的中介作用[J]. 消费经济, 2013, 29（2）: 36-40.

[413] 托夫勒. 未来的冲击[M]. 蔡伸章, 译. 北京: 中信出版社, 2006.

[414] 汪明, 郑长江, 张楠楠. 心理实验和测量[M]. 合肥: 中国科学技术大学出版社, 2002.

[415] 汪青. 对西方一些社会心理学定义的初步分析[J]. 外国心理学, 1985（2）: 44-45.

[416] 汪秀英. 体验经济的成因与价值分析[J]. 北京工商大学学报（社会科学版）, 2005, 20（1）: 46-49.

[417] 王克军, 马耀峰. 旅游者情感动机的实证研究[J]. 地理与地理信息科学, 2015, 31（3）: 111-117.

[418] 王林. "发髻"与地方形象: 民族旅游地的文化符号建构分析——以广西黄洛瑶寨和贵州岜沙苗寨为例[J]. 旅游学刊, 2016, 31（5）: 64-71.

[419] 王平, 陈启杰, 宋思根. 情境因素对网络社群中消费者生成内容行为的影响研究——以 IT 产品消费为例 [J]. 财贸经济, 2012, 33 (2): 124-131.

[420] 王世波, 赵金楼. 网络经济对我国国民经济发展的影响研究 [J]. 经济问题探索, 2015 (5): 28-32.

[421] 王潇, 杜建刚. 消费情感理论研究综述 [J]. 消费经济, 2013, 29 (5): 67-71.

[422] 王晓方. 胡塞尔的现象学和伽达默尔的解释学 [J]. 兰州大学学报, 1998, 26 (2): 76-81.

[423] 王文静. 社会建构主义研究 [J]. 全球教育展望, 2001 (10): 15-19.

[424] 魏雷, 钱俊希, 朱竑. 谁的真实性?——泸沽湖的旅游凝视与本土认同 [J]. 旅游学刊, 2015, 30 (8): 66-76.

[425] 温忠麟, 侯杰泰, 张雷. 调节效应与中介效应的比较和应用 [J]. 心理学报, 2005, 37 (2): 268-274.

[426] 吴忱. 论网络经济的形成、特点、表现及其影响 [J]. 世界经济与政治, 1999 (3): 71-75.

[427] 吴海伦. 旅游审美观照的哲学阐释 [J]. 旅游学刊, 2015, 30 (6): 111-118.

[428] 吴海伦. 旅游审美观照发生条件的哲学分析 [J]. 旅游科学, 2016, 30 (6): 66-73.

[429] 吴晋峰. 旅游吸引物、旅游资源、旅游产品和旅游体验概念辨析 [J]. 经济管理, 2014, 36 (8): 126-136.

[430] 吴丽霞, 赵现红. 旅华外国游客旅游体验质量评价实证研究 [J]. 地理与地理信息科学, 2007, 23 (3): 96-99.

[431] 吴明隆. 结构方程模型: AMOS 的操作与应用 [M]. 重庆: 重庆大学出版社, 2009.

[432] 武虹剑,龙江智.旅游体验生成途径的理论模型[J].社会科学辑刊,2009(3):46-49.

[433] 夏凌翔,高昕,夏欣.人际自立特质对大学生情绪调节策略作用的纵向研究[J].心理科学,2015,38(2):116-122.

[434] 向文雅,许春晓.漂流体验影响因素探析[J].旅游论坛,2011,3(6):56-60.

[435] 谢春山,张裕金,王恩旭.旅游体验视角的游客消费趋势与产品开发策略研究[J].北京第二外国语学院学报,2015(11):42-64.

[436] 谢彦君.基础旅游学[M].北京:中国旅游出版社,1999.

[437] 谢彦君.基础旅游学[M].第2版.北京:中国旅游出版社,2004.

[438] 谢彦君.旅游体验的情境模型:旅游场[J].财经问题研究,2005(12):64-69.

[439] 谢彦君.旅游体验——旅游世界的硬核[J].桂林旅游高等专科学校学报,2005,16(6):5-9.

[440] 谢彦君.旅游体验的两极情感模型:快乐—痛苦[J].财经问题研究,2006(5):88-92.

[441] 谢彦君.基础旅游学[M].第3版.北京:中国旅游出版社,2011.

[442] 谢彦君,彭丹.旅游、旅游体验和符号——对相关研究的一个评述[J].旅游科学,2005,19(4):1-6.

[443] 谢彦君,孙佼佼.黑色旅游的愉悦情感与美丑双重体验[J].财经问题研究,2016(3):116-122.

[444] 谢彦君,吴凯.期望与感受:旅游体验质量的交互模型[J].旅游科学,2000(2):1-4.

[445] 谢彦君,谢中田.现象世界的旅游体验:旅游世界与生活世

界[J]. 旅游学刊, 2006, 21 (4): 13-18.

[446] 谢彦君, 徐英. 旅游场中的互动仪式: 旅游体验情感能量的动力学分析[J]. 旅游科学, 2016, 30 (1): 1-15.

[447] 徐厚道. 心理学概论[M]. 北京: 北京工业大学出版社, 2010.

[448] 徐锐. 情感对旅游体验决策、历程及质量评价的影响机制研究——基于博客游记的案例分析[D]. 厦门大学, 2012.

[449] 许春晓. 旅游学概论[M]. 长沙: 湖南大学出版社, 2007.

[450] 许放明. 社会建构主义: 渊源、理论与意义[J]. 上海交通大学学报(哲学社会科学版), 2006, 14 (3): 35-39.

[451] 许峰, 吕秋琳, 秦晓楠, 等. 真实性视角下乡村旅游经济可持续开发研究[J]. 旅游科学, 2011 (01): 26-34.

[452] 许华, 卢舜胤. 茶文化旅游体验影响因素探究[J]. 农业考古, 2014 (5): 227-230.

[453] 许慎, 徐铉. 说文解字[M]. 香港: 中华书局, 1972.

[454] 闫志刚. 社会建构论: 社会问题理论研究的一种新视角[J]. 社会, 2006 (1): 23-35.

[455] 严瑜, 吴艺苑, 郭永玉. 基于认知和情绪反应的工作场所无礼行为发展模型[J]. 心理科学进展, 2014, 22 (1): 150-159.

[456] 杨阿莉, 高亚芳. 后现代语境下符号化旅游消费解读与审视[J]. 内蒙古社会科学(汉文版), 2015, 36 (1): 106-110.

[457] 杨晶, 黄福才, 李玉新. 交互行为场视角下的游客在场体验影响因素研究——基于厦门自助游客的实证研究[J]. 旅游研究, 2017, 9 (5): 51-66.

[458] 杨骏, 席岳婷. 符号感知下的旅游体验真实性研究[J]. 北京第二外国语学院学报, 2015 (7): 34-49.

[459] 杨莉萍. 社会建构论心理学 [M]. 上海：上海教育出版社，2006.

[460] 杨龙立. 建构主义教学的检讨 [J]. 教育资料与研究（台湾），1997（18）：1-6.

[461] 杨振之，邹积艺. 旅游的"符号化"与符号化旅游——对旅游及旅游开发的符号学审视 [J]. 旅游学刊，2006，21（5）：75-79.

[462] 叶浩生. 社会建构论及其心理学的方法论蕴含 [J]. 社会科学，2008（12）：111-117.

[463] 叶朗. 美学原理 [M]. 北京：北京大学出版社，2009.

[464] 尹继武. 社会认知与联盟信任形成 [M]. 上海：上海人民出版社，2009.

[465] 尤瑞. 游客凝视 [M]. 杨慧，译. 桂林：广西师范大学出版社，2009.

[466] 于锦华，张建涛. 体验价值、满意度及忠诚度关系研究——以温泉旅游为例 [J]. 辽宁大学学报（哲学社会科学版），2015，43（2）：75-81.

[467] 余建英，何旭宏. 数据统计分析与 SPSS 应用 [M]. 北京：人民邮电出版社，2003.

[468] 余向洋，沙润，程苏. 旅游购物体验实证研究——以屯溪老街为例 [J]. 资源开发与市场，2008，24（8）：734-737.

[469] 曾建明. 体验经济探析 [J]. 西南民族大学学报（人文社科版），2003，24（12）：347-349.

[470] 张斌，张澍军. 基于胡塞尔现象学的旅游体验研究 [J]. 旅游科学，2010，24（6）：1-8.

[471] 张成杰. 旅游景区游客体验价值评价研究 [D]. 暨南大学，2006.

[472] 张承耀. 体验经济的十大特征 [J]. 经济管理, 2004 (21): 24-26.

[473] 张初兵, 陈亚峰, 易牧农. 转换成本四维度对顾客保留影响的实证研究 [J]. 经济管理, 2011, 33 (3): 93-100.

[474] 张纯, 吕斌, 孙莉. 游客体验的模糊综合评价方法——基于宜昌市景区的问卷调查 [J]. 旅游学刊, 2007, 22 (4): 58-61.

[475] 张建伟, 陈琦. 从认知主义到建构主义 [J]. 北京师范大学学报 (社会科学版), 1996 (4): 75-108.

[476] 张鹏程, 卢家楣. 体验概念的界定与辨析 [J]. 心理学探新, 2012, 32 (6): 489-493.

[477] 张维亚, 汤澍, 严伟, 等. 农业遗产旅游服务质量感知评价研究——以南京市农业遗产旅游者感知为例 [J]. 金陵科技学院学报, 2009, 23 (4): 94-98.

[478] 张相乐. 论作为心理学概念的体验 [J]. 长江大学学报 (社会科学版), 2008, 31 (2): 111-113.

[479] 张骁鸣. 现象学体验学说及其对旅游体验研究的启示 [J]. 旅游学刊, 2016, 31 (4): 42-50.

[480] 赵德雷. 当代美国社会心理学的发展图景: 以"库利—米德奖"为线索 [J]. 中国农业大学学报 (社会科学版), 2010, 27 (2): 90-105.

[481] 赵放. 体验经济的本质及其成长性分析 [J]. 社会科学战线, 2010 (3): 24-27.

[482] 赵放, 吴宇晖. 体验经济的思想基础及其规定性的阐释 [J]. 吉林大学社会科学学报, 2014, 54 (2): 62-69.

[483] 赵刘. 真实景观的旅游体验——基于现象学的研究 [J]. 地域研究与开发, 2017, 36 (1): 84-90.

[484] 赵刘,程琦,周武忠. 现象学视角下旅游体验的本体描述与意向构造 [J]. 旅游学刊, 2013, 28 (10): 97-106.

[485] 赵万里. 科学的社会建构:科学知识社会学的理论与实践 [M]. 天津:天津人民出版社, 2002.

[486] 中国大辞典编纂处. 国语辞典 [M]. 北京:商务印书馆国际有限公司, 2011.

[487] 钟洁,沈兴菊. 民族村寨游客的旅游体验质量研究——以西双版纳傣族园为例 [J]. 资源开发与市场, 2010, 26 (4): 362-364.

[488] 周广鹏,余志远. 旅游体验:从视觉凝视到精神升华 [J]. 商业研究, 2011 (12): 175-180.

[489] 周浩,龙立荣. 共同方法偏差的统计检验与控制方法 [J]. 心理科学进展, 2004, 12 (6): 942-950.

[490] 周思芬,谢春山,佟静. 旅游体验及其影响因素的美学解读 [J]. 北京第二外国语学院学报, 2011 (5): 40-52.

[491] 周小军. 心理学 [M]. 昆明:云南人民出版社, 2012.

[492] 周亚庆,吴茂英,周永广,等. 旅游研究中的"真实性"理论及其比较 [J]. 旅游学刊, 2007, 22 (6): 42-47.

[493] 周瑛,胡玉平. 心理学 [M]. 长春:吉林大学出版社, 2007.

[494] 周永博,沈敏,魏向东,等. 态度与价值:遗产旅游体验模式探析——以苏州平江历史文化街区为例 [J]. 旅游科学, 2012, 26 (6): 32-41.

[495] 周永广,张金金,周婷婷. 符号学视角下的旅游体验研究——西溪湿地的个案分析 [J]. 人文地理, 2011, 26 (4): 115-120.

[496] 朱竑,刘博. 地方感、地方依恋与地方认同等概念的辨析

及研究启示[J]. 华南师范大学学报(自然科学版), 2011
(1): 1-8.
[497] 邹统钎, 吴丽云. 旅游体验的本质、类型与塑造原则[J].
旅游科学, 2003 (4): 7-10.

后 记

从导师那里接过这个题目,就注定了这是一个难以完全胜任的研究。从哲学的体验、心理学与经济学的体验嬗变,都是跨越学科的挑战。幸好有导师的指点,有同门师兄弟学姐妹的鼎力相助。终于在2018年的夏天完成了这个艰巨的任务。

回想起整个博士四年的学习经历,先后经历了繁重的课程、焦虑的等待和惊喜的突破。我想,我还是幸运的。从接过博士论文选题,经写作到书稿的修改与完善,先后经历了三年。以为很好写,其实难度大。幸运的是,我遇到了一个好老师。林璧属教授严肃的科学态度,严谨的治学精神,精益求精的工作作风,深深地感染和激励着我。博士论文的完成及本研究的修订倾注了先生的心血。在此,谨向林老师致以诚挚的谢意和崇高的敬意。林老师对于我未来学术发展的走向所产生的影响是长远的,这也是我四年中最大的收获。感谢海南大学谢彦君教授,中山大学孙九霞教授,厦门大学周星教授、魏敏教授、林德荣教授、周波教授、伍晓奕教授、张进福副教授,感谢他们给我提出的宝贵建议。

感谢师兄骆泽顺、林文凯博士及师姐潘澜、窦璐博士、师妹林玉虾、曾淑颖在科研、学位论文写作期间给予的帮助及提出的宝贵建议。感谢师兄张威创、霍定文博士以及丁雨馨、余明柯、吴问津，同门情谊难以忘怀。感谢同学刘卫梅、黄璇璇、程坦、赵军营及幸伟等博士，在学习以及生活上给我以许多鼓励和帮助。特别感谢我的同学加同事胡娟博士，在我多次英文投稿过程中给予的强有力且及时的语言支持。

最为感谢我的父母。父母给予了我生命，以及不断的支持和无尽的鼓励。外出求学、工作已有十八年，离家十八年，愿父母身体健康，安享晚年。

最为感谢我的妻子。在整个四年的博士求学中，她担负起照顾家庭的重任，抚育孩子的重担，还要承担大量且繁重的教学工作。相识十八年、结婚近十年，我们一起求学，一起读研究生，一起拼搏。有你真好！感谢岳父岳母不辞辛苦地帮助我们照顾家庭！对于女儿，我则更为愧疚。记得刚读博士的时候，女儿Nunu才一岁半，而明年她也要正式步入小学生的序列中。四年期间，陪伴她的时间很少，但女儿很独立。更为激动的是，儿子小帅的降临。儿子的出生着实是惊喜，给家里再次注入生机。愿姐姐和弟弟快乐、健康地成长。

谨将本研究献给关心、支持及我爱的人们！

2018 年 10 月于贵阳黔中秘境

策　　划：赖春梅
责任编辑：贾东丽

图书在版编目（CIP）数据

旅游体验要素研究：从瞬间愉悦到永恒美好／孙小龙著．——北京：旅游教育出版社，2019.7
（问题：概念、解析、实证之探索丛书）
ISBN 978-7-5637-3991-2

Ⅰ.①旅… Ⅱ.①孙… Ⅲ.①旅游-研究 Ⅳ.①F590

中国版本图书馆CIP数据核字（2019）第150780号

问题——概念、解析、实证之探索丛书
丛书主编／林璧属

旅游体验要素研究——从瞬间愉悦到永恒美好

孙小龙／著

出版单位	旅游教育出版社
地　　址	北京市朝阳区定福庄南里1号
邮　　编	100024
发行电话	(010) 65778403 65728372 65767462（传真）
本社网址	www.tepcb.com
E-mail	tepfx@163.com
印刷单位	天津雅泽印刷有限公司
经销单位	新华书店
开　　本	850毫米×1168毫米 1/32
印　　张	13.5
字　　数	288千字
版　　次	2019年7月第1版
印　　次	2019年7月第1次印刷
定　　价	128.00元

（图书如有装订差错请与发行部联系）